XINXI FUWUYE

QUWEI XUANZE YU JIJU

信息服务业
区位选择与集聚

张惠萍 ◎ 著

人民出版社

责任编辑:郭　倩
封面设计:艺和天下

图书在版编目(CIP)数据

信息服务业区位选择与集聚/张惠萍 著. -北京:人民出版社,2012.10
ISBN 978-7-01-011599-3

Ⅰ.①信…　Ⅱ.①张…　Ⅲ.①信息服务业-区位选择-研究-中国
　Ⅳ.①F719.9

中国版本图书馆 CIP 数据核字(2012)第 312234 号

信息服务业区位选择与集聚

XINXI FUWUYE QUWEI XUANZE YU JIJU

张惠萍　著

人民出版社 出版发行
(100706　北京市东城区隆福寺街 99 号)

北京新魏印刷厂印刷　　新华书店经销

2012 年 10 月第 1 版　2012 年 10 月北京第 1 次印刷
开本:710 毫米×1000 毫米 1/16　印张:17
字数:277 千字

ISBN 978-7-01-011599-3　定价:35.00 元

邮购地址 100706　北京市东城区隆福寺街 99 号
人民东方图书销售中心　电话 (010)65250042　65289539

序

在当今世界，信息化浪潮汹涌澎湃，信息生产和利用的重要性达到了空前的高度，成为经济社会发展的重要驱动力。1995年2月美国信息基础设施特别工作组（Information Infrastructure Task Force，简称"IITF"）在《全球信息基础设施：合作日程》中指出："在20世纪即将结束的时候，信息是塑造世界经济体系的至关重要的力量。在21世纪，信息的快速生产、信息的可得性和信息的广泛利用，将促使各个国家的经济发生根本性的变化。"如今，信息技术革命方兴未艾，软件技术、互联网技术、多媒体技术、计算技术、传输技术等各类信息技术相互融合渗透，信息生产与利用的社会化程度迅速提高，世界各国信息服务业得到了前所未有的发展。在我国，以1992年中共中央和国务院出台《关于加快发展第三产业的决定》文件为主要标志，我国的信息服务业进入了快速发展的阶段，不论是服务技术、服务内容、服务形式，还是市场结构、商业模式都取得了喜人的成绩。国家"十二五"规划纲要把信息服务业列为跨越发展的重点领域之一，各个省市（区）把信息服务业作为重点产业加以扶持，信息服务业迎来了千载难逢的新机遇。

随着信息服务业的发展，如何科学规划、合理引导信息服务业空间布局问题，引起了许多理论工作者和实际工作者的关注。对于产业空间问题的研究，传统理论主要关注住宅区空间和等级秩序、物质生产和零售活动区位、贸易和交通空间结构，对现代服务业空间问题的研究比较少，对信息服务业空间问题的研究则少之又少。20世纪90年代以来，随着新经济地理学的兴起，产业集聚问题成为国内外经济学界的研究热点，现代服务业集聚问题也逐步引起了学者们的兴趣。当然，新经济地理学研究范式对现代服务业集聚是否具有解释力，仍然有争议。国内外关于信息服务业集聚问题的研究，大多包含在信息产业或高科技产业中，专门研究信息服务业集聚的文献可以说凤毛麟角。张惠萍同志的博士学位论文，以信息服务业集聚机制作为选题，通过问卷调查和挖掘上海市工商注册数据，运用空间计量经济学方法，较为全面、系统地分析了上海市信息服务业空间分布特征及其影响因素，深入地研究了通达性、地理邻近性、知识外部性和要素流动在信息服务业集聚中的作用机制，得出了一系列重要结论。作者的创新性工作，主要体现在以下几个方面：

第一，以邮编区作为研究的空间尺度。空间尺度一直是经济地理学实证研究的一个核心问题，几十年来哈格特（P.Haggett）关于"尺度问题长期困绕地理学家"的难题一直没有解决。空间尺度的选择，取决于研究对象和研究目标，空间尺度不同意味着对研究对象细节了解的程度不同，研究结论也不同。研究产业集聚，目的是揭示其中的内在机制和作用机理，离不开"地理邻近性"、"接触扩散（contagious diffusion）"、"距离衰减"等空间经济学范畴。如果选择的空间尺度过大，则难以把握产业集聚的内在机制。许多关于产业集聚的实证研究文献，以省（市、区）为空间尺度，但由于我国省（市、区）辖区范围比较大，两个企业"天南地北"，不具有"地理邻近性"，很难说二者之间具有"相互作用的过程"，其结论往往缺乏足够的说服力。当然，空间尺度过小，不仅数据来源有困难，也难以探视集聚全貌。因此，空间经济学强调实证研究要选择合适的空间尺度。在一个城市内部，邮编区是小于"区"、大于"镇、街道"的一个空间尺度，打破了"区"、"镇、街道"等行政辖区界限，对研究一些中小规模的产业集聚，有助于揭示企业之间的互动关系，是比较恰当的空间尺度。作者以上海265个邮编区作为研究的空间尺度，对上海信息服务业的区位选择与集聚机制问题进行细致、深入的考察，是一种新的尝试。

第二，全面分析了上海市信息服务业的空间组织形式和特征。上海市信息服务业涉及行业比较多，企业数量也比较多，对其空间组织现状进行梳理是本项目研究的起点。作者把信息服务业划分为计算机服务业、软件服务业、互联网信息服务业等三个行业，分析和挖掘工商注册数据，对8955个信息服务企业的空间分布进行梳理，发现上海信息服务业具有明显"双核"集聚特征，但三个行业的集聚特征又具有一定的差异性。

第三，从通达性、地理邻近性、知识外部性三个角度实证研究信息服务业集聚的内在机理。通过实证研究发现：信息服务企业的区位选择具有明显的通达性指向，倾向于选择城市轨道交通沿线和虹桥机场、浦东机场、火车站等交通便利的节点，证明了通达性对信息服务业的区位选择仍具有重要影响；信息服务企业的区位选择具有邻近名牌大学、自然科学技术研究机构的倾向，也具有邻近高端开发区、同行业标杆企业的倾向；名牌大学可编码知识与人力资本的空间溢出效应随着距离的增加而衰减，存在着明显的地方化溢出效应。这些研究的视角比较新，结论具有说服力，具有重要的学术价值。

第四，从要素配置和流动角度实证分析了信息服务业集聚的外部条件。通过2003～2009年我国信息服务业的省际面板数据，通过实证研究发现：要素的空间配置对信息服务业集聚有着显著影响，要素配置水平较高的区域，信息服务业的集聚程度也较高，尤其是企业家活动和人口素质对信息服务业集聚程度有非常显著的影响；技术、信息、资本在空间上的流动性越大，越有利于信息服务业集聚。

这些创新性研究，对深化信息服务业集聚理论认识，指导信息服务业空间布局，具有十分重要的理论意义和现实意义。在论文盲审和答辩过程中，得到了专家们较高的评价。这是作者在博士研究生学习期间勤奋努力、刻苦钻研、扎实工作的结果。现在，作者在博士学位论文的基础上进一步修改完善，作为专著正式出版。我作为导师，感到十分欣慰。同时，我希望作者以高度的历史责任感、严谨的治学态度、求实创新的科学精神，不浮躁、不懈怠，在区域经济研究中不断创新，取得更多、更好的研究成果。

林善浪

2012 年 10 月 28 日

目 录
contents

第一章　绪论

第一节　研究背景及意义

一、现实背景

在全球化和信息化浪潮汹涌的当今世界，信息对国家、企业和个人的重要性已经达到了空前的高度，已经成为像能源一样的战略性社会资源。随着信息技术的日新月异，以及向社会经济各领域日益广泛的渗透和扩散，整个社会的信息处理能力迅速提高，由此提高了信息生产与利用的社会化程度，信息服务的产业化趋势表现得日益明显。纵观国内外，信息服务业得到了空前的发展。信息服务业发展的意义已经远远超出了其行业本身的范围，而是关系到一个国家产业结构的优化升级乃至从工业社会向信息社会过渡的进程，成为21世纪最重要的战略性产业之一。

从世界范围看，信息服务业在发达国家国民经济中所占的比重越来越大，已超过了信息产品制造业。20世纪80年代以来，美国信息产业得到快速的发展，是当今信息产业最发达的国家，其强大的计算机技术、通讯技术以及网络技术带动了信息服务业的快速发展。美国信息服务业发展的特点是产业规模较大，已经发展到比较成熟的阶段。硅谷、旧金山、马里兰州米德堡、波士顿128号公路等地是全球知名的IT圣地，也是信息服务企业主要的集聚地。我国台湾的信息服务业发展水平也走在世界前列，其中新竹科学园区、台南科学工业园区所在区域呈现明显的集聚现象。印度班加罗尔被称之为印度的"硅谷"，其软件业相当发达，三分之一强的IT行业从事人员集中在这个城市，为印度创造了上百万个工作岗位，已经成为全球IT业外包业务的热点地区。日本在机器人技术、绿色环保技术、智能软件和消费电子产品研发生产等方面处于世界领先地位，东京、大阪、横滨等地成为信息服务企业主要的集聚地。

在大都市内部，信息服务业的发展也出现了集聚现象。许多大都市将信息服务业当作城市发展的战略产业加以扶持和推动，如纽约、东京、伦敦和首尔等。纽约的信息软、硬件，光学及影像处理信息及媒体业十分发达；伦敦在应用集成和应用开发方面发展最快，同时，伦敦也是重要信息服务商的聚集区域，包括埃森哲（Accenture）、国际商用机器公司（IBM）、富士通（Fujitsu）等公司都驻扎于此；东京的信息服务业集中在东京都中心的三个区，成为日本的信息枢纽；韩国数字内容产业主要集中在首尔，动画制作、漫画、网络游戏等产业相当发达。

纵观各国信息服务业发展历程，不难看出发达国家信息服务业的迅猛发展在很大程度上得益于产业集聚所带来的效应。信息产业发达的国家，信息企业往往呈集群的方式集中布局。这些集群的地理环境包括自然环境、社会人文环境和经济环境具有一定的相似性，大部分集聚点都分布在周围有大学或科研机构、自然环境优美、基础设施良好、具有一定经济基础的地区，而且各个集聚区域在产业类型和产品结构上具有一定的相似性或相关性，形成专门化的空间集聚现象。

信息服务业在我国国民经济中的比重和重要性不断上升。国家"十一五"规划纲要提出"积极发展信息服务业"。我国《2006—2020年国家信息化发展战略》指出，"发展信息服务业，推动经济结构战略性调整"。2007年3月，国务院下发的《关于加快发展服务业的若干意见》（国发〔2007〕7号）中明确，"积极发展信息服务业，加快发展软件业，坚持以信息化带动工业化，完善信息基础设施"。最近刚刚公布的我国关于"十二五"规划的建议中也提出："发展和提升软件产业。积极发展电子商务。加强重要信息信息系统建设，强化地理、人口、金融、税收、统计等基础信息资源开发利用"。要推进产业结构调整和经济增长方式转变，走高端产业的发展道路。大力发展现代服务业是产业结构调整、升级的重要选择，而现代服务业中的信息服务业被赋予重任。信息服务业具有附加值大、能源消耗较低、辐射广、带动强等特点，发展这样的的产业有助于培育新的经济增长点，同时带动相关产业的发展。随着信息技术发展和商业模式的创新，信息服务产业链不断延伸，与国民经济的结合日趋紧密，信息服务业对整个国民经济的带动作用将持续增强。

在我国信息服务业的发展过程中，也出现了区域性集聚的现象。例如，北京、上海、广东、江苏、浙江五省市信息服务业的总和已占全国总数的半数以上；从网站数量看，排在前四位的为北京、广东、上海、浙江；上海、北京、天津3个直辖市是区域信息水平最为强大的核心地区，广东、浙江、福建、辽宁、江苏、山东6个地区是我国区域信息发展水平发达区。2004年9月28日，由信息产业部公布的首批国家电子信息产业基地全部分布在长三角、珠三角和环渤海三大信息产业地区，它们是北京、天津、上海、青岛、苏州、杭州、深圳、福厦沿海地区、广东珠江三角洲地区9个城市和地区。从各城市信息服务业发展的角度看，北京、上海、天津、大连、西安、深圳发展较快，这些城市的软件服务业出现了明显的局部集聚的态势，例如，北京中关村、浦东软件园、大连软件园等成为信息服务企业集聚的群落。我国已在北京、成都、大连、西安、广州、长沙、南京、上海、杭州、济南建立了十大国家软件产业基地。此外，国家发改委、原信息产业部和商务部共同决定自2004年1月起在上海、大连、深圳、天津、西安、北京六城市建设国家软件出口基地，希望通过创造良好的政策、人才、技术、资金、市场和出口条件，大力支持基地所在地区软件出口的发展，并充分发挥基地的集聚效应和规模优势，尽快形成以国家软件出口基地为龙头，辐射周边地区，带动全国软件出口的产业格局。可见，我国信息服务业虽然起步较晚，但发展迅速，一个多层次、多渠道、多形式的信息市场网络体系已初步形成。

面对国内外信息服务业的快速发展，信息服务业的空间布局是否有其独特的规律？哪些因素影响着信息服务业的集聚或分散？在都市内部信息服务业的空间结构布局具有哪些规律？这种空间结构的微观机制是什么？分析这些问题有助于对信息服务业进行科学的布局规划，对相关决策部门有一定借鉴意义。

二、理论背景

产业空间集聚作为现代区域经济增长过程中一种特定的空间现象，自19世纪末20世纪初以来，其产生和发展演化的作用机制一直成为经济学家们所关注的研究对象。从韦伯的古典区位论开始，把影响单个厂商区位决策的区位方法引入产业空间集聚的分析之上，开创了产业空间集聚研究的区位分析传统。韦伯（Weber，1909）[1]主要侧重于工业区位论的研究，探讨工业集聚的最佳区位。马歇尔将产业集聚纳入古典经济学的分析框架，对产业集聚的内涵、外延进行界定，认为外部经济在集聚中扮演了重要的角色，提出三种力量是产业空间集聚的向心力，即劳动力市场共享、专业化投入和服务、技术外溢。马歇尔外部经济的思想为后人的研究奠定了基础。霍特林的区位竞争模型（Hotelling，1929）[2]把单个厂商区位决策发展为多个厂商之间的区位竞争理论，体现了多主体的区位决策过程。20世纪末期，新产业区理论研究中小企业集聚的动因，强调劳动分工的外部性，注重柔性专业化、非市场化联系、技术创新、集体效率等因素对集聚的影响。迈克尔·波特从提高区域产业竞争优势的角度研究产业集聚，阐述产业集聚影响区域竞争优势的机理。区位理论在20世纪90年代以来的发展打破了新古典区位理论关于完全竞争的假定，试图在生产要素的收益递增及市场的非完全竞争结构的假定下研究空间问题，在这方面作出杰出贡献的是以克鲁格曼为首的新经济地理学派。模型结果表明企业区位均衡取决于初始条件，并且产业集聚具有历史和路径依赖的特征，一旦出现生产的集中，其自身会发生累积循环的作用，进一步强化产业的地理集中。克鲁格曼强调需求、外部经济、产业地方化和地方专业化对集聚的推动作用。

工业区位论时代，多数学者研究传统制造业集聚的影响因素，主要是交通运输成本、劳动力工资、土地价格、原材料及政府税收等，这些是成本驱动型影响因子。随着高速运输工具的产生和信息技术的快速发展，产业集聚发展的特征也开始在服务业中呈现。服务产品的提供方式和制造业

1 Weber A：《工业区位论》，李刚剑等译，商务印书馆1997年版。
2 卡布尔：《产业经济学前沿问题》，中国税务出版社2000年版。

不同，有的产品供给要求提供者和需求者在空间上尽可能接近，要求面对面的交流，有的服务产品无需运输成本。例如，生产性服务行业中信息服务业、金融服务业的知识密集程度和信息技术嵌入程度比较高，产品运输的边际成本几乎为零。生产性服务业占地空间小、产品运输量小，更多关注的是非成本因素，比如接近目标客户、接近市场、邻近大学、商务环境等。传统的集聚理论中没有较成熟的理论解释服务业接近客户等非成本要素，其中包含运输成本的相关模型也无法解释服务业的集聚机制。例如，克鲁格曼的模型显示运输成本在最佳区位的均衡过程中举足轻重，但在服务业的区位选择过程中这个因素不再是重要的区位因子。因此，新经济地理学的分析框架与研究范式比较适合用于研究制造业中心集聚的动因，不太适合用来分析服务业的空间分布及集聚机制。

总之，传统的分析框架对制造业经济活动的集中有很好的解释力，但是，并不完全适合用于解释服务业的区位选择与集聚，对信息服务业这种知识密集型服务业在都市内部的集聚机制也没有系统的理论来解释。国内外对制造业集聚的研究成果较多，但对服务业集聚的系统研究较少，尤其是对信息服务业这样新兴的、技术密集型产业的区位选择与集聚方面的研究几乎还是空白，具有较大的挖掘空间。

基于以上的考虑，选取信息服务业区位选择与集聚研究作为本书的选题，希望通过本课题的研究，寻找信息服务企业选址的影响因素，研究其区位选择的内在规律和特点，探索都市区信息服务业独特的空间布局规律及集聚形成的微观机制，并为信息服务业布局规划方面的政策制定提出相应的建议。

三、研究意义

信息服务业集聚机制是一个跨学科的研究课题，涉及地理学、经济学、统计学等学科，这方面的研究成果目前还不多见。因此，本书从经济地理学角度，对信息服务业集聚机制问题展开研究具有一定的理论和现实意义。

1、为信息服务业的布局规划提供决策参考

　　研究这个经济现象是我国信息服务业进一步持续发展的迫切需求。目前，产业集聚模式已经成为推动我国经济发展的一股重要力量，例如，我国的一些发达地区如广东、浙江、江苏等地区经济持续高速增长，其中一个重要因素就是存在着集群式的产业集聚区域。信息服务业的发展过程中，在我国省（市）一级、在城市内部都出现了较明显的集聚现象，研究信息服务业区位选择影响因素、空间分布的规律以及集聚机制，直接关系到今后信息服务业的未来发展和科学的布局规划，为政府或相关部门的决策提供参考，有十分直接的现实意义。

　　2、丰富产业集聚理论的研究

　　近十几年来，经济地理学、产业经济学、管理学等领域对集群、集聚的研究已成为热点领域，但多集中于制造业集聚，对服务业集聚特别是信息服务业这类新兴服务业集聚机制的研究尚不深入，也缺乏系统的研究。本书分析信息服务业集聚的影响机制，研究信息服务企业集聚对产业空间结构的影响及其政策含义，有利于丰富产业集聚理论，有比较重要的理论价值。同时，在理论上丰富了服务业区位理论和服务业地理学的研究。

　　3、探索学科发展的新领域

　　新经济地理学在产业空间集聚的研究中取得重大进展，弥补了主流经济学对空间集聚现象解释的不足。新经济地理学在规模报酬递增的假设基础之上，分析工业部门相对于农业部门的空间集聚的形成与区位特征。在研读了大量相关的文献之后，发现很难借鉴新经济地理学的模型及研究方法来研究信息服务业集聚机制问题。因此，本书融合经济地理学、产业经济学、新经济地理学的相关理论，对主体的区位选择及空间集聚进行研究，在一定程度上拓展了区位理论的研究领域。

　　4、充实了微区位的研究

　　本书以分析信息服务企业的区位选择动机为切入点，探讨信息服务业集聚的机理，体现了微区位研究与信息服务业的行业实际相结合,可以直接为该行业的布局规划服务,这将大大提高经济地理学的社会应用价值,也必将大大丰富地理科学。当我国经济步入稳定发展阶段以后,这种微观领域的研究将会纳入到经济地理学区位思想发展的主流。

第二节　研究对象与空间尺度

一、研究对象

由于我国国民经济行业分类中没有信息服务业的分类，本书选取和这个行业的内涵最接近的信息传输、计算机服务和软件业作为研究对象，重点分析这个行业中的三个子行业：计算机服务业、互联网信息服务业和软件服务业，没有包含和文化信息产品相关的服务业内容，例如图书馆、档案馆、新闻业等。在实证分析中，信息服务企业样本的分类也是根据这样的划分标准。

本书以区域经济学、信息经济学、产业经济学、地理学等学科的理论为基础，运用区域空间分析方法，从理论探索与实证考察相结合的角度，研究信息服务业的区位选择与集聚问题。首先，从城区分布、街道（乡镇）分布两个角度考察都市区内部信息服务业的空间分布特征，分析全行业及各个子行业主要集聚点。其次，分析信息服务企业微观区位的影响因素。信息服务企业空间选择的影响因子可能包含着传统的区位要素，也包括一些具有服务业、高科技产业特性的区位因子。在调查问卷的数据分析的基础上，探寻微观区位因子，为都市区内部集聚机制的研究奠定基础。再次，揭示都市内部信息服务业集聚的影响因素。以上海为例，研究区位通达性、地理邻近性、知识外部性对信息服务业集聚的影响并作量化分析。其中，区位通达性、地理邻近性是间接地考察隐性知识传播对信息服务业这样的知识密集型行业的影响，知识外部性主要讨论显性知识的溢出对信息服务业集聚的影响。最后，从要素空间配置的角度，在省（市）这个较大的空间单元中探讨信息服务业集聚的影响因素。

二、空间尺度

地理空间信息的本质特征是区域空间上的分布性，具有明显的地理参考作用。在空间数据分析中，可以根据行政区划、自然地理区域、坐标系统、地名、地址或数码（邮政编码、电话号码）来识别（罗志清等，2004）[1]。

空间尺度较大的研究中，城市只能表现为一个点，表达与之相关的属性是相当有限的。在较大空间尺度上，如针对城市或者某个区域，其内部发展并非同质，全局上的衡量往往掩盖了空间内部的差异（Fotheringham，1997，1999）[2][3]。随着空间尺度的变小，同一个城市从点状变成面状实体，能表示的内容越来越多，当比例尺增大到一定程度，也就是空间单元足够小时，所能揭示的内容、属性会越来越丰富。因此，在空间尺度较大时，小比例尺所能表现出来的点、线等实体，在空间尺度变小时就是面状实体。多数学者选择以州、省（市）、普查小区、区（县）等较大的空间单元研究产业集聚问题，可能无法解释产业集聚的内部差异，无法揭示产业集聚的微观形成机制。

就本书的研究而言，如果地域单元空间范围较大，不能反映城市内部信息服务业的实际空间特征，同时，集聚程度、知识溢出、人力资本外部性等效应都可能被弱化，无法真实地反映都市内部信息服务业集聚的影响因素，不能对它们进行更细致的分析。因此，本书在城市内部信息服务业集聚机制的研究中，选择街道（乡镇）为空间单元分析都市区信息服务业的空间分布状况；以邮政编码区为空间单元，考察信息服务企业集聚的影响因素及区位选择特性。在空间尺度较小的情况下，将信息服务企业的属性信息与其他信息相关联，研究信息服务业集聚的微观机制。

邮政编码区的数据从地理属性上讲，是一种按面域统计的数据，适合于用来表示面域内个体的数量或密度。这种情况下，统计的数值是对整个面域而言，而不是指面域中的某一点、某一位置的数值。如果要统计的要

---

1 罗志清，郝力，李琦：《城市空间框架数据研究》，《地理与地理信息科学》2004年第4期，第15~18页。

2 Fotheringham A. S, "Trends in quantitative methods I:Stressing the local", *Progress in Human Geography*,1997,21(1),pp.51~65.

3 Fotheringham A S, "Brunsdon C.Local forms of spatial analysis", *Geographical Analysis*,1999, 31(4), pp.340~358.

素已经具有面域的编码，只需对数据表进行统计即可，在应用GIS过程中无须通过叠置操作（吴升等，2004）[1]。空间分析严格受研究区域和空间尺度的影响，邮政编码区是目前可操作的、精确的空间尺度之一。

第三节　基本思路与研究内容

一、基本思路

本书试图总结国内外学者对信息服务业集聚相关理论的研究成果，确定本书的研究方向。从微观区位选择的影响因素的分析开始，然后进入都市区内部，用微观尺度的空间单元对信息服务业集聚机制进行细致、深入的分析。最后，由于数据可得性的原因，缺乏城市内部的专利受理数、就业人数、信息服务业固定资产投资量等数据，而省（市）层面上这样的统计数据较完整，因此选择在较大的空间范围内探讨信息服务业集聚的影响因素。具体的思路如下。

首先，在信息服务企业区位指向调查问卷分析的基础上，探讨信息服务企业区位选择的主要影响因素。从影响信息服务企业的众多区位因子中，筛选出主要的影响因素，进而对信息服务业集聚问题展开研究。

其次，以上海为例，分析都市内部信息服务业集聚的微观机制。这个部分是本书的重心。利用信息服务企业区位指向性调查问卷的数据，采用定性分析与定量分析相结合的分析方法，对问卷调查所得数据进行分析，考察信息服务业区位选择的影响因子，总结出信息服务企业区位决策的重要影响因素，为信息服务业集聚问题的研究做铺垫；对上海信息服务企业8955个样本数据进行处理，分析信息服务业的空间分布；建立计量经济模型，着重研究都市区内部信息服务业集聚的微观机制，从区位通达性、地理邻近性、知识外部性三个视角考察信息服务企业的区位选择特性并做实证研究，提出产业政策建议，促进信息服务业合理的空间分布，提升信息

1　吴升等：《GIS分析中的地理模式》，《测绘信息与工程》2004年第4期，第10～12页。

服务业的区域发展优势与竞争力。

　　要素流动的角度，在较大的空间尺度范围内对信息服务业集聚问题进行研究。由于上海信息服务企业样本缺乏企业规模、就业人数等相关数据，因此，在第九章增加了对全国信息服务业集聚的相关研究，并以省际面板数据做实证研究。本书的研究思路和各篇章的结构如下图所示：

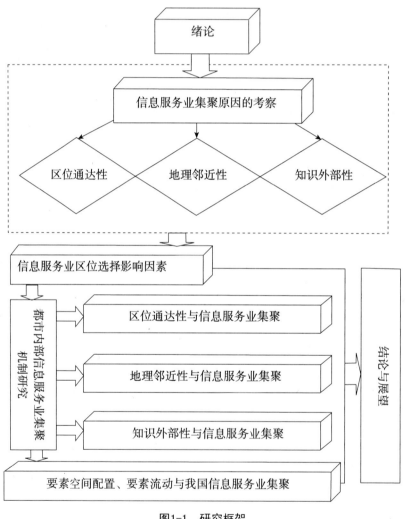

图1-1　研究框架

二、研究内容

本书从微观、中观到宏观层面重点研究三个问题：

（1）在企业这个微观层面上研究信息服务企业的区位指向。通过问卷调查，研究信息服务企业区位选择的主要影响因素以及特点。从微观个体区位决策的影响因素中总结出重要的区位因子，将都市区信息服务业集聚影响因素的研究推向深入。

（2）在城市这个中观层面上，在描述信息服务业的空间结构的基础上，分析影响信息服务业区位选择与集聚的主要原因，揭示都市区内部信息服务业集聚的微观机制。主要从三个方面阐述信息服务业集聚机制并用实证分析来验证本书的观点，即通达性、地理邻近性和空间外部性对信息服务企业区位选择及集聚的影响机制。

（3）在全国的宏观层面上，利用省际面板数据分析要素空间配置及要素流动对信息服务业集聚的影响。其中，城市内部信息服务业集聚机制是本书研究的重点。

全书共九章，各章的基本内容安排如下：

第一章，绪论。阐明本书的研究背景、研究该问题的理论意义和现实意义；概括本书的研究对象，并对空间尺度的选择进行说明；厘清本书的的研究思路，简要地描述了主要的研究内容；总结本书的研究方法；最后指出了本书的创新所在。

第二章，信息服务业概述。先对各个机构或者部门关于信息服务业的内涵与分类进行考察，进而阐述信息服务业的产业特性，并分析我国信息服务业发展现状和发展趋势。

第三章，关于信息服务业空间分布和集聚原因的考察。首先，回顾学者们对主要发达国家生产者服务业空间分布的相关研究成果，包括大都市区生产者服务业的空间分布特征的研究。其次，从邻近大学和科研机构、邻近相关企业、社会资本网络、交通条件、外部联系、政府扶持等六个角度概括前人对信息服务业集聚影响因素的研究成果。最后，对已有的研究做出简单的评述，并指出下一步的研究方向。

第四章，都市内部信息服务业发展概况及空间分布。在微观层面上，对上海信息服务企业的大样本数据进行处理，并用ArcGIS软件做出上海市信息服务业及三个子行业的空间分布图，分析其空间分布的特征。

第五章，信息服务业区位选择的影响因素。本章以上海为例，利用信息服务业区位指向的调查问卷中所获得的数据，主要从通达性状况、区位环境、融资方式选择、与商务成本相关的影响因素、所处区域资源支持相关因素、社会网络、与决策者个人相关因素七个方面共29个项目对信息服务企业区位选择的影响因素进行分析。通过问卷数据的分析，确定了主要的影响因素，并从这些区位因子中探寻第六—八章的研究视角。

第六章，通达性、区位选择与信息服务业集聚——以上海为例。选择上海六个交通枢纽，构建总体通达性指数，探索距离要素及交通条件对都市内部信息服务业空间结构的影响，研究通达性对信息服务企业集聚的影响，预期通达性好的区位信息服务业集聚程度较高，并通过实证分析来验证这个观点。本章以上海为例，以邮政编码区为空间单元，选择计数模型中的负二项分布模型，将通达性对信息服务业集聚的影响进行量化分析，并研究通达性对信息服务业不同行业企业集聚的影响。研究发现，信息服务业企业倾向于选择通达性较好的区位，尤其是倾向于选择城市轨道交通沿线的区位，同时也充分考虑靠近虹桥机场、浦东机场、火车站这些交通便利的区域。

第七章，地理邻近性、区位指向与信息服务业集聚——以上海为例。从邻近大学或研究机构和邻近相关企业两个角度阐述地理邻近性促进信息服务企业集聚的机理。仍以上海265个邮编区为空间分析单元，研究地理邻近性对信息服务业和三个子行业企业集聚的影响。从全行业的实证分析中可以看出，都市内部信息服务企业有偏离一般大学、选择邻近名牌大学的区位倾向。同时，它们邻近自然科学和自然科学技术研究机构、邻近同行业代表性企业、邻近地价较高的城市中心区和近郊区、邻近企业集中度较高的开发区，实证分析的结论和根据上海信息服务企业样本所作的空间分布状况是一致的。

第八章，知识外部性与信息服务业集聚。本章主要从大学所发表的可编码知识溢出所产生的外部性和大学培养的专业人才所带来的人力资本外部性两个层面展开研究。仍以上海为例，以邮政编码区为空间单元，运用分位数回归，对大学知识溢出的外部效应及其对信息服务企业集聚的影响程度进行量化研究，研究高校知识在邮编区这一层面上地理溢出的地方化。在分析知识外部性对信息服务企业集聚影响的基础上，基于空间相互作用原理引入重力指数和覆盖指数，探讨空间溢出的地方化效应。

　　第九章，要素空间配置、要素流动与信息服务业集聚——基于省际面板数据的实证分析。在全国这一层面上，从信息服务业法人单位分布和空间基尼系数角度考察信息服务业的空间分布状况，并测算其产业集中度和集聚程度，进一步地从要素空间配置和要素流动这个较新的视角对影响信息服务业集聚的因素进行实证分析。

　　第十章，阐述了促进信息服务业发展的政策建议。首先从完善信息服务业技术创新体系角度探索提高企业自主创新能力的途径。注重技术引进与自主创新的有机结合，鼓励核心技术领域的集成创新，推动产学研三方在资金、技术创新、研发等各方面合作，健全风险投资体系，完善信息服务业的技术创新成果转化机制，提高产业的技术创新效率。其次是发挥政府的导向与扶持作用。在尊重产业发展规律的前提下，加强产业引导，在信息基础设施的建设、信息技术研发的投入、培育信息服务业人才等方面积极作为，制定更完善的政策扶持体系。最后，从提高软件服务产业的比重、培育电信传输服务业的增长点、扶持物联网和云计算等新兴业态的发展这三个方面入手，进一步优化信息服务业内部的产业结构。

　　第十一章，研究的结论与展望。对全书研究的问题进行总结，指出本书存在的不足，并探讨了未来研究的方向。本研究尚未涉及集聚的离心力、知识外部性的动态变化过程、信息服务业集聚与经济增长互动关系等问题，这些都是都是未来的研究方向。

第四节　研究方法

　　本书研究的问题涉及产业经济学、区域经济学等学科，这两个学科的研究方法及成果都得到了应用。

　　1、地理信息在经济学中的应用

　　地理信息系统为地理要素的空间分析提供了良好的平台。借助ArcGIS

软件，对都市内部信息服务企业的8955个样本的地理属性信息进行分析，能够较好地体现信息服务业的空间分布状况，有利于本书对信息服务业集聚状况的研究。在区位通达性、知识外部性的分析中，也运用ArcGIS算出六个交通枢纽到各个邮编区的距离、信息服务企业到最近的名牌大学的距离等，为实证分析提供了良好的数据。

2、运用微观、静态的方法，借助新经济地理学的产业集聚理论和现代区位理论构建本书的分析框架

19世纪90年代，马歇尔就用空间外部性来解释产业集聚，此后，新古典区位理论在农业经济、工业经济时代较好地揭示了产业空间集聚现象的成因。自20世纪90年代以来，区位并不单纯是选择的问题，更重要的是，区位是区域经济发展的核心因素（金相郁，2004）[1]。在全球化时代，区位理论注重空间竞争要素。本书所讨论的信息服务企业集聚在本质上是多主体的空间决策问题，也就是研究在既定条件下信息服务企业选择最佳区位的影响因素，揭示产业经济活动在空间上集中的微观形成机制。

新经济地理学在不完全竞争和规模报酬递增的假设下，利用两部门经济模型推导出交易成本与经济活动空间分布之间成非线性的倒U型关系。克鲁格曼的模型显示最佳区位并不像传统区位理论中所寻找的唯一的均衡点，而是可能是一个面，出现多重均衡的状态。新经济地理学的分析框架与研究范式比较适合用于研究制造业中心集聚的动因，不太适合用来分析服务业的空间分布及集聚机制。

因此，本书借助新经济地理学中关于外部性、要素流动、知识溢出等相关理论，结合现代区位理论对传统、现代区位因子的分析，在阅读大量文献的基础上，从中汲取有益的营养成分，总结出区位通达性、地理邻近性、知识外部性三个影响因子，运用微观、静态的方法对信息服务业的区位特征进行描述、总结，并应用计量经济模型对影响集聚的三个要素进行量化分析。

1　金相郁：《20世纪区位理论的五个发展阶段及其评述》，《经济地理》2004年第3期，第24～298页。

本书运用的具体的研究方法有以下几种。

一是问卷调查法。通过实地访谈和问卷调查，分析信息服务业厂商的区位指向。从区位决策层面了解影响信息服务企业空间分布的各类因素。通过调查问卷的数据分析，确定本书研究的微观视角。

二是运用数理统计技术，构建相关计量模型，研究信息服务业区位选择与集聚。在第六、第七章都市内部集聚机制的研究中，先对计数模型进行选择，并对是否适用泊松模型进行验证，最终采用负二项分布模型对信息服务业集聚影响因素进行研究。在第八章中，运用主成分分析法对数据进行综合处理，运用分位数回归研究知识外部性对信息服务业集聚机制的影响。在全国层面上，运用省级面板数据研究要素的空间配置、要素流动对信息服务业集聚的影响。

三是对城市信息服务企业样本进行统计分析，运用地理信息系统的相关软件进行空间结构的分析。对都市区内8955个样本进行分类统计，借助ArcGIS软件以街道（乡镇）为空间单元进行上海信息服务业空间分布的分析，以邮编区为空间单元进行实证分析。

第五节 创新点

本书可能的创新点如下：

1、利用微观尺度的数据进行实证分析及检验

本书研究的空间尺度较小，弥补了已有研究空间尺度普遍过于宏观、数据难以精细化的不足。在现有的研究中，由于数据可得性的限制，多数学者选择州、省（或直辖市）、城市、区（县）作为空间分析单元，空间尺度过于宏观，没办法充分揭示产业集聚的微观机制。本书在研究都市内部信息服务业集聚的影响因素中，以邮政编码区为空间分析单元；在研究都市区信息服务业的空间分布中，以街道（乡镇）为空间单元，对信息服务业三个子行业的空间分布做了细致的分析。此外，针对调查问卷的数

据，针对信息服务企业微观个体的区位选择影响因素进行分析，确定了本书研究的微观视角。

2、揭示都市区内部信息服务业集聚的微观机制

首先，通过调查问卷的数据分析，从微观主体这一角度研究影响信息服务企业区位选择因素，夯实信息服务业区位选择与集聚研究的微观基础。从众多区位因子中总结出重要的影响因素。然后，以上海8955个信息服务企业样本为分析对象，对区位通达性、地理邻近性、知识外部性与信息服务业集聚的关系进行理论分析和实证检验，揭示都市区内部信息服务业集聚的微观机制。

3、间接地考察隐性知识对信息服务业集聚的影响

隐性知识很难量化，本书试图通过研究有利于面对面交流的两个重要因素，即区位通达性和地理邻近性来间接地考察隐性知识对企业技术创新活动的推动，进而促进信息服务业集聚。在研究区位通达性对信息服务企业集聚的影响方面，构建总体通达性指数，探索距离要素及交通条件对都市内部信息服务业空间结构的影响。此外，从邻近大学或研究机构和邻近相关企业两个角度研究地理邻近性促进都市内部信息服务企业集聚的机理。

4、研究大学知识地方化溢出的空间界限及其对信息服务业集聚的影响

越来越多的学者关注大学知识的空间溢出，但是国内对地方化溢出及溢出范围的研究较少，本书的研究弥补了这个不足。基于空间相互作用原理引入引力指数和覆盖指数，研究高校知识在邮编区这一层面上的地方化地理溢出。通过对大学知识外部性的实证研究发现有力的知识外部性的证据。在邮编区层面上，大学发表的可编码知识对信息服务企业的综合吸引强度很大，地方化的地理溢出效应明显。覆盖距离变大之后，距离衰减规律使得溢出效应递减，可编码知识的外部性和人力资本的外部性都减弱了。邮编区之间的覆盖距离超过20公里之后，溢出效应不显著。

第二章 信息服务业概述

第一节 关于信息服务业的分类与内涵

20世纪80年代末期开始，信息产业推动美国经济持续增长，进入所谓的新经济时代，一直到今天，这种趋势仍在持续。根据许多学者的相关研究，强大的信息产业与经济社会的信息化是最重要的驱动力量之一。在信息化的过程中，信息服务业扮演着极为重要的角色。

由于我国信息服务业是新兴产业，各个部门对信息服务业的分类并不统一，例如国家统计局、原信息产业部对信息服务业的分类项目上也存在一定的分歧。不同的省（市）对信息服务业的认识也存在一定的差异，在统计项目上也不尽一致，各地统计部门制定的地方标准也会产生差异。这也是有关信息服务业的统计数据来源困难的重要原因，特别是各省市相关数据的采集有着较大的困难，所采集数据的统计口径也不尽一致。此外，对纵向的时间序列数据的收集也存在极大的困难，很多省市仍然没有信息传输、计算机服务及软件业的专项统计数据。

目前，关于信息服务产业的划分有三种口径：大口径、中口径与小口径。大口径是指将信息服务活动有关的内容都列为信息服务业。中口径是分为电子信息传输服务、计算机服务和软件业、其他信息相关服务三个大类。小口径是在中口径的基础上，剔除了信息文化产品的内容，即剔除其他信息服务，其范围仅包括电子信息传输服务、计算机服务和软件业。中国自2003年开始启用了新的国民经济行业代码（GB/T4754～2002），以下在介绍每一种分类的过程中，将参照这一新的行业代码标准进行归类和对比。

一、联合国信息业的分类

2002年，联合国统计委员会以《北美产业分类体系》（NAICS）和经济合作与发展组织（OECD）的分类为基础，制定了"信息业"和"信息与通讯技术"两个相关分类，为世界各国确定自己的信息产业分类并进行国际比较提供了依据。联合国对信息业的分类包括录制媒体的出版、印刷和复制，邮政和电信，计算机和有关活动，娱乐、文化和体育活动4个层面的内容。我国信息产业中电子信息设备制造、电子信息设备销售和租赁与联合国的"信息与通讯技术"相对应，电子信息传输服务、计算机服务和软件业、其他信息相关服务这三个大类和联合国的"信息业"较吻合。联合国的"信息业"不包括我国"信息相关产业分类"中的"电子信息设备制造"、"电子信息设备销售和租赁"，以及"计算机服务"中的"计算机系统服务"、"计算机维修"和"其他计算机服务"。这种分类包括了中国行业代码（2002）[1]中的电信和其他信息传输服务业（60）、计算机服务业（61）、软件业（62）、新闻出版业（88）、广播、电视、电影和音像业（89）以及文化艺术业（90）六个大类的一部分内容，但并非完全重合。实际上，这个分类和我国的信息产业有明显的差异，并没包含信息设备制造等制造业，已经接近于国家统计局对信息服务业的界定。但是，联合国的分类并没有明确提出信息服务业的概念，也未能明确界定信息服务业的范围。

表2-1　联合国"信息业"与中国"信息相关产业分类"对照表

联合国信息业的分类	我国的行业代码	
录制媒体的出版、印刷和复制		
2211书籍、小册子和其他出版物出版	图书出版	8821
2212报纸、期刊和杂志出版	报纸出版	8822

1　在本节中如未特别说明，行业代码均指新的国民经济行业代码（GB/T4754-2002）。

联合国信息业的分类		我国的行业代码
	期刊出版	8823
2213记录媒介出版	音像制品出版	8824
	电子出版物出版	8825
2219其他出版	其他出版	8829
邮政和电信		
6420电讯	固定电信服务	6011
	移动电信服务	6012
	其他电信服务	6019
	有线广播电视传输服务	6031
	无线广播电视传输服务	6032
	卫星传输服务	6040
计算机和有关活动		
7221软件出版	基础软件服务	6211
	应用软件服务	6212
7230数据处理	数据处理	6120
7240数据库活动和电子内容在线分发	互联网信息服务	6020
娱乐、文化和体育活动		
9211影片和影带的制作和发行	电影制作与发行	8931
	音像制作	8940
9212影片放映	电影放映	8932
9213广播和电视活动	广播	8910
	电视	8920
9220新闻社活动	新闻业	8810
9231图书馆和档案馆活动	图书馆	9031
	档案馆	9032

资料来源：国家统计局：《统计上划分信息相关产业暂行规定》，2003年。

二、国家统计局、原信息产业部对信息服务业的界定

由于信息服务业作为一种新兴的、跨产业的、复合型行业，涵盖了第二产业、第三产业中的部分产业，因此在现行的国家标准中没有信息服务业的专项统计，我国在《国民经济行业分类》GB/T4754-94或者GB/T4754-2002中都没有制定信息服务业直接的、专项的分类指标。如果设定"信息服务业"这个行业大类，必然要与其他行业中大类的中类、小类产生重复统计。因此，只能在国家标准中先确定与"信息服务业"关联的小类和中类，然后归类于国家标准以外新设定的大类。2002年新的《国民经济行业分类》增加了信息传输、计算机服务和软件业这一新的门类，修订后的行业分类在2003年开始逐步应用于统计中。近年来，国家统计局对信息服务业的分类的探索逐步深入，针对1994年和2002年标准调整了信息服务业分类项目。国家统计局认为，中口径在小口径基础上拓宽了与国际比较的内容，又方便与联合国的两个相关分类进行比较，相比之下，中口径更加科学、实际。

表2-2 国家统计局对信息服务业的分类（1994年标准）

	归类后的大类	行业目录中的中类、小类
1	社会调查业	社会调查业（8224）
2	信息处理业	计算机服务（8310）数据处理业（8320）数据库服务（8330）
3	信息提供业	咨询、广告（8210）出版业（9020）
4	电信服务业	电信业（6020）
5	咨询业	公证业（8221）律师事务所（8222）
6	经纪业	商业经济与代理（6500）证券经济与教育（6860）房地产经济与代理（7400）文化艺术与代理（9080）技术推广与交流（9370）
7	公共信息服务业	图书馆业（9040）群众文化业（9050）
8	其他信息服务业	其他未包括的咨询业（8290）

资料来源：国家统计局普查中心：《基普分析之二十二：我国信息服务业的现状、问题与对策研究》，2003年。

如表2-2所示，国家统计局普查中心（2003）发布《基普分析之二十二：我国信息服务业的现状、问题与对策研究》，按照《国民经济行业分类与代码》（GB/T4754—94），把信息服务业分为社会调查业、信息处理业、信息提供业、电信服务业、咨询业、经纪业、公共信息服务业和其他信息服务业8个大类。这种分类对信息服务业从生产过程的角度来阐释，认为信息服务业是指服务者以独特的策略和内容帮助信息用户解决问题的社会经济行为。从劳动者的劳动性质看，这样的行为包括生产行为、管理行为和服务行为。国家统计局普查中心认为信息服务业的行业划分要以信息服务的生产过程为主线，并以信息服务的特性作为信息服务业的质的规定性。信息服务的生产过程不等于信息的生产过程，也不等于信息产品的生产过程，而是信息服务产品和特定服务的生产过程。这样的过程是指在一定的生产关系下，以信息和信息产品为劳动对象，借助信息技术等劳动资料，经过调查研究、增值处理等环节，形成信息服务产品，并通过提供、咨询或经纪等特定的行为方式，确保信息服务产品和服务用于用户的问题解决活动的全过程。这个定义对信息服务业的生产过程做了较深入的解读，但是对信息服务业的产业性质及产品特性并没有较清晰的界定。除此之外，和国际上信息服务业高速发展的情况相比较，这种分类的滞后性也是显而易见的，虽然包含了信息传输服务业、计算机服务业的部分项目，但却没有包含软件业这样在国外已经蓬勃发展，而在国内也已经是信息产业中重要组成部分的产业。

原信息产业部2003年颁发的《电信分类目录》中定义的信息服务业是指通过信息采集、开发、处理和信息平台的建设，通过固定网、移动网或因特网等公众通信网络直接向终端用户提供语音信息服务(声讯服务)或在线信息和数据检索等信息服务的业务。信息服务的类型主要包括内容服务、娱乐/游戏、商业信息和定位信息等服务，信息服务业务面向的用户可以是固定通信网络用户、移动通信网络用户、因特网用户或其他数据传送网络的用户。此定义中，信息服务是电信服务中的一项增值业务。从这个角度来理解信息服务业，应包含传统电信服务、互联网业务和软件服务，随着未来三网融合的发展，还应包含广播电视。这种分类是从原信息产业部的职责定义来理解的，更多的是从服务类型来解读信息服务业，对其分类项目中的大、中小类并没有清晰的界定。从内容上看，侧重于电信和其他信息传输服务业（60），对于计算机服务业及软件业则较少涉及。一般来说，计算机服务及软件业在信息服务业中的企业数、产值都占极大的比重，因此，这种分类目录的范围较狭窄，无法全面地反映信息服务业的业务内容。

表2-3　国家统计局信息相关产业分类（2002年标准）

类别名称	分类代码
电子信息传输服务	
1．电信	
固定电信服务	6011
移动电信服务	6012
其他电信服务	6019
2．互联网信息服务	
互联网信息服务	6020
3．广播电视传输服务	
有线广播电视传输服务	6031
无线广播电视传输服务	6032
4．卫星传输服务	
卫星传输服务	6040
计算机服务和软件业	
1．计算机服务	
计算机系统服务	6110
数据处理	6120
计算机维修	6130
其他计算机服务	6190
2．软件服务	
基础软件服务	6211
应用软件服务	6212
其他软件服务	6290
其他信息相关服务	
1．广播、电视、电影和音像业	
广播	8910
电视	8920
电影制作与发行	8931
电影放映	8932
音像制作	8940
2．新闻出版业	
新闻业	8810
图书出版	8821
报纸出版	8822
期刊出版	8823

续表

类别名称	分类代码
音像制品出版	8824
电子出版物出版	8825
其他出版	8829
3. 图书馆与档案馆	
图书馆	9031
档案馆	9032
说明：分类代码栏中的代码均采用《国民经济行业分类》小类代码。	

资料来源：国家统计局：《统计上划分信息相关产业暂行规定》，2003年。

2003年底，国家统计局根据《国民经济行业分类》GB/T4754-2002的标准对信息产业及信息化的发展状况进行定量分析，并进行地区间、国际间的比较，制定了《统计上划分信息相关产业暂行规定》，于2004年2月印发《统计上划分信息相关产业暂行规定》的通知，对与信息相关的行业小类进行了重新分层和组合。由表2-3可见，在这个暂行规定里，没有明确地规定信息服务业的具体内容，但是可以在分类目录中找到对应的三大类，即包括电子信息传输服务（60）、计算机服务（61）和软件业（62）、其他信息相关服务（88、89、90）。其中，电子信息传输服务包括电信、互联网信息服务、广播电视服务和卫星传输服务四个中类；计算机服务和软件业包括计算机服务和软件服务两个中类；其他信息相关服务包括广播、电视、电影和音像业、新闻出版业、图书馆和档案馆三个中类，共有28个小类。

根据2002年标准所划分的信息服务业比1994年标准划分的分类更突出信息服务业的主要业务门类，如电子信息传输服务、计算机服务和软件业包含了14个小类，1994年的分类只有信息处理业和电信服务业4个小类。此外，2002年的分类不再包含咨询业、经纪业和社会调查业中8个小类，在其他信息相关服务中包含了更多的小类，一共有15个，行业划分细化了。

三、北京、上海、台湾等地对信息服务业的界定

北京信息服务业的发展水平走在全国的前列。北京市统计局、国家统计局北京调查总队于2009年制定完成《北京市生产性服务业统计分类

标准》和《北京市信息服务业统计分类标准》，并于2009年5月开始颁布实行。分类标准均建立在《国民经济行业分类》（GB/T4754-2002）的基础之上。

表2-4 北京市信息服务业统计分类表

类 别 名 称	行业代码
一、信息传输服务	
1. 电信	
固定电信服务	6011
移动电信服务	6012
2. 广播电视传输服务	
有线广播电视传输服务	6031
无线广播电视传输服务	6032
3. 卫星传输服务	
卫星传输服务	6040
二、信息技术服务	
1. 计算机服务	
计算机系统服务	6110
数据处理	6120
计算机维修	6130
其他计算机服务	6190
2. 软件业	
基础软件服务	6211
应用软件服务	6212
其他软件服务	6290
三、信息内容服务	
1. 电信增值服务	
其他电信服务	6019
2. 互联网信息服务	
互联网信息服务特	6020
3. 其他信息内容服务	
新闻业	8810
图书出版	8821
报纸出版	8822
期刊出版	8823
音像制品出版	8824
电子出版物出版	8825
其他出版	8829

续表

类　别　名　称	行业代码
广播	8910
电视	8920
电影制作与发行	8931
电影放映	8932
音像制作	8940
图书馆	9031
档案馆	9032

资料来源：北京市统计局、国家统计局北京调查总队：《北京市信息服务业统计分类标准》，2009年。

《北京市信息服务业统计分类标准》中认为，信息服务业是指以信息资源为基础，利用现代信息技术，对信息进行生产、收集、处理、输送、存储、传播、使用并提供信息产品和服务的产业。由表2-4可见，这个分类涉及《国民经济行业分类》（GB/T 4754-2002）中信息传输、计算机服务和软件业，文化、体育和娱乐业2个行业门类、6个行业大类、17个行业中类和28个行业小类。根据信息服务业的概念和活动性质，将信息服务业划分为信息传输服务、信息技术服务和信息内容服务三大领域。和国家统计局发布的《统计上划分信息相关产业暂行规定》（简称《规定》）相比，只是在小类项目的归属上做了调整，项目总数并没有减少。北京市信息传输服务业只有5个小类，少了两个小类，即其他电信服务（6019）和互联网信息服务（6020），将这两个小类改为信息内容服务；信息技术服务业包含7个小类，和《规定》中计算机服务和软件业的7个小类完全吻合；信息内容服务中包含了其他电信服务、互联网信息服务以及其他信息内容服务的14个小类，除了前两个之外，和《规定》的其他信息相关服务的14个小类一致。这个分类体现了信息服务业的产业特性、生产过程中的各个环节。从其所包含的小类看，所体现的信息服务内容较全面，也属于较广义的信息服务业，在统计上接近于中口径的划分。

上海市信息服务业的统计调查范围包括电信和其他信息传输服务业（60），其中包括电信、互联网信息服务、广播电视传输服务和卫星传输服务四个中类；计算机服务业（61），其中包括计算机系统服务、数据处理、计算机维修和其他计算机服务四个中类；软件业（62），其中包括公共软件服务和其他软件服务两个中类。上海信息服务业分类标准是根据企业（单位）从事的社会经济活动性质，也是对照《国民经济行业分类》（GB/T4754—2002）来划分的，在统计项目上的分类属于小口径，没有包含信息文化产品的内容，剔除了其他信息相关的服务。

表2-5　台湾信息服务业的范围界定

720 电脑系统设计服务业	7201 电脑软体服务业
	7202 电脑系统整合服务业
	7209 其他电脑系统设计服务业
731 资料处理服务业	7310 资料处理服务业
732 资讯供应服务业	7321 网路资讯供应业
	7322 新闻供应业
	7329 其他资讯供应服务业
600 电信业	6000 电信业

资料来源：根据台湾"行政院"主计处2001年公布第七次修订行业标准分类整理。

表2-6　Gartner的信息服务业分类

第一层次分类	第二层次分类	第三层次分类
产品支持服务	硬件维护和支持服务	基本安装、例行性保养以及意外维修
	软件维护和支持服务	操作系统
		应用软件
		系统及网络管理软件、工具和应用
专业服务	顾问服务	企业顾问服务
		IT顾问服务
	开发与整合服务	应用软件开发服务
		整合服务
		导入服务
	培训和教育服务	在线远程教学等
	IT管理服务	操作服务
		应用软件IT管理服务
		服务台IT管理服务
	企业流程和交易的IT管理服务	各种专业知识的外包服务

资料来源：见Gartner网站，http://www.gartner.com/technology/why_gartner.jsp。

台湾把信息服务业称之为资讯服务业，是台湾近年来重点发展的产业，台湾称之为"策略性产业"，依据台湾"行政院"主计处《"中华民国"行业标准分类》，资讯服务业属于72中类（计算机系统设计服务业）及73中类（数据处理及信息供应服务业），包括软体服务[1]、资料处理、资讯供应、系统整合、其他电脑系统设计服务业等五个分类，具体的分类见表2-5。由此可见，台湾资讯服务业包括两大部分：电脑软件设计业和系统集成。

根据美国技术产业研究机构哥特（Gartner）的定义，信息服务业是利用专业的商业和技术知识，以便企业或机构创造、管理以及撷取商业流程和信息的产业。如表2-6所示，产品支持服务、专业服务实际上和我国计算机服务业、软件服务业的分类比较接近，但这个分类未明确地将电信和其他信息服务业纳入信息服务业的范围。这种分类大体上可以纳入小口径的范围，没有包含文化信息产品的相关服务。

四、信息服务业的内涵

由以上所列举的种种分类可见，国家统计局参照联合国信息业的分类标准，是中口径、广义的信息服务业，北京、上海的分类也是参照中口径的分类标准作出的划分。台湾资讯服务业的分类以及Gartner对信息服务业的划分都不包括图书、音像出版等信息文化产品行业，偏向于小口径、狭义的信息服务业。由于信息服务业所包含的种类众多，而信息技术的发展又极为快速，往往会滋生出许多新业务，因此要对信息服务业作出清晰的区分是不容易的，在实务上也没有太大的价值。

信息服务业是现代服务业的重要组成部分，同时又是信息产业的一个重要领域。伴随着国际互联网和移动通信网的发展以及全球一体化的信息高速公路的连接、先进的通信应用终端的出现、行业融合趋势的增强，信息服务业得到迅猛的发展。信息服务业连接信息技术、设备制造业和信息用户，对生产与消费的带动作用大，产业关联度高，属于当前世界各国争相发展的战略性高端产业。信息服务业已成为信息产业中发展速度最快、技术创新最活跃、增值效益最大的一个产业。

---

1 中国大陆称之为软件服务业。

　　国内外有很多机构和学者都在研究中涉及服务业相关的概念和范围，目前尚未有规范和统一的定义。国内一些学者认为，信息服务业由数据处理、信息提供业、软件业、系统集成服务业和咨询业及其他类产业构成[1]。有的学者认为，信息服务业一般是指从事信息的采集、存储、加工、传递、交流，向社会提供各种信息产品或服务的行业（匡佩远，2009）[2]。一般来说，信息服务业是指利用计算机和通信网络等现代科学技术对信息进行生产、收集、处理、加工、存储、传输、检索和利用，向社会提供各种信息产品或服务，从而实现信息价值增益的行业集合体[3]（北京市信息化工作办公室，2008）。台湾将信息服务业称之为"资讯服务业"。根据台湾的行业标准分类，资讯服务业（IT Services Provider）定义为：凡备有资料处理设备、从事代客设计资料处理程式、规划系统分析作业、处理资料、制备报表、提供网路服务、开发套装软体及咨询行业，亦包括各类讯之收集、编制与提供。

　　陈禹、谢康等人[4]将信息服务业分为传统信息服务业和现代信息服务业。传统信息服务业是指在计算机广泛运用于各行业之前已经存在的信息服务产业部门，主要包括图书馆业、档案与专利、出版业、广播电视业、广告业、电信业、邮政业、科技情报业等。现代信息服务业主要包括软件业、数据库业、系统集成业、网络信息服务业、信息咨询。而国外相关研究将信息服务业分为产品和服务两大类别。如美国的锡拉丘兹信息学院在1996年所作的专题研究中，认为信息产品包括传统与电子图书出版业、新闻、报纸、印本期刊与网络杂志、电视与有线电视及交互电视频道、电影与音像制品、电子游戏与游戏软件、信息提供商提供的电子信息内容；信息服务则包括联机数据库、联机与增值服务、网络服务、网络信息搜索。

　　本研究以我国国民经济行业分类（2002）中对信息传输、计算机服务及软件业的分类为基础，更倾向于小口径、狭义的信息服务业的界定。本

1　北京市信息化办公室：《北京市信息服务业发展报告》(2004)，中国发展出版社2005年版，第8页。

2　匡佩远：《信息服务业：定义和统计框架》，《统计教育》2009年第5期，第22页。

3　北京市信息化工作办公室：《北京市信息服务业发展报告》（2007），中国发展出版社2008年版。

4　陈禹、谢康：《信息经济学及其应用》，《改革》1998年第2期，第95～101页。

研究认为信息服务业是指通过收集、处理、传输、存储、传播、使用等生产过程为客户提供符号、信号、文字、影像、声音或其他性质的信息等服务的行业。从产业链角度来看，信息服务业可划分为信息传输服务、信息技术服务和信息内容服务三大领域。

第二节 信息服务业的产业特性

信息服务业具有知识技术密集程度高，渗透性强、辐射广、产业关联效应强，技术创新速度快，知识传播零距离、成本低的特点，还具有资源消耗少，产业溢出效应很强，高投资高风险等特性。

一、知识密集性

信息服务业是从事信息资源开发和利用的知识密集型产业部门，需要较多的智力投入，是知识经济时代的主导产业。

知识密集型产业不仅要有劳动力的投入，而且要有科技人员和管理人员脑力的投入，比重也较大。知识密集型产业是人类科学技术水平发展到一定阶段的产物。因此，知识密集型产业的产生和发展必须要具备一定的基础和条件。首先，发展知识密集型产业需要拥有大量的高素质的人力知识资源，既包括科学技术人员、管理人员等非生产人员，也包括掌握一定技能且训练有素的熟练劳动力。前者在知识密集型产业的地位和作用越来越突出，其所占从业人员的比例呈上升趋势；而后者所起作用越来越小，所占从业人员的比例呈下降的趋势。其次，知识创新成为知识密集型产业发展的动力和源泉。知识创新体系不仅包括科学技术成果的发明，也包括管理上的创新。在知识创新体系中，创新的主体有大学、研究机构，还有企业内部的研发部门。

信息服务是一种知识密集型服务，它以信息资源作为重要的生产要素，依靠生产者对其高智力的投入，依托现代化的生产手段，最终产出的是信息和知识含量丰富的信息产品，如商情、信息、调查数据、情报分析、解决方案以及数据库和软件等，具有很高的使用价值。可以说，在信息服务的生产过程中，信息与知识的凝聚与裂变起着相当重要的作用。对于消费者而言，它有助于增加消费者的知识含量，提高消费者的知识水平，可以说信息服务产品是以知识为核心的信息点集。

这种知识密集型服务业以信息技术知识为主要投入要素，重视创新，研发费用所占的比例较高，设备的折旧在其成本结构中所占的比例较低，且以知识资产为主要的收入来源。客户对专业知识的需求度高，员工的专业知识在服务过程中凸显出重要作用，其服务具有高附加值的特征。同时，高质量的服务可能以生产者服务的形式进入厂商的生产过程，通过这种途径，人力资本和知识资本以较快的速度积累，并且日益专业化，因此，这种服务体现了人力资本和知识资本的结合，成为经济增长的重要推动器。

随着信息技术水平的提高，信息服务业的产品和服务越来越知识化、智能化和数字化；生产模式逐步从规模生产向个性化产品的模式转变；生产工艺的智能化程度越来越高；市场的电子化程度变得越来越大。企业的管理也将从生产向创新转变，其企业经济效益越来越依赖于知识和创新而不再只是有形的资本和劳动等生产要素。越来越多的传统产业要向知识化发展，如传统产业的升级和产品的创新，服务和教育产业的发展，都需要软件技术的渗透。这些因素都为信息服务业创造了一个大的需求市场，因此，知识经济为信息技术的迅猛发展创造了有利条件，信息技术的创新是以知识为资源的创新，信息服务业具有以知识为资源的技术特征。

二、产业关联性

产业关联是指产业与产业之间通过产品供给与需求而形成的互相关联、互为前提的内在联系。在产品的供需方面，主要表现为除了最终消费品的生产之外，任何一个行业的生产以及任何一种产品，都可能成为其他行业的生产的投入要素；同时，它也会以其他产品或其他行业的生产作为其生产的投入要素。在产业的技术供给方面，一个产业的生产，需要其他产业为其提供技术水平层次相当的生产手段，同时，它的发展也推动了其他相互关联产业的技术进步，从而使整个产业的技术水平不断向更高层次推进。

信息服务业以信息、知识为依托，附加价值大、能源消耗低，对其他相关产业的关联、带动性强。信息服务业通过前向联系和后向联系，带动了相关产业的发展。信息服务业对其他产业的渗透，主要是通过其产品与服务渗透到其他产业部门的产品和服务中，或者直接向其他产业提供有偿信息服务两种途径。作为一种中间投入服务，信息服务业具有较强的产业关联性，它与制造业的关系都极为密切，为制造业提供了其急需的智力服务和劳动力，降低了制造业的交易成本。例如，信息服务业和信息产品制造业相互渗透、相互促进，共同发展。除此之外，信息技术在商业中的广泛应用，使电子商务成为一种重要的经营模式；信息服务业还能为传统产业的改造提供技术支持，延长传统产业的生命周期，提高传统产业的竞争力；信息服务业还推动了其他高科技产业的发展，例如生物技术、机器制造、新材料、航天等行业的发展等。信息的扩散机制和反馈机制使得信息技术和信息服务的传播能够扩散到社会的各个领域、各个产业部门中。

总之，发展信息服务业可以带动金融服务业、商业服务业、物流服务业等相关服务业的快速发展，还可在更高层次上带动现代制造业、现代农业的发展，促进传统产业的升级换代和产业结构的优化调整。

三、网络外部性

信息服务业的发展是伴随着互联网的发展而进行的，其服务的开展建立在先进的信息和通讯设备的基础之上。信息服务企业以现代化的网络为生产平台，因而它对网络的依赖要比其他任何类型的企业都强，迅速便捷的网络提高了其获取生产要素的效率。

随着使用同一产品或服务的用户数量的变化，每个用户从消费此产品或服务中所获得的效用的变化称之为网络外部性（Katz and Shapiro，1985）[1]。网络外部性是指由消费活动产生的一种外部性，它是用户在消费产品中得到的好处，而这个好处并不是由产品本身价值提供的，而是由

1　Michael Katz, Carl Shapiro, "Network Externalities Competition and compatibility", *American Economic Review*, 1985(3), pp.424 ~ 440.

于别的用户消费同一产品而产生的。Katz和Shapiro早在1985年就对网络外部性进行了分类，他们将网络外部性分为直接的网络外部性和间接的外部性。直接的网络外部性是指通过消费相同产品的市场主体的数量增加所导致的直接效应，例如使用软件的消费者数量增加，消费者以越来越低的价格消费该产品所带来的消费者效用增加。间接的网络外部性是指随着某一产品使用者数量的增加，该产品的互补品数量增多，价格下降而带来的价值增加，消费者效用水平提高了。典型的例子如电子邮件的使用，每增加一个新的消费者，就意味着较早使用电子邮件的消费者增加了一份收益，因为他们可以通过邮件联系更多的人，联系的范围扩大了，获得了额外的收益。

Liebowitz和Margolis（1994）[1]严格区分了网络效应和网络外部性。他们认为，如果一个新的节点决定接入网络时，引起的网络价值变化且不能内部化时，才会导致网络外部性问题的产生。否则，只出现网络效应而没有网络外部性，网络效应是比网络外部性更为普遍的经济现象。Liebowitz和Margolis（1995）[2]还区分了网络外部性的正效应和负效应。网络外部性的正效应指随着网络节点数的增加，网络节点所带来的福利增加；网络外部性的负效应是指随着网络节点数的增加，网络节点福利减少，使消费者得到的网络价值下降。对于信息服务业来说，随着消费者使用人数的增加，信息服务厂商市场占有率变大，越来越多的消费者使用该产品或服务，出现规模报酬递增的现象，网络外部性成为一种必然现象。例如，对于一项技术标准来说，其市场占有率越大，会有越来越多的消费者和厂商采用该种标准，结果该种技术标准的市场占有率越来越大。

当一种产品对一名用户的价值取决于该产品别的用户的数量时，这种产品就显示出网络外部性（Shapiro、varian，1999）[3]。也就是说，消费者消费某种网络产品的价值会随消费该产品的消费者数量及消费与该产品相

1　Liebowitz S.j，"Margolis S. E. Network externality: an uncommon tragedy"，*The Journal of Economic Perspectives*.1994,8(2),pp.133～150.

2　Liebowitz S.j，"Margolis S. E..Path dependence，lock-in，and history "，*Journal of Law,Economics, & Organization*,1995,11(l),pp.205～226.

3　Carl Shapiro, Hal Varian.：《信息规则:网络经济的策略指导》，中国人民大学出版社2000年版。

兼容产品的其他消费者数量的增加而增加。在这种状况下，使用该产品的消费者越多，与该产品相兼容的产品越多，用户所获价值就越高，消费者所获效用的增加是因为用户数目的增加而导致更多的互补产品供给而实现的。可以把网络外部性理解为网络规模扩大过程中的一种规模经济。

由于知识、技术和信息具有准公共品的特征，因此信息服务业具有外部性的特征。每一消费者消费这种产品时不会受别的消费者消费行为的影响。随着消费者数量的增加，信息服务产品中所包含的信息不会减少，甚至还会使信息增加。当一种产品对一名用户的价值取决于该产品别的用户数量时，这种产品就显示出网络外部性（奥兹·谢伊，2002）[1]。随着用户数量的增加，平均承担的费用将下降，信息交流的范围和内容将不断扩大，所有用户都将从用户规模扩大中获得更大的价值。例如，软件产品的使用就带来很大的外部经济效应，整个社会因为消费软件产品而获得的收益远远大于软件生产厂商获得的收益，是外部经济的表现。软件产品的外部经济性特征，从一般均衡的角度看，经济主体之间的经济行为是相互影响和相互制约的，而且，这种影响是通过供求关系和市场价格的变动来发生作用的。软件和信息服务的生产成本很大，再生产成本非常小，因此它与一般的商品有本质的差别。在软件和信息服务领域中，产品的研发往往是几年甚至十几年的实验过程，而一旦研究成功生产出来，结果被写到一台计算机、一张磁盘或是一张光盘中，就可以以极低的成本被其他人加以再生产和使用。对于软件和信息服务产品，企业不能获得其发明的全部价值，未参与生产的企业也可获得其价值（张铭洪，2002）[2]。例如，微软公司花几年的时间和几亿美元开发的WINDOWS操作系统软件，人们花几十美元就可以买到一张正版的软件，一张盗版光盘的价格则更低。而且，软件产品在生产和消费领域可以被不同经济主体重复使用，具有非排他性的特征。不管被重复使用多少次，产品的数量和质量都不会改变，其他人增加该产品消费的边际成本几乎等于零。消费者的效用水平得到提升，全社会各种经济主体都因为

1　奥兹·谢伊：《网络产业经济学》，张磊译，上海财经大学出版社2002年版，第56页。

2　张铭洪：《网络经济学教程》，科学出版社2002年版，第32～55页。

使用该产品而获益。

除此之外，信息服务业产品的网络特性不仅存在于实物的网络中，还表现在虚拟网络中。由于信息服务业产品的知识含量高，用户在使用、维护它的过程中需要花较多的时间、精力，甚至一定的财力去学习，这实际上形成了一种壁垒，使消费者在两种不同产品之间转换时存在较高额的成本，从而使他们可能一直使用同种产品，对这种产品产生了路径依赖性。在这种状况下，使用该产品的消费者越多，与该产品相兼容的互补产品越多，用户所获价值就越高，实质上这是一种无形的、虚拟的网络，呈现出较明显的网络外部性。

四、创新速度快

信息技术以微电子技术和计算机技术为基础，包括信息的采集、处理、储存和传输技术，其涉及的内容十分广泛，是一门综合性很强的科学技术。信息技术创新是指在生产过程中引入一种在同一领域内首次采用的、新的信息技术，形成信息技术与工商业的新组合，从而创造出一种新的信息生产效率或信息市场效率的商业活动。它体现在信息的收集、储存、运输及管理，信息生产设备及其配置，信息产品加工，信息商品营销与推广，信息产品及产业效果评价等方面。信息技术的自主创新也主要体现在原始创新、集成创新和引进消化吸收再创新（郑英隆，2007）[1]。

信息服务业是技术升级速度快的创新性产业，技术的不断创新使得现代信息产业生命周期越来越短，更新换代越来越快。信息技术从发明到应用速度越来越快，特别是随着设计生产自动化和柔性加工系统的广泛应用，这种趋势可能更加突出。以计算机内存芯片为例从研制到批量生产，16KB用了3年时间，64KB用了2年时间，265KB和1M各用了3年时间，而从512M到1G只用了不到一年的时间。在美国的硅谷，应用软件现在平均生命周期大概是6个月，最少的只有几天，甚至几小时[2]。在计算机领域有一个人所共知的"摩尔定律"，它是英特尔公司创始人之一戈登·摩尔

1　郑英隆：《信息技术创新、产业扩散细分与结构整合》，《经济管理》2007年第16期，第59～65页。

2　信息产业部：《信息产业发展及人才需求分析》，见电子人才交流中心网站www.nice.gov.cn。

（Gordon Moore）于1965年4月在总结存储器芯片的增长规律时发现的。每隔18个月左右，集成电路上可容纳的晶体管数量就增长一倍，而性能也提升一倍，并大胆预测未来这种增长趋势仍然会延续下去。这一定律揭示了信息技术进步的速度。信息技术产品的更新换代非常快，资产的无形损耗，以前所未有的速度在增长。一系列与电脑相关的产业，甚至软件也都按摩尔定律的指数规律发展。

互联网时代，信息服务业以新摩尔定律的速度在增长。新摩尔定律指的是Internet联网主机数和上网用户人数的递增速度，大约每半年就翻一番。根据新摩尔定律，互联网用户每6个月增加一倍，同时信息流量与带宽也增加一倍。实际上，在产业竞争的驱动下，不按这样的速度研发新的产品，企业就有被淘汰的危险。领先创新的企业往往会起着一种示范作用，并引发行业内其他企业进行模仿创新，这种模仿创新可能从最初的几个企业到众多相关企业，从产业内到产业外扩散，同时，这个影响范围从领先创新企业所在地扩大到全国甚至国外。技术创新已经成为信息服务业发展的核心推动力。

五、溢出效应强

由于隐性知识较难量化，这里的知识溢出主要指显性知识溢出。从知识溢出的途径来看，大学知识的溢出途径主要是研究成果和人力资本（Audretsch、Lehmann等，2005）[1]。也就是通过可编码知识溢出和人才流动而带来的人力资本溢出。

很多学者认为大学和研究机构的研发活动对当地企业创新产出的影响意味着学术知识被当做本地的公共产品（Saxenian，1994[2]；Lissoni，2000[3]）。Stephanie和Patrick（2003）[4]认为大学的学术出版物、高校科研

1　Audretsch D. B., "Lehmann E. E, Warning S. University spillovers and new firm location", *Research Policy*,2005 (34),pp.1113 - 1122.

2　Saxenian A. , *Regional advantage: Culture and competition in Silicon Valley and Route* 128. Harvard University Press: Cambridge,MA,1994.

3　Lissoni F. "Knowledge codification and the geography of innovation: the case of Brescia mechanical cluster" ,TIPIK paper, *Targeted Socio-Economic Research* (TSER),European Commission DGXII,2000.

4　Stephanie Monjon, Patrick Waelbroeck. "Assessing spillovers from universities to firms: evidence from French firm-level data ", *International Journal of Industrial Organization*,2003, (21),pp.1255 ~ 1270.

人员与科学家或工程师的会议交流等方式是知识从大学或科研机构向企业扩散的途径之一。例如，一些科学的研究成果在学术期刊上出版，这些出版的研究成果就是可编码知识，这些可编码知识能以低成本转移和传播。信息服务企业会主动寻求大学的科技扶持，为大学的研究项目提供经费援助。Mansfield（1995）[1]组织的一项调查支持了这种观点。在新产品研发过程中，高科技企业的研发团队和高校的学者往往有着频繁的接触与合作，建立了良好的协作关系，一些研究型大学的学者们还会训练学生进入企业工作。此外，由于有出色的研究成果的大学声誉增加，可能吸引更多优秀的学生，学生毕业之后留在当地，对当地劳动力市场有着积极的推动作用。通过这种良性互动的方式，形成产学研相互支撑的有机联合体，吸引更多的企业进驻这个区域。知识溢出效应的扩大，会超越大学所在的区域，延伸、扩散到其他的区域。

知识溢出的另一途径是以人力资本为载体的流动而发生的技术溢出。就像Varga（2000）[2]所说的，大学毕业生可能是将知识从学术界传播到当地高科技产业的最重要的渠道之一。拥有相关知识的大学生由于与当地社会联系紧密、不愿到外地工作等原因，可能在当地就业或流动。他们与毕业后到当地就业的校友和在大学的同学加强联系，近距离的面对面交流对于高科技人才创新思维的形成是十分重要的。大学为当地提供高技术的劳动力市场，是新思想与知识的重要源泉（Lawson，1999）[3]。除了传播新知识以外，大学还能够促进信息在企业集群中流动。大学或研究机构的科研人员在当地创办了企业，通过校企之间非正式的交流产生了隐性知识溢出，营造了良好的创新氛围。

六、高度倍增性

信息产品由于具有知识、技术和智力密集的特性，其本身就具有高产

1　Mansfield E. "Academic research underlying industrial innovations: sources, characteristics, and financing", *Review of Economics and Statistics*,1995,77,pp.55 ~ 65.

2　Varga A. "Local academic knowledge transfers and the concentration of economic activity", *Journal of Regional Science*, 2000,Vol.40(2),pp.289 ~ 309.

3　Lawson, C. "Towards a Competence Theory of a Region", *Cambridge Journal of Economics*, 1999, 23 (2),pp. 151 ~ 166.

值、高增值和高效益的特点。信息服务业由于其知识密集的特征，在价值链中处于高端位置，且其环节多、服务内容广，具有很高的增值性。信息服务业是服务者以独特的策略和内容帮助信息用户解决问题的社会经济行为，包括生产行为、管理行为和服务行为。因此，信息服务的生产过程是信息服务产品和与其相关联的特定服务的生产过程，是在一定的生产关系下，以信息和信息产品为劳动对象，借助信息技术等劳动资料，经过增值处理等过程，形成信息服务产品，并通过提供、咨询或经纪等特定的行为方式，确保信息服务产品和服务用于用户的问题解决活动的全过程。虽然信息服务过程中从最初的信息搜集到最终的产品产出体现的是一种信息的流动，但是它属于增值流动，凝聚着有用信息的信息产品或服务可以为使用者带来巨大的使用价值，产品的售出又可为信息服务提供者带来巨额利润。信息技术的应用可以显著提高资源利用率、劳动生产率与工作效率，而且信息服务业提供的产品服务还渗透于社会经济的各个领域，也可产生巨大的直接经济效益和间接经济效益。信息技术在改造传统产业中的投入产出比，我国一般为1：4，发达国家甚至可达到1：10以上。这种高度倍增性，使得信息活动从原来的单一公益服务型逐步成为获取超额利润的源泉，并独立成为一个特殊而又重要的信息产业部门。

由于信息资源是一种非消耗性的资源，可多次反复使用，因而其成本是比较低的。在采用信息技术制造产品及提供服务时，信息资源的大量投入可以降低相关传统资源的消耗，优化资源配置结构，不仅节约了成本费用，还提高了产品质量，减轻了对环境的破坏，是基于现代信息技术上的新兴产业。在当前整体经济下滑、需求疲软的情况下，面对日益严峻的产业发展环境，信息服务业的发展具有更多的优势，如不受原材料价格波动限制、投资规模相对较小、边际成本较低、收益率较高、内需特征明显等，具有较大的上升空间。

七、地域选择性

与需要大量土地资源的传统制造业相比，信息服务业对土地的依赖不高，对环境承载力的要求较小，但却对城市功能有很强的依赖，其知识密集和创新服务的特征，决定了其主要集聚在中心城市和核心城区发展。城市中心地带交通便捷、方便与客户交流，区域形象较好，提升了企业在客户评价中的地位，对高素质人才的吸引力也较强，再加上信息服务企业办公场所的占地空间小，弱化了高租金对企业成本的冲击，因此，信息服务企业对这样的区域有着较强的区位指向性。

此外，信息服务业的集聚程度与城市的文化和品位紧密相连。信息服务业对人才密度和信息流要求较高，而文化层次和城市品位的高低又直接影响着人才与信息的流向和集聚。因此，信息服务业不但在城市中心区域集聚，而且还决定着中心城区对周边资源的集聚、辐射和支配能力。

第三节　我国信息服务业的发展现状

由于我国统计局尚未对信息服务业的相关数据进行专项统计，也没有对信息传输、计算机服务和软件业中的计算机服务业进行专项统计，因此，本节对信息服务业发展现状的描述主要是针对电信服务业和软件服务业的发展状况进行分析。

一、电信服务业的发展现状

2011年，电信服务业呈现良好的运行态势，积极推进3G和宽带网络基础设施建设，大力发展移动互联网和增值电信业务，产业结构持续优化，移动及增值业务占比明显上升。至2011年11月末，全国电话用户总数累计达到12.62亿户，其中移动电话用户总数达到9.75亿户，比年初新增11633万户；基础电信企业互联网宽带接入用户达到1.55亿户，比年初新增2880万户。全国电话普及率达到94.2部/百人，比去年底提高7.7部/百人，其中移动电话普及率达到72.8部/百人。移动数据和互联网业务发展迅猛。2011年1～11月份，全行业实现电信业务总量10734亿元（2010年不变单价），同比增长15.6%。实现电信业务收入9012亿元，增长9.6%；非话音业务收入4185亿元，增长16.5%，其中移动数据及互联网业务收入达到768亿元，增长54.1%[1]。

如图2-1所示，2006年至2011年电信业务总量每年均已超过15%的速度增长，通信固定资产投资额逐年增加。其中，3G和宽带网络基础设施建设投资稳步增加，2011年1~11月份，中国电信、中国移动和中国联通三家基础电信企业共完成3G专用设施投资941亿元。3G基站规模达到79.2万个，其中TD基站22万个，3G网络已覆盖所有城市和县城以及部分乡镇[2]。

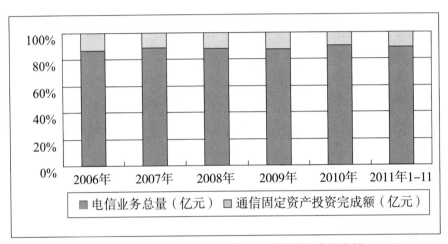

图2-1　2006～2011年电信业务和通信固定资产投资额

资料来源：中华人民共和国工业和信息化部.全国电信业统计公报（2006～2011年）。

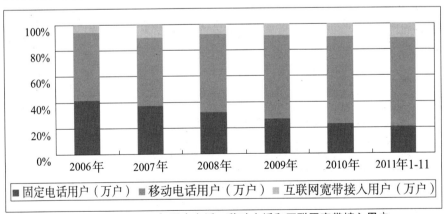

图2-2　2006～2011年固定电话、移动电话和互联网宽带接入用户

资料来源：中华人民共和国工业和信息化部全国电信业统计公报（2006～2011年）。

1　中华人民共和国工业和信息化部：《通信业发展势头良好》，2011年12月26日。

2　中华人民共和国工业和信息化部，《3G进入规模化发展阶段》，2011年12月26日。

如图2-2所示，2006～2011年固定电话用户不断萎缩，而移动电话用户快速增长，2011年移动电话用户数是固定电话用户数的3.4倍左右。移动电话用户所占的比重从55%上升到75%左右，移动电话普及率越来越高。互联网宽带接入用户近年来都已超过20%的速度在增长。3G用户达到11873万户，比年初新增7168万户，其中TD用户4801万户，新增2731万户。在移动电话净增用户中，3G用户所占比重从年初的43.7%上升到72.5%[1]。

中国互联网络信息中心（CNNIC）发布《第29次中国互联网络发展状况统计报告》显示，截至2011年12月底，中国网民规模达到5.13亿，全年新增网民5580万；互联率较上年底提升4个百分点，达到38.3%。中国手机网民规模达到3.56亿，同比增长17.5%，与前几年相比，中国的整体网民规，中国的网站数在2011年下半年实现止跌，并快速回升[2]。由图2-3可见，互联网普及率越来越高，2010、2011年都超过30%。不过，相比2007年以来平均每年6个百分点的提升，增长速度有所回落。

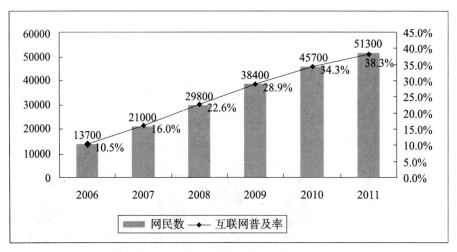

图2-3　2006～2011年网民数和互联网普及率

资料来源：中华人民共和国工业和信息化部全国电信业统计公报（2006～2011年）。

1　中华人民共和国工业和信息化部：《3G进入规模化发展阶段》，2011年12月26日。

2　中国互联网络信息中心（CNNIC）. 第29次中国互联网络发展状况统计报告，2012年1月16日.

图2-4体现了2006～2010年电信和其他信息传输服务业从业人员数的变化情况，总体上增长不快，除了2008～2009年间是上升的态势，其余年份的从业人员数均出现了下降的情形。

我国电信服务业的发展也面临着一些突出矛盾和问题：一是行业增长主要依靠投资和用户规模拉动，在3G等新业务方面，各电信企业仍主要靠终端补贴、话费优惠等方式吸引客户；二是宽带基础设施建设相对滞后，我国宽带接入普及率低于OECD国家平均水平约15个百分点，平均下行速率不足全球平均水平1/3；三是市场格局失衡与产业链不协调并存，细分市场中单一企业的主导地位依然明显，基础企业出现管道化和边缘化趋势；四是基于互联网的新技术创新和新业务应用使传统电信业业务模式、商业模式面临着严峻挑战，业务平台的开放化使得行业监管面临的问题更为复杂。

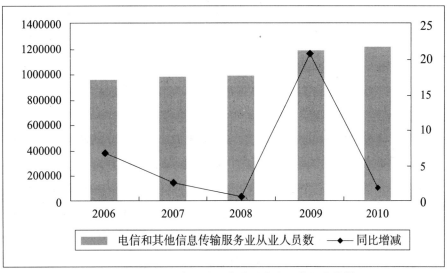

图2-4 2006～2010年电信服务业从业人员数的变化情况

资料来源：2005～2011年各年的《中国统计年鉴》并计算而得。

二、软件服务业的发展现状

软件服务业主要由软件产品、系统集成、软件技术服务和IC设计等五部分构成。其中，软件产品和系统集成所占的比重最大。

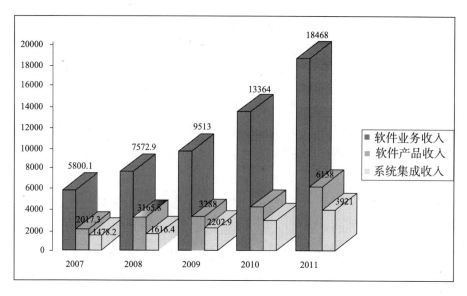

图2-5　2007~2011年软件业务收入的情况

资料来源：中华人民共和国工业和信息化部.全国软件产业统计公报（2007~2011年）。

近年来，在国家信息产业扶持政策的推动下，我国软件服务业步入新的快速发展阶段，2011年产业规模超过1.84万亿元，同比增长32.4%，超过"十一五"期间平均增速4.4个百分点，并超过同期电子信息制造业增速10个百分点以上，实现了"十二五"软件产业的良好开局。其中，软件产品收入在2007~2011年间均以超过20%的高速增长，信息系统集成服务收入的增涨幅度也较大。从图2-6中还可以看出，软件产品收入的增长在2009之前快于行业的增速，在此之后，增速放缓且低于行业的增速，信息系统集成服务收入的增幅在2011年也出现了小幅回落。探究软件产品和信息系统集成服务收入增幅回落而行业增速较快的原因发现，其他新兴信息技术服务增势突出，较明显地拉动了软件业的发展。累计到2011年12月底，信息技术咨询服务、数据处理和运营服务分别实现收入1864和3028亿元，同比增长42.7%和42.2%，增速高于全行业10.4和10.1个百分点，两者占比达到26.5%，比上年同期提高1.9个百分点。嵌入式系统软件增长快于去年，实现收入2805亿元，同比增长30.9%，比上年同期高15.8个百分点。软件产品、信息系统集成服务和IC设计增长较为平稳，分别实现收入6158、3921

和691亿元，同比增长28.5%、28.4%和33%[1]。

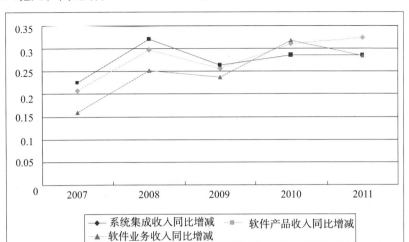

图2-6　2007～2011年软件业务收入增长的变动情况

资料来源：中华人民共和国工业和信息化部.全国软件产业统计公报（2007～2011年）。

　　软件服务业的区域分布呈现集中分布的状态，中心城市成为行业发展聚集点。东部省市继续领先全国发展，共完成软件业务收入15656亿元，同比增长31.7%，占全国比重达84.8%，江苏、福建和山东等省的增速均超过35%。软件业务规模超过500亿元的城市达到10个，中心城市成为软件产业发展的主要聚集地。全国4个直辖市和15个副省级城市软件收入的比重占80%左右，中西部地区中成都、西安、重庆、武汉、长春几个城市地位突出。从软件企业的数量来看，北京、广东、江苏、辽宁的软件企业个数都超过2000，2011年四省（市）企业个数占全国的46.8%，数量上较集中；从软件业务收入的区域分布来看，广东、江苏、北京、辽宁、上海分列前五名，其2011年软件业务收入占全国的比重达到65.4%[2]。

　　信息技术咨询服务、数据处理和运营服务等新兴业务的收入分布也

1　中华人民共和国工业和信息化部.2011年软件业经济运行情况.

2　根据附录7中的数据计算。数据来源：中华人民共和国工业和信息化部：《2011年1～12月软件产业主要经济指标完成情况》（一）。

出现了集中的状况。山东、江苏、北京、辽宁四省（市）2011年信息技术咨询服务的收入占全国的比重达到55.2%；在数据处理和运营服务方面，北京、广东领跑全国，2011年这项服务收入占全国的比重高达42.9%，江苏、上海、浙江的比重也较高；嵌入式系统软件收入最高的是江苏、广东两省，收入占全国的比重高达56.8%，山东、辽宁、浙江和天津所占比重也较大；IC设计收入最高的是江苏和上海，其收入占全国的比重高达50.8%，天津、广东、辽宁所占比重也较大。可见，新兴业务的收入分布集中于直辖市及沿海一带[1]。

从图2-7中可看出，中国软件服务业出口额近年来的增长速度趋缓，2005～2007年间增速出现较大的波动，2010年出口额达到1677亿元。其中嵌入式系统软件出口持续低迷，而外包服务出口保持较快增长，增速明显高于全行业。最新的数据显示，2011年外包服务实现收入59亿美元，同比增长40.3%，高于软件出口增速21.8个百分点。

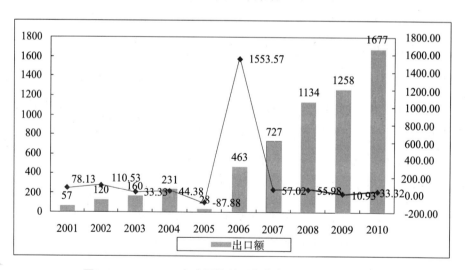

图2-7　2001～2010年中国软件服务业出口总额的增长情况

资料来源：中国软件行业协会。

我国软件服务业发展的特点有较鲜明的中国特色。一是依靠内需市场

1　根据附录8中的数据计算。数据来源：中华人民共和国工业和信息化部：《2011年1～12月软件产业主要经济指标完成情况》（二）。

拉动，出口额所占比重较小。二是软件服务外包以国内市场发包的在岸外包为主，国外市场发包的离岸外包所占比重较小，两者之比约为85：15。

软件服务业的发展也存在着明显的问题。一是整体实力较弱。从市场规模看，我国软件服务业仅次于美国，但其中包括外国公司在华的软件销售收入、外资软件公司的销售收入，真正国产软件和服务的收入所占比重不大。二是我国软件服务业还不能自成体系，重要的基础软件多依靠进口，国内软件企业大多是在进口软件平台上从事应用开发，在系统集成、软件技术服务等领域，也往往从事较低端的业务，此外，软件企业的数量虽然很多，但规模较小，在与外国软件企业的竞争中处于较明显的弱势地位。

第四节 信息服务业的发展趋势

一、服务化和智能化趋势

信息技术制造领域中的知名企业向软件和服务转型，纷纷把IT服务作为重点发展方向，带动了其他制造业的转型。例如，IBM从上个世纪九十年代以来一直把服务业作为持续增长的主要方向，把PC业务慢慢剥离，现在四分之三以上的业务收入来源于软件服务。国际知名的电子数据处理公司、惠普等一批制造商也慢慢实现了传统硬件制造商向软件与服务的转型。服务化成为信息服务业的本质特征。软件构造技术和应用模式正在向以用户为中心转变。在服务化趋势下，向用户提供服务所带来的体验成为竞争的决定因素。

智能化是信息服务业发展的另一个重要趋势。智能化是指在海量信息的基础上实现知识的自动识别，赋予信息系统自适应能力，大幅度提高资源配置效率的过程。软件的感知范围逐步由温度、水、气、物体等物理形态向意识思维领域拓展，软件将能够从复杂多样的海量数据中自动高效地提取所需知识，软件开发语言更加高级化和开发工具更加集成化等方面。

二、网络化和融合的趋势

网络化成为信息服务业发展的基本方向。信息技术的重心正在从计算机转向互联网，互联网成为软件开发、部署与运行的平台，将推动整个产业的全面转型。

从目前新业务的类型来看，基于网络的信息服务呈现出融合的态势，电信服务、互联网服务、广播电视传输服务等相融合的业务蓬勃发展。随着电信运营商向综合信息服务提供商转型，电信业与其他行业的融合不断深入，一些涉及网络融合的业务成为信息服务业发展中最具活力的领域。例如，信息通信技术（ICT）服务将成为电信运营企业的新的业务收入增长点；交互式网络电视（IPTV）[1]、三重业务（TriplePlay）和手机电视业务初露锋芒，将迎来发展的新阶段；随着3G牌照的发放，移动通信和互联网也出现了加速融合的趋势。在融合业务的研发、推广和应用过程中，从技术创新、运营方式变革到营销手段的更新，都会对当前的信息服务产业模式带来一系列的挑战。新兴数字产业、网络产业与传统产业相结合，逐步加深了产业融合的程度。电子商务、网络音视频、网络金融、网络教育等日趋成熟，网络医疗与卫生服务等正在发展，模拟声音讯号数字化（VoIP）[2]等业务技术上已相对成熟，给现有产业模式带来挑战。

随着信息化与工业化的深度融合，信息服务业对工业的渗透逐渐从外围走向核心，对服务业的内容和形式带来更大变革，对其他行业的核心支撑和高端引领作用进一步加强，将全面带动信息服务业的发展。信息服务业自身新一轮的技术融合、产品融合、网络融合和业务融合的趋势加快，

---

1 IPTV（Internet Protocol Television）即交互式网络电视，是一种利用宽带有线电视网，集互联网、多媒体、通讯等多种技术于一体，向家庭用户提供包括数字电视在内的多种交互式服务的崭新技术。

2 VoIP（Voice over Internet Protocol）简而言之就是将模拟声音讯号（Voice）数字化，以数据封包（Data Packet）的形式在 IP 数据网络 (IP Network) 上做实时传递。VoIP最大的优势是能广泛地采用Internet和全球IP互连的环境，提供比传统业务更多、更好的服务。VoIP是一种以IP电话为主，并推出相应的增值业务的技术。

为各种创新业务的发展提供了新的拓展空间。

三、平台化和模块化趋势

软件平台最初的概念是指用来构建与支撑应用软件的独立软件系统，它是开发与运行应用软件的基础，是任何应用软件得以实现与应用的必要条件。软件平台对产业链具有极强的带动和辐射作用。操作系统平台的产业带动作用为1:20。随着互联网广泛而深入的应用，软件平台的概念拓展到信息服务运营平台。信息服务运营平台一般建立在互联网基础应用（即时通讯、搜索引擎、电子商务等）之上，以信息服务为核心，通过使用各种终端，利用安装在终端上的软件，接入融合性网络，访问云计算中心的丰富信息资源或计算资源。目前，信息服务运营平台成为信息服务业竞争的焦点，初步形成的平台有：谷歌、百度为代表的搜索引擎，苹果公司构建的终端加应用软件商店一体化平台，以美国脸谱公司（Facebook）为代表的社交网络平台等[1]。平台化是软件技术和产品发展的新引擎。操作系统、数据库、中间件和应用软件相互渗透，向一体化软件平台的新体系演变。硬件与操作系统等软件整合集成，可降低IT应用的复杂度，适应用户灵活部署、协同工作和个性应用的需求。软件的竞争已经从单一产品的竞争发展为平台间的竞争，未来软件产业将围绕主流软件平台构造产业链。随着国际主流厂商发展软件、硬件、运营、服务一体化的整合平台，我国信息服务企业的市场空间和利润空间受到挤压。加快软件和硬件的融合发展，形成一批"软件拉动硬件发展，硬件带动服务消费"的自主平台产品已成当务之急。

随着信息技术的发展，模块化技术成为主导技术并广泛应用于产品设计、研发、生产等领域，生产方式也由大规模生产向大规模定制转变。模块化生产网络使全球产业结构发生了革命性的变革，模块供应商企业拥有了更大的技术创新空间和价值拓展空间，这一变化为发展中国家企业从低附加值向高附加值的环节转移提供了契机。一方面，继续扩大本土企业为国际领袖企业、全球供应商等进行代工生产（OEM）生产的范围和

1　北京市经济和信息化委员会，北京市发展和改革委员会：《北京市软件和信息服务业"十二五"发展规划》，2011年。

规模，并逐渐实现从OEM、ODM[1]向DMS[2]和EMS[3]等高级形态演进；另一方面，实施"生产带动研发"的策略，鼓励国内企业在某些核心价值模块上加大研发力度，要打破在原有技术路线发展上依赖引进技术进行模仿创新的道路，走出一条模仿——革新——创新的技术创新之路，向价值链的高端环节进军，提升产业的国际竞争力。

四、服务外包和分工全球化趋势

信息技术的发展使产业集聚的理论动因也发生了变化，由原来以地理邻近为基础的集聚演变为组织邻近为基础的集聚。网络的发展突破了地域的限制，使产业组织边界变得很大，不仅可以突破地区边界，甚至可以突破国界，不同的地区或国家可以利用各自的比较优势进行研发、生产和销售活动，软件外包成为一种国际潮流。

发达国家信息服务业的大企业为开辟新市场和综合利用资源优势，开始全面实行国际化经营战略。由于发达国家信息技术市场较饱和，新产品的研发竞争也日趋激烈，发达国家主要从事处于价值链高端的系统集成和高技术产品的开发和销售，可能把技术含量较低的产品生产向发展中国家和地区转移。发展中国家在信息产业梯次的转移中，可以抓住机遇，软件外包市场发展的空间很大。

五、服务业态新型化与多样化趋势

生产性服务业专业化的发展与信息技术的技术进步结合，使信息服务业与传统产业的融合日益紧密，智慧地球、云服务等新理念使商业模式不断更新，催生了一些极具发展潜力的新兴业态。一是云计算。云计算是基于互联网、通过虚拟化方式共享资源的计算模式，使计算、存储、网络、

---

1 原始设计制造商，是一家厂商根据另一家厂商的规格和要求，设计和生产产品。受委托方拥有设计能力和技术水平，基于授权合同生产产品。

2 DMS（Design Manufacturing Service）是指品牌厂商提出产品诉求和规格、外型设计要求，由代工厂商设计并定牌生产产品的全部或主体，再由品牌厂商根据市场需求作最后配置和最后组装并销售的模式，品牌厂商拥有部分知识产权。

3 EMS（Engineering Manufacturing Service）是指品牌厂商给出原理和外型设计，委托代工厂商完成产品的工程设计并制造主体部分或产品的全部，再由品牌厂商根据市场需求作最后配置和最后组装并销售的模式，品牌厂商拥有部分知识产权。

软件等资源按照用户的动态需要，以服务的方式提供。广义云计算指服务的交付和使用模式，指通过网络以按需、易扩展的方式获得所需服务。云计算是继大型机、PC、局域网、互联网之后正在兴起的一种新的计算模式，历史上每次计算模式的变迁都会带来新的产业变革。二是物联网。物联网在国际上又称为传感网，将各种信息传感设备与互联网结合起来而形成的一个巨大网络。这是继计算机、互联网与移动通信网之后的又一次信息产业浪潮。

未来几年云计算将高速发展，综合各方面的分析预测，未来2～3年，全球云计算市场规模将超过1000亿美元。许多国家对云计算广阔的市场前景和巨大的产业机遇高度关注，纷纷出台相关战略规划和政策措施，加快推动云计算的发展和应用，抢占未来产业的战略制高点。

我国提出发展物联网与工信部"十二五"规划建设智慧城市，这些都为中国智慧城市与物联网市场的发展提供了很好的机遇。预计中国智慧城市与物联网市场从2010年到2014年，每年在以30%的速度增长，2012年市场规模将超过3000亿元人民币。

第三章 文献综述

第一节 生产者服务业空间分布的相关研究

一、大都市区内部生产者服务集中，FIRE集中在CBD[1]

早期对生产者服务业的空间研究集中在办公业研究和CBD研究，关注办公业和其他服务业在CBD的空间集聚和空间影响等方面。世界上比较著名的CBD，如美国纽约曼哈顿CBD集中了FIRE（即金融、保险和房地产）和商务服务业等行业；华尔街CBD主要是金融、贸易服务业；伦敦也形成了以金融服务业为主的CBD。很多学者研究大都市生产者服务区域分布的状况，例如Coffey 等（1996）对蒙特利尔的研究，Sam ock park （1998）对首尔的研究，Sassen（2001）对纽约的研究，Tayor（2003）对纽约的研究等。

生产者服务业已经成为国际化大都市发展最迅速的产业。在北美，Frank Moulaert和 Camal Gallouj（1989）[2]认为，在美国大都市地区，许多服务行业的增长源于一个折衷的力量。这些力量包括在整个经济体中日益重要的服务的市场渗透的影响，在不成熟和放松管制的行业中的集聚效应，以及体制和基础设施的制约因素。本地化经济比一般的大城市规模优势能更好地解释增长模式。服务产业园区在美国大都市地区正在迅

1　CBD指中央商务区。

2　Frank Moulaert and Camal Gallouj, "Agglomeration of Services in American Metropolitan Areas", *Growth & Change*, 1989,20(3),p.34.

速崛起。Beyers（1993）[1]研究了美国大都市地区生产性服务业的集聚，发现1985年90%的生产性服务业集中在大都市地区，占总就业的53%。Coffey（1990）[2]对加拿大进行了研究，发现生产性服务业高度集中在大都市区。Coffey（1996）[3]通过对加拿大蒙特利尔的研究认为，在20世纪90年代，研究人员越来越多地将自己的重点转向高阶服务活动的大都市地区内部。在相对少数的大都市区高阶服务的空间集中现在是一个有案可稽的事实。

对欧洲大都市生产者服务的研究以Daniels、Illeris、Keeble等学者为代表。Daniels（1995）[4]认为英国生产者服务尤其是金融、商务服务业集中在伦敦和英国的东南部。Gillespie（1987）[5]对英国生产者服务的研究发现，总的来说，在英国南部生产性服务就业出现空间集中的现象，在大都市地区内部则相对分散。Illeris S. and P. Sjoholt（1995）[6]通过研究北欧那些人口密度较小的国家发现，在大多数地区，本地消费者对先进的生产者服务业的客户基础是极为有限的，只有首都和其他一些重大城市有相当大的地方市场。北欧诸国高级生产者服务业的区际分布特征是：明显的多位于首府地区。通过区位商和就业比重等指标，他们研究了1991年北欧各国生产者服务业的空间分布特征，发现70%以上的生产性服务业集中在各国首都，首都和一些经济较为发达的大都市区区位商大于1，非都市区区位商均小于1。在北欧都会城市里，虽然首都仍然包含最集中的先进生产者服务，但是，也有一个明显的郊区化趋势。

---

1 Beyers W B, "Producer Services", *Progress in Human Geography*,1993,22(2),pp.12～18.

2 Coffey W. J, Mcraej J, "Service Industries in Regional Development", *Montreal: Institute for Research on Public Policy*,1990,pp.44～47.

3 Coffey, W.J., R. Drolet and M. Polèse, "The Intrametropolitan Location of high-order services: Patterns, factors and mobility in Montreal", *Papers in Regional Science*, 1996. 75(3),pp.293～323.

4 Daniels, P. W. "The locational geography of advanced producer services firms in the United Kingdom." Progress in Planning,1995 ,43(2～3),pp.123～138.

5 Gillespie A. E., Green A E,"The changing geography of producer services employment in Britain", *Regional Studies*,1987,21(5),pp.397～411.

6 Illeris, S. and P. Sjoholt, *The Nordic countries: High quality service in a low density environment.* 1995. 43(2～3),pp.205～221.

Cuadrado-Roura 等（1992）[1]对西班牙三个最大城市生产者服务业的研究表明，高级的生产者服务业，往往以特别集中的方式在大都市区域内集聚和增长。Glen Searle 和 Gerard de valence（2005）[2]曾对澳大利亚悉尼多媒体产业的结构和运转流程作了详细分析，大都市区的核心区域成为这些多媒体企业集中分布的地方。

我国对都市区生产者服务研究的区域主要是广州、北京、上海等地。张文忠（1999）[3]从经济区位的角度出发，分析了不同类型服务业的区位特征以及服务业布局的理论依据，分析了发达国家大城市服务业布局的特征和空间演变趋势。他认为我国服务业在都市区布局也较多，但与国外相比较分散程度更明显。钟韵、阎小培（2003、2007）[4][5]等人就以广州为例，分析生产性服务业在城市发展中的地位及其对区域的影响，认为广州是生产性服务业集聚的一个中心。方远平、阎小培（2004）[6]分析了我国沿海中心城市上海、北京和广州的服务业内部结构特点及其发展趋势，发现生产性服务业与社会性服务业发展迅猛，逐步成为中心城市的主导服务行业。宁越敏（2000）[7]分析上海转型时期城市生产服务业和办公楼区位的分布特点，宁越敏、刘涛（2004）[8]对上海CBD进行研究等。赵群毅等（2007）[9]以"街区"为基本空间分析单元，研究了北京市五年间（1996～2001）生产者服务业空间变动的特征及结构模式，他们发现，北京都市区的中心城区多类型混合同质性较差，近郊区内沿同质性较强，近

1　Cuadrado-Roura,J.R.,Gomez,C.D.R. "Services and Metropolitan Centers: the expansion and location of business services", *The Services Industries Journal*, 1992,12(i),pp.97～115.

2　Glen Searle, Gerard de Valence, "The urban emergence of a new information industry. Sydney's multimedia firms", *Geographical Research*, 2005, 43(2),pp.238～253.

3　张文忠：《大城市服务业区位理论及其实证研究》，《地理研究》1999年第3期，第273～281页。

4　钟韵，闫小培：《建国以来广州生产性服务业成长特征研究》，《热带地理》2007年第4期。

5　钟韵，阎小培：《我国生产性服务业与经济发展关系研究》，《人文地理》2003年第5期。

6　方远平，阎小培：《1990年代以来我国沿海中心城市服务业特征与趋势比较研究——以北京、上海与广州为例》，《经济地理》2004年第5期。

7　宁越敏：《上海市区生产服务业及办公楼区位研究》，《城市规划》2000年第8期，第9～12页。

8　宁越敏，刘涛：《上海CBD的发展及趋势展望》，《现代城市研究》2006年第2期，第67～72页。

9　赵群毅，谢从朴，王茂军等：《北京都市区生产者服务业地域结构》，《地理研究》2009年第5期，第401～1413页。

郊区外缘和远郊区的广大地域为传统国有生产者服务业散布区。

总之，服务企业在核心区集聚的特征很明显，生产者服务业成为都市经济快速增长的一个主要推动力量。

二、服务业集群成为重要的空间竞争形式

波特认为，产业集聚是指在某一特定领域中，一群在地理上邻近、有交互关联的企业和法人机构以彼此共同性和互补性相互联结。随着高速运输工具的产生和信息技术的快速发展，产业集聚发展的特征也开始在服务业呈现。Jay（2001）借用波特1998年提出的集群概念，认为服务业集群就是某一领域内有共同性质和相互补充的服务企业形成的地理上相近的组团[1]。Naresh 和 Gary（2001）借用英国工商业部1998年对集群的定义，认为服务业集群就是通过市场和非市场的联系而形成的相互竞争、合作和依赖的服务企业之间的集中[2]。服务企业在竞争中获得了优势，在空间形态出现了集中的现象。

一些学者开始专门研究服务业集群，如Amin和Thrift（1995）[3]对伦敦的金融服务业集群的研究，Scott（1998）[4]对加利福尼亚州的多媒体产业集群的研究，NachLum和 Keeble（2001）对伦敦中心区的多媒体集群和南英格兰地区中小咨询类产业集群的研究，Milller等（2001）[5]对伦敦市中心的商业性服务集群等的研究等。Scott（1998）研究了加利福尼亚州的多媒体产业集群。他认为，加利福尼亚的多媒体产业集群从地理位置上看，主要集聚于加利福尼亚海湾和南加利福尼亚。它诞生于20世纪80年代中期，在20世纪90年代得到迅速的发展。硅谷和好莱坞相邻的地理位置对多媒体产

1　Jay Kandam pully, "The dynamics of service clusters: A phenomenon for further study", *Managing Service Quality*, 2001,p.11.

2　Naresh & Gary, "The dynamics of industrial clustering in British Financial services", *The service industries Journal*, 2001,p.10.

3　Scott, A. J, " French cinema: economy, policy and place in the making of a cultural products industry", *Theory, Culture and Society*, 2000, 17,pp.1~37.

4　Scott, A. J, "From Silicon Valley to Hollywood growth and development of the multimedia industrial inCalifornia in Braczyk H.J., et a.l eds." *Regional innovation systems, London: UCL Press*, 1998.

5　Miller, P. et a.l, "Business clusters in the UK. first assessment.volume 1,Main Report", *Dept. of trade and Industry*, 2001.

业的诞生和发展有着很重要的作用，使它能够及时地从硅谷和好莱坞获得先进的技术、最新的市场消息从而保持旺盛的发展势头，然而，这一有利的地理位置并不是最关键的。更为重要的因素是在社会分工的基础之上形成了由多个中小企业相互合作、相互支持、紧密联系的区域创新网络。同时，广泛地与世界各地保持紧密的联系，使区域创新网络得到进一步的加强和扩展（王缉慈等，2001）[1]。

NachLum和Keeble（2001）[2]分析了跨国公司与其他企业在这个多媒体产业集群中的互动，把本土厂商在集群中的行为作为分析的标尺，以此来区分所有集群中的企业体现其特色的因素。Cook和Pandit（2007）[3]通过分析伦敦、布里斯托尔（英国西部的港口）、格拉斯哥三个城市传媒业的发展并作比较研究，发现伦敦和布里斯托尔可能是以社会网络类型的集群为特色而不是纯粹的集聚，格拉斯哥是大致像集聚，而伦敦的优势是强调把创造性的集群作为地区发展的模式。集群得益的证据在于信任、合作和非市场的关联。伦敦比布里斯特尔或格拉斯哥更得益于相当多的强大的集线器公司的力量。Pandit和Cook et al.（2008）[4]讨论了跨国公司FDI在伦敦服务业集群中出现了富有特色的集中，他们认为跨国公司和非跨国公司有不同的和多重的动机寻求在集群中的定位。他们还揭示了跨国公司在集群中区位选择的动机，并试图去 动机和研究结果的关系，比较了跨国公司和非跨国公司在伦敦金融服务业集群中在区位选择方面的优势和劣势。

可见，服务企业在空间上相互作用，在城市内部形成空间集聚和功能集聚的特征。生产服务企业在空间上相互竞争、相互依赖，在竞争中加强与上下游相关企业的联系，提高自身在集群中的竞争力，获得了优势。

1　王缉慈等：《创新的空间——企业集群与区域发展》，北京大学出版社2001年版，第199～200页。

2　Nachum L, Keeble D, "TNC Linkages in localised clusters: foreign and indigenous firms in the media cluster of central London", *Academy of Management Proceedings*,2001 IM: G.

3　Cook G. A. S. and Pandit N. R, "Service Industry Clustering: A Comparison of Broadcasting in Three City-Regions", *Service Industries Journal* .2007,27(4),pp. 453～469.

4　Pandit, N. R., G. A. S. Cook, et al, "An Empirical Study of Service Sector Clustering and Multinational Enterprises", *Journal of Services Research*,2008,8(1),pp. 23～39.

三、集聚模式的变化—城郊化、边缘化、分散化

（一）生产者服务业空间结构的变动

随着交通通讯技术的发展以及生产性服务业内部的行业分化，更多的研究发现都市区内部生产性服务业呈现出由核心CBD向边缘转移的趋势。例如加拿大有的高层次服务业在非都市区集聚，韩国首尔的技术和信息类生产者服务业除了集聚于CBD之外，还集聚于另外的两个区域——康南和永德普。在20世纪80年代末90年代初开始出现了高层次服务或前台功能城郊化的新浪潮。Stanback（1991）[1]强调了FIRE部门在CBD和在郊区的就业的不同，CBD就业趋向更高的工资和前台办公活动，而郊区就业趋向更低的工资和后台办公活动。

Daniels（1985）[2]认为虽然服务业会因集聚经济而获得收益增加或成本降低，但服务业的集聚也会产生集聚不经济的现象。当服务业过度集中在一地，并超过该地所提供的服务限制时，将会产生集聚不经济现象，会造成劳动力短缺、交通建设等公共设施无法配合其发展的需求，进而造成拥挤、工资、交通成本及地价上涨等问题，由此造成服务业生产报酬逐渐下降。所以当出现服务业集聚不经济时，为节省土地、劳动力及交通成本，服务业将会寻求都市边缘适合生存发展的区位，故服务业开始产生城郊化或是移出市中心的现象。

Coffey、Polese和Drolet（1996）以蒙特利尔为例，分析了城市内部生产者服务业空间结构的变动，认为分散化现象仅是一种相对的，并不像美国城市表现的那样明显和剧烈。同时，他们否认分散化带来CBD的衰弱，反而认为，分散化恰恰是CBD专业功能强化的结果。

Garreau（1991）[3]发现，运输和通信技术的迅猛发展使得美国都市区在地理上发生了转变，在美国的许多郊区出现了新的就业中心。他开创了"边缘城市"（edge city）边界的研究，研究表明在美国旧的城市商业区以外的区域有171个新的城市核心。这些边缘城市比如加利福尼亚州的硅

1　Stanback T. M, " The new suburbanization[M]. Boulder Co", *Westview*, 1991.

2　Daniels P. W, "Service industries: a geographical appraisal", *London: Methuen*,1985.

3　Joel Garreau, "Edge City: Life on the New Frontier", *New York:Doubleday*,1991.

谷、在马萨诸塞州的128号公路科技走廊、弗吉尼亚州的泰森角、伊利诺伊州的商堡、和加州的尔湾，这些地方是微软，摩托罗拉，麦当劳和戏王之王、贝利马戏团这样的世界性大公司的总部所在地。其中的一些边缘城市现在比西雅图商业中心或明尼阿波利斯市中心还要大，它们已成为大多数美国人现在生活、工作和投票的地方。边缘城市不只是美国的创造，像伦敦、巴黎、多伦多、首尔、北京和雅加达这些都市区也涌现了边缘城市。它们是世界各地财富和就业机会的伟大的推手。Fujita和Hartshorn（1995）[1]通过对业特兰大的实证研究发现，郊区商业中心正在超越CBD成为生产者服务业集聚的中心，以生产者服务业为主导的多核心和分散化两种过程在亚特兰大城市空间重构过程中起着重要的作用。

B.Ohuallach á in and N.Reid（1991）[2]通过计算美国标准大都市统计区（SMSAs）1976～1986年商务服务和专业服务业增长率，发现郊区的增长率高于城市中心区。他们认为，美国都市地区的经济基础日益依赖于商业和专业服务。通过探讨1976～1986年间这些部门在都市地区快速增长的原因发现，商业和专业服务产生了新型的投入。利用标准大都市统计区（SMSAs）的就业数据，他们利用目前的经验证据证实了在最大的都市地区以及市场占有率暂时滞后的较小的大都市地区商业和专业服务的集中。他们引进了称为增长商的新方法来表明这些服务在选定的大都市区中正在迅速增长。其他大城市的增长更为多样化。从1976～1986年的十年间，尽管美国的商务和专业服务业的就业仍高度集聚在诸如纽约、洛杉矶、芝加哥等较大的大都市区，但其比重出现了一定程度的下降，与此同时，非大都市区的生产者服务业就业却出现了迅速的增长，而一些像底特律、丹佛、达拉斯、波士顿等规模较小的大都市区其商务和专业服务业则表现出温和增长的态势。

总之，生产者服务业空间分布的城郊化、分散化主要是这几方面的原因：集聚不经济带来的报酬递减，CBD专业功能强化而使部分功能转移到

1　Fuiji T., Hartshorn T. A, "The changing metropolitan structure of Atlanta,Georgia:locations of functions and regional structure in a multinucleated urban area", *Urban Geography*, 1995, 16(8),pp.680～707.

2　Ohuallach á in B.,Reid N, "The location and growth of business and professional services American metropolitan area,1976～1986", Annals of the Association of American Ceographers, 1991,81(2),pp.254～270.

城郊或乡村，运输和通信技术的迅猛发展使核心区向郊区转移。

（二）微型CBD与多核心的空间结构

国外很多城市在强化中心区CBD服务功能的同时，在外围地区规划建设若干微型CBD，既疏解中心城区的压力，又增强对周边地区的辐射力。发达国家的经验表明，当城市经济发展到一定阶段，在经济总量发展、经济结构变化和人口发展等因素的驱动下，集聚模式会由单一的大型CBD模式向多极化、分散化发展，在原来的基础上演变扩展成若干个微型CBD。自20世纪60年代以来，为解决中心城区商务功能过度集中的问题，以伦敦、纽约、东京为代表的世界级城市，都经历单个CB到微型CBD网络初步建立的过程。其中，伦敦的微型CBD由传统的市中心扩展出来，将泰晤士河码头区建设成为第二大CBD，以堪那瑞区为代表沿着泰晤士河呈轴线发展；纽约的CBD在20世纪90年代初开始分阶段逐步形成布鲁克林、长岛、法拉盛、哈德逊广场等微型CBD；东京规划建设以品川为代表的外围地区微型CBD，逐步形成了品川、汐留、六本木等30多个微型CBD，很好地适应了现代服务业空间集聚且多元化发展的国际趋势。国内上海、成都等城市，启动规划微型CBD概念的一批现代服务业集聚区。在上海，以金融、物流、信息等为代表的现代服务业集聚发展的趋势日益明显，涌现出虹桥、中山公园、南苏州河等各具特色的微型CBD。何骏（2008）[1]分析了上海20个微型CBD对现代服务业发展的拉动效应。

Robbyn Jadney（2005）[2]发现在曼哈顿，分散化的一个重大影响是对CBD而言税收和收入的损失。分散化在郊区也有严重的影响，包括住宅空间的增加和为郊区社区改善基础设施的昂贵的需求。新的办公室对家庭、学校、宗教中心、公园和购物中心产生了更大的需求，于是出现了微型的CBD。郊区将成为微型CBD，有人行道上的咖啡馆、艺术画廊、文化馆、管弦乐队和剧院，这些在以前是仅限于大型城市中心才有的。

20世纪90年代以来，许多研究者发现，笼统的把生产者服务业作为一

1　何骏：《现代服务业发展的模块论及对我国的启示》，《经济经纬》2008年第4期。

2　Robbyn Jadney, "A closer look at the rebuilding process: WTC attacks of September 11, 2001", *Civil and Environmental Engineering*, 2005(4).

个整体来研究其空间分布远远不够，生产者服务业内部各行业由于区位选择因素的不同侧重，在空间上呈现出不同的分布模式。一部分生产者服务业企业仍高度集中在CBD，而另一部分企业则离开了CBD，选择在郊区，这样就可能形成多核心的空间结构。美国地理学家Harris C.D.和Ullman E.L.[52]于1945年提出了城市地域结构的多核心理论。他们通过研究不同类型城市的地域结构发现，虽然CBD是大城市总体上的中心，同时城市内部还存在着其他中心，它们在一定程度上管辖着周边一定地域。城市的各种土地利用类型也并不是分布在CBD周边，而是往往分布在几个不同的核心周围。

　　Coffey和Shearmur（2002）[1]进一步分析了生产者服务业在加拿大蒙特利尔的空间变动，认为生产者服务业的空间扩散和再集聚是同时存在的过程；探讨了高层次服务在多核心都市结构的演变中的作用。他们使用地方就业的工作数据，去分析蒙特利尔地区4个金融、保险、房地产服务机构和8个商务服务机构1981～1996年期间就业在都市内部地理分布的变化，发现了中央商务区的相对衰落的证据，但不是绝对的。三位学者认为由此产生的分散化采取了多核心的形式，而不是一般化的分散。R. Shearmur和C .Alvergne（2002）[2]研究巴黎地区17个不同的高层次商务服务部门的区位模式，他们发现每个部门都显示了集中和分散的综合特征。一个部门在同一个时期可以是高度集中，也可以是分散的，例如金融在同一时期中是最高度集中的部门之一，同时也是最分散的部门之一。与此类似的还有金融和保险中介、管理咨询、营销和广告等部门。他们总结了高层次商务服务部门四种不同类型的区位模式。①绝对集中在巴黎市中心。只有巴黎中心的外围少数社区及其邻近地区拥有超过总就业人数的0.5％，而超过就业人数百分之一的几乎所有社区是巴黎的大区。②在巴黎市中心集中，伴随着某种程度上的同心扩散。在巴黎市中心以外的社区，超过就业人数的百分之一，并且就业有从中心向外扩

1　李健：《城市空间结构——理论、方法与实证》，方志出版社2007年版。

2　William J. Coffey, Richard G. Shearmur, "Agglomeration and Dispersion of High-order Service Employment in the Montreal Metropolitan Region, 1981‐96", *Urban Studies*, 2002 (39) 3,pp.359‐378.

散的倾向。③在巴黎市中心附近的"面包圈"模式。显示这一模式的部门，在巴黎表现得很强烈，甚至在离巴黎最近的外围也表现得很明显。④集中于凡尔赛附近的儒伊昂若萨斯（Jouy-en-Josas）。这个区域被确定为法兰西（和巴黎）的高科技中心。总之，巴黎大区呈现多核心和分散化两种特征。

深入城市内部研究CBD功能分化、城郊化的还有Coffey、Drolet和M. Polèse（1996）对蒙特利尔的研究、Illeris 和Sjoholt（1995）对北欧的研究、Stanback（1991）对城郊化的研究等。

从以上的分析可以看出，高层次的生产者服务业表现出持续集中的态势，特别是在大都市的中心地区；而较低级的行业、高级生产者服务业内部功能较低的部门以及规模较小的一些生产者服务企业出现了向外围转移、分散化的趋势。从空间形态上看，集聚和分散并存，但CBD的功能并没有被削弱，CBD和近郊区、边缘城市有了不同的功能定位，研发、管理等部门集中在都市内部，有些部门迁移到城市边缘或郊区。此外，IT技术将进一步改变生产性服务业的区位模式，使不同类型服务业的空间结构出现了变化，有较明显的空间分异特征。

第二节　关于信息服务业集聚原因的考察

信息服务业这种现代的、新兴的服务业为什么出现区域性集聚发展的特征，其集聚的原因是什么？以下将从邻近大学和科研机构、邻近相关企业、社会资本、交通条件、外部联系、政府扶持等角度对信息服务业集聚的相关文献进行梳理。

一、邻近大学、科研机构与信息服务业集聚

高科技企业依托大学集聚成为较普遍的现象。例如，全球知名的硅谷邻近斯坦福大学、128号公路邻近麻省理工学院、剑桥高科技园区邻近剑桥大学。对我国信息服务企业集聚地的观察可以发现比较典型的案例是

北京的中关村，上海、广州、南京等地的信息服务企业也有显著的邻近大学的倾向。比较早地研究科技企业选择邻近大学的区位的学者是Quince和Partners（1985）[1]，他们分析"剑桥现象"，发现高科技产业集聚在名牌大学附近。已经有来自美国的强有力的证据表明集群发展受活跃的研究型大学影响（Feldman，2000）[2]。Audretsch和Feldman（1999）[3]考察了创新活动的空间分布和生产的地理集中，他们发现创新活动更容易发生在毗邻知识源的地方，这些地方是大学实验室，公司的研发部门，或者是接近熟练工人，这些熟练工人身上拥有知识。Castells（2006）[4]认为硅谷、波士顿的128号公路、南加州的科技城、北卡罗莱纳的研究三角带西雅图以及奥斯汀等等这些地区的发展源自一般生产因素特殊变化的集结：资本、劳动与原材料由某种机构性质的企业家聚集在一起并由特殊的社会组织形式所构成。它们的原材料来自于新知识，与具有战略重要性的应用领域相联系，而其生产者是主要的创新中心例如斯坦福大学加州理工学院，或是麻省理工学院的工程研究团队以及在其周边建立的网络。这些信息技术制造创新中心，需要聚集大批技术纯熟的科学家和工程师，他们来自当地的各种学校，包括上述学校以及硅谷案例中的伯克利圣荷西州立大学、圣塔克拉拉大学等。

国内对信息服务业邻近大学的研究主要是针对广州、上海、北京、南京等大城市。闫小培（1999）研究广州信息密集服务业的空间分布，发现作为科技城地域载体的天河区辖区内有21所大专院校，40多个研究所，20多家大中型企业，这些机构或企业都具有一定的科技力量。这些高校和研究所又多数集中在高新技术开发区范围内，构成高水平的研究与开发能力的新型智力资源集中区，是广东省智力最密集的区域，成为技术创

1　Segal Quince and Partners, "The Cambridge phenomenon: the growth of the high technology industry in a university town", Cambridge: Brand Brothers and Co.,1985.

2　Feldman, M.P, "Location and innovation: the new economic geography of innovation". *In Oxford Handbook of Economic Geography*, Clark, G., Feldman, M.P., Gertler,M. (Eds.), Oxford University Press, Oxford, 2000.

3　Audretsch D. B, Feldman M. P, "R&D spillovers and the geography of innovation and production", *The American economic review*,1999(6),pp.630~640.

4　曼纽尔·卡斯特、王志弘译：《流动空间》，《国外城市规划》2006年第5期。

新源。陈秀山、邵辉（2007）分析北京生产者服务业的区位选择，发现北京的信息咨询类服务业倾向于向东部的朝阳CBD方向分布，而计算机服务业向北部和西部的高校密集区分布。计算机服务业较为集中的是城市中心区外围（近郊区）的海淀区，这里高校科研机构密集，为计算机服务业的发展提供了良好的基础，因而促进了这类生产者服务业在这里的发展。甄峰等（2008）[1]分析南京城市生产性服务业的空间变化及其所带来的空间结构的转型，他们通过实证研究发现信息服务业高度集中在主城区的新街口、珠江路及南京大学、东南大学、南京工业大学一带。艾少伟、苗长虹（2009）[2]认为地理邻近机制能够很好地解释北京中关村在20世纪80年代的发展。中国改革开放为高校及科研机构提供了契机，而中关村的发展即得益于这种近邻优势和效应，像北大方正、清华紫光等知名企业即衍生于这些高校及科研机构。

信息服务企业邻近大学的一个重要的原因是企业充分地利用了大学的创新成果和人力资本。邻近大学成为国内外众多信息服务企业的选择，主要有以下几方面的原因。

（一）邻近大学对初创的科技企业更有利

有证据显示新的知识和技术型公司可能为了获得知识溢出而有很高的邻近大学的区位倾向。就像Audretsch 和Thurik（2001）[3]所指出的，和已创立的企业相比，这些知识溢出的影响对年轻的新公司来说更重要。这是因为新企业可能依靠由其他企业或大学所生产的外部知识（Link 和Scott， Hall et al. 2003）[4][5]。小型的新公司不会在正式研发上投入大量的资

1 甄峰、刘慧、郑俊：《城市生产性服务业空间分布研究：以南京为例》，《世界地理研究》2008年第1期，第24～31页。

2 艾少伟、苗长虹：《技术学习的区域差异:学习场视角——以北京中关村与上海张江为例》，《科学学与科学技术管理》2009年第5期，第40～46页。

3 Audretsch, D.B., Thurik, R, "What's new about the new economy?Sources of growth in the managed and entrepreneurial economies", *Industrial and Corporate Change*, 2001,10,pp.267～315.

4 Link, A.N., Scott, J.T., in press, "U.S. science parks: the diffusion of an innovation and its effects on the academic mission of universities", *International Journal of Industrial Organization*, 2003,vol. 21, (9),pp.1323～1356.

5 Hall, B.A., Link, N., Scott, J.T, "Universities as research partners", *Review of Economics and Statistics*, 2003(85),pp.485－491.

源（Scherer，1991）[1]。相反，大公司和已创立公司可能生产他们自身的正规的研发活动，因此，他们较少依赖外部的知识。这就意味着，当竞争优势是建立在无形资产上的时候，例如创意、员工的人力资本、与大学的地理邻近对年轻的企业来说是一个竞争优势的资源。这也说明对年轻的公司来说，地理上邻近大学的公司区位策略是更重要的。高科技行业的新公司不仅受传统的区域特征的影响，而且受有机会获取大学产出的知识这个因素的影响。剑桥工业园区的新技术公司70%的员工来自剑桥大学，一半以上的高技术公司与剑桥大学保持着联系。不过随着企业规模的扩大，在大学、研究所附近聚集的企业基本是小企业（宋秀坤、王铮，2002）[2]，这与Saxenian（1988）[3]的发现是一致的。

（二）人力资本的知识溢出成为信息服务业的区位吸引力之一

在邻近著名大学和科研机构较为密集的地区，软件园或高新区等成为众多信息服务企业的栖息地，这类企业选择在智力资源密集区发展，为同行业企业的合作、科技人员之间的交流提供了便利。同时，知识和信息在正式和非正式的交流中的扩散，区域内的知识、信息流动比远距离的流动要容易得多，使技术外溢现象更加明显（Markusen和Venables,1998）[4]。

信息服务业是知识密集型即是脑力资本服务业，这类企业获得知识外溢的途径还可能是：部分员工从原有企业中离开之后创办新的企业，或者从原有企业中分离出新的企业，从而在当地集中了越来越多同行业企业进而形成集聚。Neil M. Coe 和 Alan R. Townsend（1998）[5]调查英国赫特福德郡（Hertfordshire）和波克夏郡（Berkshire）的计算机服务业，他们发现被

1 Scherer, F.M, "Changing perspectives on the firm size problem", *In Innovation and Technological Change: An International Comparison*, Acs, Z.J., Audretsch, D.B. (Eds.), University of Michigan Press, Ann Arbor, 1991,pp. 24 - 38.

2 宋秀坤、王铮：《上海的高新技术企业》，《科学学研究》2002年第20卷第1期，第52~56页。

3 安娜李·赛克尼安：《剑桥工业园区的繁荣和沉寂——析英国的创新和科技园区发展》，《技术评论》1988年第6期，第2~3页。

4 Markusen James R., Anthony J. Venables, "Multinational firms and the new trade theory", *Journal of International Economics* ,1998,(46),pp.183~203.

5 Neil M. Coe & Alan R.Townsend, *Debunking the myth of localized Agglomerations: the development of a regionalized service economy in south-east England*, Transactions of the Institute of British Geographers,1998,23,pp.385~404.

调查的企业中大约有2/3的企业是从本地原有企业分离出来或者来自原有企业员工所创建的新企业，剩下的为外来投资者。

（三）邻近大学可以降低企业的人才搜寻成本

一方面，大学为产业集群提供大量丰富稳定的高级研究和管理人才，大量的创新成果，在供给上的便利大大降低了企业自身的运行成本。另一方面，产业聚集还降低了人才在空间寻求工作与机会的搜索成本，享有流动寻求工作的种种便利。Fallick，Fleischman 和Rebitzer（2006）[1]对硅谷计算机专门人力资源进行的调查，证实了集群内专业人才市场的存在及人才市场信息在一个相对狭小的地域内迅速传播，显著降低了雇员与企业之间的相对搜寻成本及交易成本。王铮、毛可晶、刘筱等（2005）[2]分析高技术产业聚集区形成的区位因子，发现高技术产业聚集在大学和科研院所等人力资源密集区，导致了聚集与人力资本的互动从而促进了高技术产业的发展。例如中关村是高校及科研院所集中的地区，拥有以清华大学、北京大学为代表的73所大专院校，以中国科学院为代表的232所各类科研院所以及几百万科技人员，这种区位优势促成集聚。

二、邻近相关企业与信息服务业集聚

卢卡斯（Lucas，1998）[3]思考为什么许多经济主体都集聚在曼哈顿这个中心，他发现尽管这个地方地价昂贵，而别的地方其实比这里更便宜，也可能更适宜，但这些企业还是选择在这里办公，原因很简单，就是这些主体希望能够地理邻近。那与同行业企业的地理邻近如何影响高科技企业集中呢？关于信息服务业在都市核心区域集聚的原因，学者们还从企业之间的互动交流、容易接近客户、相关企业的知识溢出等角度来论述。邻近同行业企业或其他相关企业对于企业间的交流与合作是至关重要的，特别是高科技中小企业在信息、技术、人才、资金等方面都比较薄弱，邻近相

1　Fallick B., Fleischman A., CRebitzer B. J, "Job hopping in Silicon Valley: Some evidence concerning the micro-foundations of a high technology cluster", *The Review of Economics and Statistics*, 2006,88(3),pp.472~481.

2　王铮、毛可晶、刘筱等：《高技术产业聚集区形成的区位因子分析》，《地理学报》2005年第4期，第567~576页。

3　Lucas R. E, "On the mechanics of economic development", *Monetary Econ*, 1998, 22 (3),pp.42.

关企业是其获得知识溢出、选择合作伙伴的重要考虑因素，这种企业创新活动的区域集中度较高。

（一）重复的、面对面的交流促进了企业间的竞争与合作

只有显性知识才能长距离传递，而隐性知识的传递通常需要面对面的直接接触和交流，与知识源的地理邻近性对隐性知识传递非常重要。面对面的交流有利于高技术产业中企业的竞争、合作与融合。学者们对于地理邻近在组织合作中的作用基本上达成共识，一般认为主体间较近的地理距离更有利于面对面的交流与互动，而频繁的交流有利于组织间良好合作关系的建立，进而提高组织间信息交换的频率和效率，促进知识尤其是隐性知识的转移和创新活动的产生。企业的地理邻近使上下游企业之间的合作变得更容易更方便使知识和信息便于在上下游企业间传递和使用。这些企业在某种意义上已经是创新系统中的某一个环节，也是创新系统的重要组成部分。Saxenian（1996）[1]通过对硅谷和128公路这两个美国技术领先地区的公司作了一系列比较，作者阐述了这两个区域集群的不同表现，并对当地竞争优势的来源提出了独到见解。她认为公司之间的地理邻近性促进了重复的、面对面的交流，这种交流促进了现代快节奏的技术产业所需要的竞争和合作的融合。J. Gaspar 和E. L. Glaeser（1998）[2]的研究认为信息技术可能最终导致一种对城市集中的需要衰退了。当远距离通讯改进了，对多样化的交流的需求应该上升，并且城市作为交流中心的作用也应该增加。终究，最著名的现代产业集聚地——硅谷，在产业使用了最新和最佳的信息技术。就像萨森尼安（Saxenian）和其他人所建议的那样，这集聚可能发生，是因为产业是如此严重地依赖于相互交流，并有如此丰富的知识被转移到企业和个人。Isaksen（2004）[3]分析了挪威奥斯陆软件公司集聚的原因，分析的重点是软件企业如何进行个人活动，以及它们在活动中如何

1　Anna Lee Saxenian, "Inside-Out: Regional networks and industrial adaptation in Silicon Valley and Route 128", *A Journal of Policy Development and Research* ,1996(2), 5,pp.41 ~ 60.

2　Gaspar J., Glaeser E.L, "Information technology and the future of cities Journal of Urban Economics" ,1998 (43),pp.136 ~ 156.

3　Isaksen, Arne, "Knowledge-based clusters and urban location: the clustering of software consultancy in Oslo. *Urban Studies*" , 2004(41) 5,pp.1157 ~ 1174.

与竞争者互动。在奥斯陆软件公司的集聚首先依靠咨询公司和重要的客户之间以及软件咨询公司之间那种非常紧密的互动的需求。事实是，咨询活动，是以项目为基础，并涉及大量的联合建设和面对面交流，这种交流是在竞争者驻扎在同一地点的时候才被推动的。需求方面的因素在解释奥斯陆软件公司的集中方面是很重要的，而重要的供应方面的因素是在其他软件公司在正式和非正式场合中信息收集方面会面的可能性。

（二）获得相关企业或机构的知识溢出，获得正的空间外部性

信息的核心属性是它的空间属性，那么接近性就成为获取信息的关键。Daniels（1985）强调生产性服务业对知识和信息的高度依赖，那么"听这些服务区位的解释就可以看作是对信息需求的解释，信息是围绕这些服务并且在这些服务活动中被交换的"。Jaffe等（1993）[1]通过研究认为，技术密集型产业比其他产业更趋于集中化，当地的信息流动比远距离的信息流动更容易，个人联系，无论是会议、贸易事务、学习或销售会议，都有明显的传导机制。Pinch和Henry（1999）[2]指出，知识密集型集聚活动的持续增长主要源于知识密集型企业较易获取本地化的缄默知识以及外溢知识。Dahl和Pedersen（2004）[3]对丹麦无线通讯集群的研究表明，集群中企业之间员工的非正式联系或交流是集群企业知识传播的重要渠道之一，集群中的工程师之间确实通过非正式联系形成了相当有价值的知识传播。Wallsten（2001）[4]运用地理信息系统与企业数据探讨了集聚与知识外溢后发现，小企业近距离集聚会获得知识外溢或其他投入回报。

企业间的地理邻近方便了知识转移和扩散，营造了良好的创新氛围从而吸引其他企业向某一集聚地靠拢。Maskell和Malmberg（1999）[5]提出，

---

1 Jaffe A.,Trajtenberg M., Henderson R, "Geographic location of knowledge spillovers as evidenced by patent citations", *Quarterly Journal of Economic*, 1993,108(3),pp.577～598.

2 Pinch,S.,Henry, A, "Paul Krugman's geographical economics, industrial clustering and the British motor sport industry", *Regional Studies*, 1999(33),pp.815～827.

3 Dahl M. S, and Pedersen, C, "Knowledge flows through informal contacts in industrial clusters: myth or reality", *Research Policy*, 2004(33),pp.1673～1686.

4 Wallsten S, "An empirical test of geographic knowledge spillovers using geographic information systems and firm-level data", *Regional Science and Urban Economics*, 2001, 31(5),pp.571～599.

5 Maskell and Malmberg, "Localised learning and industrial competitiveness", *Cambridge Journal of Economics*, 1999, 23(2),pp.167～186.

地理邻近带给集群企业更多面对面的互动机会，使得知识可以在集群企业间更好地进行传播和扩散。地理邻近方便了知识转移、传播与扩散，使同一区域内企业获得知识和信息的成本下降了，隐性知识的传递变得更加容易和快捷。同时，这些隐性知识传播所营造的创新氛围深深地根植于当地的文化、社会关系之中，具有不易模仿的特性，集聚地之外的企业很难仿效。

三、社会资本网络与信息服务业集聚

Putnam（1993）[1]认为社会资本是指社会组织所具有的特性，如信用、社会规范和社会网络等。拥有高社会资本的地区，企业将会更容易获取所需的劳动力和专业化投入品，企业间的投入产出联系更加紧密，这将会促成和强化产业在该地区的集聚。Bar A.（2000）[2]认为嵌入于社会网络中的社会资本还有利于技术信息和知识的流动，降低交易成本，这将有利于企业间知识的外溢。

大量的同行业企业毗邻大学、研究机构等知识源或创新源，在这个区域内还有许多的银行、投行等中介机构及风险投资公司等，聚集了人才、资本、技术等资源，在一定的空间范围里形成了社会网络和创新网络，各个机构中的人员之间共同学习、协同合作，减少了信息传递的障碍，加强了企业间的面对面交流，不仅有效降低了学习的社会成本，同时促进了隐性知识的扩散和转移。Saxenian（1994）的研究表明，硅谷成为信息服务企业集聚地，它的成功在很大程度上依赖于硅谷相互结网、相互依存的协同网络体系。该网络体系包括提供知识和技术源的大学和科研机构、提供专业化培训、教育、金融、法律等支持的中介服务机构，相关技术和辅助产品、设备供应商以及建立于广泛纵向和横向联系的高新技术企业。Windrum 和Tomlinson（1999）[3]的研究认为，知识密集型产业的产品包含高

1　Putnam, R., Leonardi, R., and Nanetti, R, "Making Democracy Work: Civic Traditions in Modern Italy", Princeton: Princeton University Press,1993.

2　Bar,A, "Social Capital and Technical Information Flows in the Ghanaian Manufacturing Sector", *Oxford Economic Paper*, 2000, 52(3),pp.539～559.

3　Windrum P., Tomlinson M, "Knowledge-intensive services and international competitiveness: a four country comparison", *Technology Analysis & Strategic Management*, 1999,(11),pp.391～408.

度的隐性知识，而这些隐性知识一方面靠自己积累，另一方面主要靠人与人之间的接触交流、观察模仿进行学习和传播。在此过程中，基于社会资本的信任发挥了极其重要的作用。

企业空间上的地理集聚，不仅仅是因为缩短了"硬距离"带来的运输成本的降低，而且有助于缩短"软距离"，使学习曲线下移，交易费用降低、边际的社会成本趋于零。聂鸣、梅丽霞、鲁莹（2004）[1]探讨了班加罗尔软件产业集群的社会资本，重点讨论社会资本对班加罗尔软件产业集群的发展所起的作用，并从规范、网络与信任、知识流动三个角度分别探讨了导致班加罗尔软件产业集群成功的社会资本因素，他们认为软件产业的隐性知识尤其需要自由流动，因为隐性知识正是企业获取全球竞争力的关键，也惟其如此，方能充分发挥社会资本的根植性对效力和效率的有效整合。曾琰（2009）[2]研究印度IT产业集群，发现在班加罗尔，企业内各部门活动范围是互相重叠的，企业之间、企业与协会组织、企业与科研机构间存在着密切关联，并且这种网络型联系因人员的频繁内部流动在加强，不但促进了各企业间的相互合作，更促进了集群中信任这一至关重要的社会资本要素的增值。

总之，在社会资本网络中，根植性特征所产生的普遍信任将使科技人员加强交流，加速了知识的扩散，获取更多的行业信息，促进了企业间的交流与合作。

四、交通条件与信息服务业集聚

交通是联系地理空间中社会经济活动的纽带，是社会化分工成立的基本保证（李小建，1999）[3]。在农业化和工业化时代，经典的区位因素往往是交通条件，运输成本成为影响厂商区位选择的最重要因素之一。在工业化时代，良好的区位意味着接近市场、成本低、邻近交通线路，因此，工业化时代的交通运输关注运量，铁路是其主要方式。信息时代中交通因素

1　聂鸣、梅丽霞、鲁莹：《班加罗尔软件产业集群的社会资本研究》，《研究与发展管理》2004年第16卷第2期，第46～49页。

2　曾琰：《印度IT产业集群的特点及其社会资本效用探析》，《现代财经》2009第10期，第93～97页。

3　李小建：《经济地理学》，高等教育出版社1999年版，第20页。

与信息技术的结合带来了交通技术方面的变化，比较明显的证据就是智能
交通系统的出现。新时代的交通区位观念意味着可接近、快速沟通、高收
益和网络。信息时代里通达性的内涵中更多地强调机动性、灵活性、安全
性、舒适性与可依赖性，以高速交通、航空港等为主导，具有多模式交通
的特征（甄峰，2004）[1]。

　　从理论上来讲，服务业的一个重要特征就是使用者和提供者需要面
对面地接触。因此，接近性、通达性等因素成了其区位选择的重要依据
（Coffey 和 Polese，1987）[2]。交通条件对信息服务企业区位选择的影响主
要表现在以下两个方面。第一，方便同客户、消费者、政府部门的交流与
接触。Keeble和Nachum（2002）[3]分析伦敦和英国南部咨询类的小公司聚集
的状况，认为位于集聚区企业区位选择的主要因素是交通（公路和铁路）
便利、区位形象、毗邻客户、方便到达机场、易获得专家、易得到高质量
的商务服务支持等；不在集聚区的企业则把生活环境宜人、交通便利（公
路和铁路）、毗邻创业者的居住地、租金成本、毗邻客户等作为主要考虑
的因素。Park. S. O.和Nahm. K.（1998）[4]研究首尔技术和信息生产性服务
业，发现除现有的CBD之外，有两个区域——康南和永德普已经成为首尔
技术和信息生产者服务的新中心，以至于创造了一个多核心的结构，这种
空间结构形成的主要影响因素是交通通讯便利、毗邻主要客户、易于获得
信息、资金和其他经济要素、获得必要的劳动力、同类企业的集聚、毗邻
主要供应商、方便与政府部门接触等，但是CBD内的企业显然根本不考虑
租金成本，对于接近政府部门却较为看重。第二，便利的交通基础设施能
够降低通勤成本。一个企业的办公地点接近公交车站、地铁车站或其他交
通枢纽，从某种程度上可以说是将企业的一部分通勤费用转移到社会成本

1　甄峰：《信息时代的区域空间结构》，商务印书馆2004年版，第76～77页。

2　Coffey W.J., Polèse M, "Intrafirm trade in business services: implications for the location of office-based activities", *Papers in Regional Science*, 1987(62),pp.71～80.

3　Keeble D., Nachum L, "Why do business service firms cluster? Small consultancies, cluster--ing and decentralization in London and southern England", *Royal Geographical Society*, 2002(27),pp.67－90.

4　Park Sam Ock & Nahm, Kee-Bom, "Spatial structure and inter-firm networks of technical and information producer services in Seoul, Korea Asia", *Pacific Viewpoint*,1998(39),pp.209～219.

上。W.克诺森和H.柯夫伊斯（1993）[1]分析了荷兰计算机与软件部门中企业的区位要素，他们认为这些高技术企业高度重视交通网络通达性及充足的停车空间。戴德胜、姚迪（2006）[2]对北京总部办公的分布研究发现它们主要是在沿地铁、轻轨、主干道等交通交汇点集聚，形成许多分散的办公集聚点。产生这些新的集聚因子主要因素是降低通勤成本。

五、外部联系与信息服务业集聚

全球生产网络为信息服务业建立外部知识联系提供了有利条件，这种外部联系和本地联系的互动有助于提高集群的竞争力。外部联系成为信息服务业集聚的的推动力之一。

Savatore（1996）[3]研究了软件产业内部软件企业之间的外部联系在欧洲大型软件公司成长中的作用，软件产业中的正外部经济性促进了软件产业的发展和软件企业的专业化，这种正的外部性产生于三个方面的因素：技术趋同、软件产品销售与硬件的分离和软件应用的复杂性。Keeble和Nachum（2001）[4]通过对伦敦、南英格兰300多家管理和工程咨询类企业的调查，发现知识密集型的专业性服务企业聚集在像伦敦这样的大都CBD的原因在于其极为适应外界变化的外部联系和劳动力市场关系的网络。Esbjorn Segelod 和Gary Jordan（2002）[5]研究了在软件产业发展的不同阶段软件企业之间的外部联系对企业发展的重要性。盖文启等（2004）[6]对国际典型的三个高技术产业集群（美国的硅谷、英国的剑桥

1　P.尼杰克普：《空间发展中的信息中心政策》，徐斌译，《国外社会科学》1993第5期，第21～25页。

2　戴德胜、姚迪：《总部办公区位分布与选址规律研究》，《现代城市研究》2006年第6期，第33～39页。

3　Savatore, "Firm specialization and growth: a study of European software industry", *Liuc Papers,* November,1996,p.35.

4　Keeble D.,Nachum L, "Why do business service firms cluster? Small consultancies,clustering and decentralization in London and Southern England", *ESRC Centre for Business Research,* University of Cambridge, Working Paper 194,2001.

5　Torrisi S.,Esbjorn Segelod, Gary Jorda, *The use and importance of external sources of knowledge in the software development process FE report,* 2002,p.391.

6　盖文启、张辉、吕文栋：《国际典型高技术产业集群的比较分析与经验启示》，《中国软科学》2004年第2期。

工业园区和印度的班加罗尔）进行了比较研究，总结了高技术产业集群的10点共同特征，并分别从网络关系的表现、政府的作用和发展阶段三个方面分析了不同产业集群的差异性。

企业和许多的外部企业、组织建立联系，并通过这种多重联系来寻求获取知识和信息为创新所用，这些多重联系的集合就被称之为创新系统（Nelson，1999；Lundval，2001）[1][2]。创新系统的形成对于信息服务业企业集中有着明显的推动作用。

六、政府扶持与信息服务业集聚

美国政府通过制定明确清晰的信息产业导向政策，促进信息技术的发展。美国政府分别在1992年和1994年颁布了《国家信息基础设施行动计划》（National Information Infrastructure，简称NII）和《全球信息基础设施行动计划》（Global Information Infrastructure，简称GII)，投资建立由通讯网络、计算机、数据库以及电子产品组成的网络，并通过卫星通讯和电信光缆连通全球网络，形成信息共享的竞争机制。这两项计划实施后，美国信息产业的框架建设已走在世界前列，其信息企业具有了较强的竞争优势。20世纪90年代以来,克林顿政府修改了数以千计的旧法规，如《反垄断法》和促进信息产业发展的《信息法》。国会有关机构则大大加强了立法及其审核工作，顺利通过了《1993年高性能计算与高速网络应用法》、《1996年电信法》等多项具有跨世纪意义的科技法案。此外,美国还制定了较为健全的保护软件和知识产权的法规。这些法案为科技人员从事创新活动提供了法律保障（邱询旻、程楠，2009）[3]。孙平（2005）[4]认为美国软件企业迅速发展一个重要原因在于美国有严格的知识产权制度保护创新者的权益，技术创新者可以在保护期内获取超额垄断利润。在知识产权保

1　Nelson R. R, "The co-evolution of technology, industrial structure, and supporting institutions", *in Technology,Organization, and Competitiveness: Perspectives on Industrial and Corporate Change*, Dos,i G., Teece,D. J. & Chytry, J. (eds.), *OxfordUniversity Press*, 1999,pp.319 ~ 335.

2　Lundvall B. A. and Archibugi D., *The Globalizing Learning Economy*, New York: Oxford University Press, 2001.

3　邱询旻，程楠：《美国、日本、印度提升信息产业竞争力的有效机制》，《贵州财经学院学报》2009年第5期，第88 ~ 94页。

4　孙平：《美国软件产业结构优化的经验与借鉴》，《中国科技论坛》2005年第10期，第140 ~ 144页。

护方面：美国1976年修改《版权法》，把计算机软件纳入版权保护范围；1981年宣布软件专利合法；1997年《禁止电子盗版》规定在线复制非授权软件将被处于5年以下监禁和25万美元的罚款；1998年《综合贸易法》的"特别301条款"，对拒绝保护美国知识产权的国家进行制裁。在专利保护方面，美国1996年在《与计算机有关的发明的审查指南》中规定计算机软件发明申请可获得专利保护。

在硅谷形成初期，早期的国防工业为硅谷的发展提供了资金支持和技术保障。硅谷赢得了大量的政府采购服务，如美国国防部对尖端软件服务的大量需求使得大量的高新技术企业得以生存，并赢得日后发展壮大的机会。除了政府采购服务外，政府也制定积极的区域经济发展政策以支持硅谷的发展，譬如，美国政府对一些符合产业发展政策或国家战略部署相关的信息服务业科研项目给予直接的资金扶持。政府对位于硅谷地区的斯坦福大学的众多科技研究项目也毫不吝啬的提供大量的直接赞助经费。除此之外，硅谷地方政府还积极发布一些针对信息服务企业的专门的税收优惠政策，以降低这些信息服务企业在经营过程中的税收成本（刘欣伟，2009）[1]。

日本信息服务业主要包括软件开发、信息处理服务和使用计算机的服务三个方面。市场和规模仅次于美国，居世界第二位。早在1969年，通产省就制定《发展信息及信息处理产业的措施》，为日本信息产业的起步奠定了坚实的基础。其后又相继颁布、实施和修改了《信息化促进法》（1970年）、《著作权法》（1985年、1986年）、"2000年情报产业设想"（1987年）、"促进21世纪初的高技术产业的基础研究方案"（1990）和"科学技术基本计划"法案（1997），鼓励和刺激全社会都来重视和发展信息服务业，把计算机程序和数据库纳入著作权保护范围，以保护软件人员的利益和创造积极性。特别是"科学技术基本计划"法案，对信息工作提出了明确的要求，以法律的形式确立了信息工作的重要地位（丁晓明，2001）[2]。进入21世纪，日本先后提出了《信息技术国家基本战

1 刘欣伟：《生产性服务业产业集群研究——以长江三角洲为例》，上海社会科学院2009年版。

2 丁晓明：《日本信息产业和信息服务业》，《中外科技信息》2001年第9期，第45页。

略草案》和《国家产业技术战略》，并适时更新信息技术服务的策略，采取开放性政策，将现代服务业的主攻方向置于软件开发和数据库服务等生产技术服务领域，将重点定位为提高信息技术与服务的国际竞争力。为此，东京都先后建立了各种结构特区，以满足圈内产业经济发展对知识技术性服务的要求（朱根，2009）[1]。在2006年，隶属于日本经济产业省的产业构造审议会信息服务软件产业小组委员会在分析现状的基础上，向政府提交了《信息服务和软件产业的维新方略》的咨询报告，列举了强化日本信息服务和软件产业的三条措施，即：①形成透明度高、以价值创造为主的产业和市场结构；②提高软件产业的创新能力；③培养信息服务和软件产业需要的高科技人才。日本政府在信息服务业发展过程中充分发挥了宏观调控作用，这是该国产业建设和行业管理的一大特点。日本政府对信息服务业的产业发展意识非常明确，在立法政策的过程中，处处体现"总体战略"，还经常及时审视调整，以擅长的政策和经济手段加以扶持，保证了信息服务业能充分发挥潜力、增强竞争优势（杨含斐、刘昆雄，2008）[2]。

采用政府引导模式发展本国高技术服务业的还有印度、爱尔兰和韩国等。班加罗尔信息服务业集群在当今信息服务产业中已取得了显赫的名声，它的发展与卡纳塔克邦的扶持和帮助也是分不开的（刘涛，2005）[3]。从最初班加罗尔集群的形成到后继快速扩张，印度中央政府提供了优惠外资政策和人才培训计划，班加罗尔所在的卡纳塔克邦政府更是提供了一揽子的政策激励。邦政府的扶持政策主要有：对于计算机硬件、外围设备和其他重要产品几乎完全免税；10年内免缴销售税；对大型IT项目给予适当的特许权利。同时，已经实施的"软件工业园区计划"包括：高效的一站式政府办公制度；外资全资准入；2010年前免征公司所得税；提供数据通讯链接服务；提供办理出口许可证的便利等等，并且在未来还将鼓励私人投资建立科技园区，组建IT走廊。印度政府在贷款、投资、税收、基础设施等方面为IT产业提供了持久的支持，

1　朱根：《日本服务经济论争与东京服务功能转型》，《日本学刊》2009年第1期，第102～112页。

2　杨含斐,刘昆雄：《日本信息服务业发展现状及建设经验评价》，《情报杂志》2008年第10期，第135～137页。

3　刘涛：《政府在产业集群中的四大作用》，《当代经济》2005第7期，第53～54页。

主要包括出口政策、人才吸引与培养、知识产权保护、投融资和税收等一整套优惠政策，并为高科技园区的基础设施建设提供资金支持（曾琰，2009）。强大的政府支持吸引了众多信息服务企业进驻班加罗尔。

我国中关村成为全球十大IT圣地之一。软件、信息服务、文化创意等内容的高技术服务业在中关村得到快速发展，高技术服务业成为中关村经济发展最强引擎[1]。中关村在发展的过程中，中央政府和地方政府大力扶持园区的发展。政府有意识的通过各种制度安排和产业政策以加快高技术企业向中关村地区聚集，从而有利于形成聚集所产生的规模效应（付信明等，2009）[2]。近年来，国务院也加大了对信息服务业的扶持力度，近期出台的政策主要有：《国务院关于加快培育和发展战略性新兴产业的决定》（国发〔2010〕32号）、《国务院关于印发进一步鼓励软件产业和集成电路产业发展若干政策的通知》（国发〔2011〕4号）等。

由此可见，政府支持成为信息服务业集聚发展的一个重要基础条件。

第三节　前人研究成果的评价及未来研究方向

目前，经济地理学、产业经济学、管理学等领域对集群、集聚的研究已成为热点领域，但多数研究成果集中于制造业集聚，对生产性服务业集聚特别是信息服务业的研究尚不深入，也缺乏系统研究。由于近年来空间经济学、集聚经济学的研究取得了相当显著的进展，使一部分学者运用新经济地理学的分析框架来研究服务业集聚。但是，也有学者认为这个分析框架并不完全适合服务业。Moullaert和Gallouj（1993）[3]认为新经济地理学研究范式对制造业有更好的解释力，但对于生产性服务业的解释力不强，

1　见海淀区人民政府网站，http://www.beijing.gov.cn/zfzx/qxrd/hdq/t807978.htm ，2007年8月16日。

2　付信明等：《中美典型高技术创新集群的比较分析——以硅谷和中关村为例》，《工业技术经济》2009年第2期，第38~40页。

3　Moulaert F.,Gallouj C, "The locational geography of advanced producer service firms: the limits of economies of agglomeration", *Service Industries Journal*, 1993(13)2,pp.91~106.

他们认为产业集聚的概念必须在两个方面进行修正。首先，其社会文化内涵必须得到承认。其次，必须考虑集聚和其他空间形式特别是和"集聚的全球网络"之间的互动关系。在地理学领域，某一具体服务行业的集聚也成为国内外学者研究和关注对象。例如商业地理学、旅游地理学、交通地理学、金融地理学、信息地理学、电信地理学等分支都发展起来了，都涉及具体服务业的集聚研究，但对信息服务业空间结构、区位选择与集聚问题的研究相当少。总体而言，这些研究尚存在明显不足。

一是对进入后工业化时代增长较快的信息服务业空间分布及其集聚问题的研究不够深入。国内外学者对一些新兴的、发展势头较快的信息服务业的区位选择、空间布局等问题的研究较少。多数学者对某些服务行业的研究涉及空间分布特征、区位模式、区域差异等问题，但是对于后工业化时代中增长较快的新兴服务业，例如信息服务业集聚的影响因素、动力机制、演变机制的研究都不深入，还没有被广泛接受的模型来解释信息服务业的集聚问题。

二是对城市内部信息服务业的空间结构的研究尚不深入，对信息服务业在城市内部或大都市区的空间布局及差异的研究较少。在都市层面上，闫小培（1999a）[1]曾对广州信息密集型服务业增长的地域类型展开研究，发现信息服务业迅速增长的街区在分布上形成多个核心，导致信息服务业多核集聚分布的空间格局。曹顺良等（2008）[2]以2007年上海市各区县信息服务业相关数据为依据研究上海信息服务业集群，他们分别从企业集聚和区域集聚两个视角出发研究上海市信息服务业产业集聚情况，使用绝对集中度指数和赫芬达尔—赫希曼指数进行企业集聚分析，使用空间基尼系数和空间集聚指数进行区域集聚分析。研究发现上海市信息服务业的区域集聚特征较明显，主要集中在浦东新区和徐汇区，企业集聚度较低，企业规模普遍偏小，缺乏行业龙头企业。

三是多数研究的空间尺度较大，无法揭示产业集聚的微观形成机制。多数学者选择以州、省（市）、城市、普查小区、区（县）等较大的空间

1　闫小培：《广州信息服务业增长的地域类型分析》，《热带地理》1999年第3期，第18～22页。
2　曹顺良、刘杰、李宁等：《上海市信息服务业产业集群分析》，《软科学》2008年第11期，第31～35页。

单元研究产业集聚问题，可能无法解释产业集聚的内部差异。空间单元较大的情况下，无法深入地反映城市内部信息服务业分布的实际空间特征，无法真实地反映都市内部信息服务业集聚的影响因素，不能对它们进行更细致的分析。

国内在信息服务行业的空间分布及其规律的研究仍处于起步阶段。我们可以借鉴国外学者在金融服务业、旅游服务业、商业服务业等行业空间结构问题的研究，在以下几个方面丰富信息服务业集聚理论的研究。

第一，信息服务业区位选择的影响因素研究。微观上的信息服务业企业的区位选择是否和西方一样？哪些区位要素影响着信息服务业集聚？政府行为对企业的区位决策发挥了什么样的作用？本书将从企业层面上研究某信息服务企业的区位指向，试图揭示信息服务业区位选择、空间布局的影响因素，研究其区位选择的特点和规律，以夯实集聚理论的微观基础。总结出信息服务业区位理论模式及空间布局规律，既是指导信息服务业进行科学区位选择、合理布局、促进信息服务业健康快速发展的理论需要，也是推动服务业区位理论和服务业地理学发展的现实需要。

第二，在城市内部研究信息服务业空间结构、集聚的微观机制。信息服务业在整个城市生产总值中的比重和重要性不断上升，已经成为经济发展的一个重要增长点。随着信息技术的发展，它们是否也像制造业那样具有集聚的趋势？哪些因素影响着信息服务业的集聚或分散？在城市内部其空间结构布局具有哪些规律？这些问题是关系到政府对信息服务业的布局规划，也是理论研究面临的重要问题。

第三，用微观尺度对信息服务业的空间结构、区位选择与集聚问题进行量化研究。在都市内部信息服务业空间分布的研究中，以上海为例，用街道（乡镇）为空间单元，描述上海信息服务业空间分布的特征；用邮政编码区为空间单元，分析区位通达性、地理邻近性、知识外部性对都市内部信息服务业集聚的影响，试图更深入、更细致地探索都市区信息服务业集聚的微观机理。

第四，我国信息服务业空间分布状况和集聚的影响因素。我国信息服务业中空间结构动态演变规律是否必然会严格地遵守西方经历过的每一个阶段？这种空间结构的影响机制是什么？本书试图寻找信息服务企业集聚的影响因子，并提出相应的政策建议。

第四章 信息服务企业区位选择的影响因素 ——基于上海信息服务企业的调查分析

本章主要是对信息服务企业区位指向性调查问卷所获得数据的分析，在微观层面上，从影响信息服务企业区位选择的内外部因素入手，探讨这类企业办公选址过程中的区位倾向，为城市内部信息服务业集聚机制的分析奠定微观基础。考虑到目前国内外对集聚影响因素的研究文献过于繁杂，包括经济学、社会学、地理学等都不同程度关注该问题，本书通过问卷调查，应用调查所获得的数据筛选信息服务业集聚的影响因素，目的是确定全书研究的视角。

第一节 引言

生产性服务业的区位选择受到交通条件、区位环境、决策者个人因素、市场环境、劳动力市场、土地成本、区位形象和区域政策等因素的影响。从分析视角来看，多数文献对生产性服务企业的区位分析是从所处国家或区域中生产性服务业集中的现象出发，分析其选择城市中心或城郊的影响因素，例如Illeris和Sjoholt（1995）对北欧国家的生产性服务业在城市集中的因素进行研究；Cook 和Pandit（2007）)分析和比较英国三个城市广播服务业集群的状况；Park和Nahm（1998）研究生产性服务业在首尔的空间结构状况及产生原因等等。有的文献从全球城市网络角度分析生产性服务业选择某个区位集聚的深层次原因。例如，Daneils（1993）[1]探讨了服务业与全球城市系统的关系，并对城市内部服务业的区位变化进行了分析；Sassen S.（1991）[2]研究纽约、伦敦和东京这样的全球城市成为投资、企业、生产性服务和金融工具及各种国际市场的跨国区位的原因。

生产性服务企业选址可能受到接近客户、接近市场、交通、劳动力素质、区域形象、创新氛围、接近原材料供应商、决策层的偏好、政府的支持、获取市场信息、邻近休闲娱乐场所和大型商业中心等因素的影响。进入信息时代，传统的区位要素如交通运输成本、接近原材料供应商、面对面交流、劳动力素质等的内涵也发生了变化，而一些新的区位影响因子如信息及信息技术、创新、风险资本等的作用得以体现。例如，有的生产性服务企业选址并没有把交通、劳动力成本、接近原材料供应商等传统区位要素放在最重要的位置，非成本的要素开始发挥较大的作用，有的企业把追求较高的生活质量作为重要的区位因子。

我国关于生产性服务业区位选择的文献较少，而对于都市内部某种具体的生产性服务行业的区位因子进行分析的文献更少。信息服务业具备生产性服务业和高科技产业的双重特性，其区位选择受哪些要素的影响？交通条件、接近客户等传统区位要素是否影响现代新兴服务业的区位？信息基础设施、风险投资等信息时代中新的区位要素是否影响着信息服务企业的区位决策？本章将从上海市信息服务企业的调查分析中探索都市内部信息服务业区位选择的影响因素，试图探索符合高科技产业与服务业区位特性的区位因子，对于信息服务业的科学布局有一定的借鉴意义和指导作用。

第二节　生产性服务业区位选择理论的研究进展

一、信息和信息技术是重要的区位资源

在传统理论中，资源、市场、劳动力和交通等因素是个人或企业选

1　Daneils P.W., *Service industries in the world economy*, Blackwell Publishers,1993,pp.113～166.

2　Sassen, "The global city: place, production and the new centrality", *Assoc of College & Resrch Libraries*,1991.

址定位的主要依据。但是，传统的区位理论并没有太多地考虑信息的影响。Allan R. Pred（1979）[1]指出，经典区位理论最不足的是忽视了信息作为区位因子。人们已经日益认识到，在传统的生产要素之外，知识和信息也是重要的生产要素，因为它们是提高生产效率从而提高产业部门和地区竞争力最重要的要素。米歇尔（Mitchell，1995）[2]认为传统的区位优势正在被因特网的宽带所取代，获取服务的能力被重新定义。现代经济是以知识导向和信息传递的融合为基础的，这种融合对于当今社会的社会经济和地理结构具有深刻的影响。在新城市化过程中，信息已成为区域发展的核心（刘鲁川，1987）[3]。尼杰克普（1993）[4]认为，经常引用的形成知识和信息的区位要素（包括技术和专业人员的形成），以一种复杂的方式同地理集聚有关。创新的扩散和采用极大地取决于新的信息技术活动的地理导向。"信息社会"是以信息和无线通讯系统的获得和利用为基础的，这些系统显然将影响经济的空间形式。由此可见，现代信息和通讯技术对于改变在传统大都市之外的创新企业的区位选择条件，具有深刻的影响。

在知识经济时代，创新活动逐渐成为企业的日常活动，而企业本身又必须增大信息的拥有量和提高信息资源的应用质量和应用能力，这势必扩大企业区位空间选择的范围。Sassen（1991）[5]分析高级服务业仍然集聚于少数大都市的原因，她认为空间分散与全球整合的结合，为主要城市创造了一种新的策略性角色。过去长期作为国际贸易与银行业务中心的这些城市有了四种新运作方式：首先，它们是世界经济组织中高度集中的发令点；其次，是金融和专业服务公司的关键区位；第三，是生产基地，包括主导产业的创新生产；第四，是产品销售和创新的市场。Sassen（2002）[6]还指出，信息技术对经济活动的空间组织产生了剧烈的

1　甄峰：《信息时代的区域空间结构》，商务印书馆2004年版，第72页。

2　Mitchell, *City of Bits, Place, Space and the Infobahn*, Cambridge, 1995.

3　刘鲁川：《信息经济学与新的区域理论》，《科学学研究》1987年第4期，第23～35页。

4　P.尼杰克普：《空间发展中的信息中心政策》，徐斌译，《国外社会科学》1993年第5期，第21～24页。

5　樊义顺：《信息资源利用的区位性探析》，《图书与情报》2003年第4期，第56～57页。

6　Sassen, S., "Locating Cities on Global Circuits", *Environment and urbanization*, 2002,14,pp.13～30.

影响，但这种影响并不统一，公司的区位选择上有很大的不同。她认为从过去十年中分散的证据可以看到公司在大量的领域广泛使用信息技术，并区分了三种公司的区位模式。第一种区位模式是提供高度标准化的产品或服务的公司，不需要详尽的承包和分包或供应商的网络，在其区位的选择上，位于一个城市更有效。数据输入和简单的制造工作可以转移到劳动力和其他成本可能是最低的地方，总部可以搬出大城市，而到郊区或小城镇。第二种区位模式是由那些积极参与全球经济并因此有越来越复杂的总部职能的公司所代表。总部把位置设在他们能够获得高度专业化的网络服务部门的地方，最有可能在一个城市。第三种区位模式体现在高度专业化的网络服务部门，也就是这些部门，而不是总部，得益于在生产方面的空间集聚。在这方面，正是这些企业，而不是大型企业总部，位于全球城市功能的核心。总之，信息技术革命带来一个重要后果是，大量制造业活动以及标准化的生产性服务业活动在空间上分布越来越分散（制造业和服务业在全球范围内外包），由此反而产生了对其实施控制、指挥和管理职能的生产性服务业的高度集聚。

二、与客户面对面地接触，接近主要客户

虽然技术进步、交通工具的变革打破了传统的时空关系，人们可以通过网络、电话等方式交流，但是由于服务产品个性化服务需求程度有较大差异以及服务产品提供的接触程度较高等特性，面对面交流仍然是大多数研究者认同的重要区位要素，主要基于以下几个方面的原因。首先，由于服务产品不是标准化的，有的服务产品甚至是个性化的，因此，其产品的说明需要在客户和服务的提供者之间进行信息的交流和反馈。也就是说，在服务的供应商和客户之间需要一些必要的高层次交流（Stanbank，1991）。其次，通过面对面交流增加客户的信任度，降低交易成本。Coffey和Shearmur（2002）认为面对面接触能够降低交易成本。由于一个企业与其他企业建立密集的人际关系网络的必要性越大，它从位于办公活动核心区位中所获得的利益就越大。出于这个原因，面对面地交流已经被视为高层次服务活动聚集的"粘合剂"。此外，一项对公司管理的调查表明，接近客户对公司来说是区位决策中的主要因素。在解释企业的都市内部区位方面，包括与客户的市场联系，也包括客户的地区分布或者是所服务的客户类型（公司或是住户）已被证明是非常重要的变量。很多信息服务很难用文字、数据等形式表现出来，而只能通过"面对面接触"来传播。另外，面对面接触与非面对面接触相比，更容易增加企业和个人之间的信任，而信任是降低交易成本最有效的工具。第三，面对面地接触更能接近主要客户，进而提高服务质量。Coffey，Drolet 和Polèse（1996）调查324家高层次服务机构的数据探讨大都市区内部高层次服务活动的都市间区位问题，他们发现和客户联系的通达性和土地费用或租金价格成为主要影响因素。此外，在涉及面向客户的市场联系方面，无论是客户的区位分布或是所服务的客户类型，大多数的特点有统计上的重要意义。

三、高素质人才集中是生产者服务企业区位选择的重要因素

Illeris和Jacobsen（1998）[1]认为，生产者服务企业的区位选择因素有：高素质劳动力市场、接近信息源、整体商务环境、成本因素等。Illeris（1989）[2]把促使生产性服务业空间集聚的因素归纳为有熟练人力资源的蓄水池、后向联系和前向联系的机会。Illeris和Sjoholt（1995）对北欧国家的服务进行研究发现，不同类型的服务的区位是受不同因素影响的。尤其是，最高度专业化类型的服务因为人才招聘、联系和通达性等原因，在主要城市里地理上非常集中。因此，它们的增长对大城市的经济总量增长做出了贡献。Cook和Pandit（2007）分析和比较伦敦、布里斯托尔（英国西部的港口）格拉斯哥三地广播服务业集群的状况，研究其集聚原因，他们认为，伦敦很大程度上得益于一个庞大的、专业的、高素质的人才库。这不仅给工厂巨大的弹性和获得高度熟练、能干的人才，而且伦敦扮演了一个吸收最好最新人才磁石的角色。此外，伦敦还很大程度上得益于它作为世界性都市的地位，吸引最好的有创造力的人才、强大的跨国公司，而这

1　Illeris Dam T. S., Jacobsen K., "Why and where do firms use management consultants: A survey in Denmark," In *Les Apports Marketing, Production, Economie, Strategie et Resources Humaines au Management des Services*. Aixen Provence. iae actes 1998,pp.313～326.

2　Illeris S, "Producer services: the key sector for future economic development", *Entrepre- -neurship & Regional Development*, 1989(1),pp.8～17.

恰好挖掘和强化了这个都市的优势。

四、其他的区位要素

在农业化和工业化时代，经典的区位因素往往是交通条件，运输成本成为影响厂商区位选择的最重要的因素之一。在信息时代，交通仍然是影响服务企业选址的重要因素。例如德国的法兰克福机场作为世界上重要的空中交通枢纽，吸引了大量企业在周边地区安家落户，在其周边几百公里之内是德国经济的中心区，服务性企业很多，创造了大量的就业岗位。该区域聚集了较多的商业、商务、会展等生产性服务业（刘瑶、徐瑞华，2007）[1]。

服务企业选址还可能受到区域形象、休闲娱乐场所、大型商业中心、接近原材料供应商、风险投资、决策层的偏好、政府的支持、获取市场信息、创新氛围、与决策者个人相关要素等因素的影响。例如，有的决策者选择家乡所在地或离家近的地方创办企业，理由是对当地的市场更为熟悉；有的服务企业选址并没有把交通、劳动力成本、接近原材料供应商等传统区位要素放在最重要的位置，非成本的要素开始发挥较大作用，例如追求较高的生活质量。Beyers（1996）[2]研究美国乡村的生产性服务业的区位选择，通过问卷调查发现，对企业选址的影响因素按照重要程度排列依次是：高的生活质量、所有者或创立者或管理者的住宅就在附近、低生活成本、较低租金的土地、能源和占用成本（租用成本），接近主要客户、和为您提供帮助的厂商存在互补性。其他的区位因素如财富、通信线路、生于本地、购买现有企业、到一个区域来加入一个现有企业、退休的注册会计师请求他接管等等，这些可以看作是在高生活质量基础上的细化。传统的商务区位要素例如获得熟练的或是低成本的劳动力，较低的地方税收，或者是政府的支持，在这里很少被引用。Schriner（1999）[3]发现电子商务企业区位决策的主要影响因素是：专业服务和风险投资的易得性、靠近资金市场或政治中心等。此外，不同的生产者服务行业可能会受到与行

---

1 刘瑶、徐瑞华：《基于综合交通枢纽的现代服务业集聚区建设的系统分析》，《城市轨道交通研究》2007年第1期，第18～21页。

2 Beyers W.B., Lindahl. D.P, "Lone eagles and high fliers in rural producer services", *Rural Development Perspectives*, 1996,11(3),pp.2～10.

3 Schriner J. A, "Prepare for Location Decisions", *Industry Week*, 1999,p.248.

业相关的特殊区位因素的影响，在此不再展开讨论。

第三节 调查问卷的设计及预调查

问卷调查研究是经济学重要研究方法之一。吴结兵、徐梦周（2008）[1]构建网络密度与产业集群竞争优势的作用机制模型，探讨集聚经济与集体学习的中介作用。例如Graham和Harvey（2001）[2]调查了美国392家企业，考察了有关企业资本成本计算、资本预算过程与方法、资本结构决策等问题。

本研究的问卷设计遵循了科学性原则、相关性原则、系统性原则、可比性原则、可测性原则和合理性原则。

从2008年12月份开始设计问卷，2009年1月完成初稿的设计，最终在2009年3月份问卷定稿，共经历了4个月左右的时间。通过征求专家意见，经过课题组131的广泛讨论，最后在进行预调查之后定稿。问卷初稿涉及4个部分34个项目的问题，定稿之后的问卷做了一定的调整和修改，包含企业基本情况、市场环境、区位因素、园区、高新区或开发区内企业等4个部分30个项目的问题。其中区位因素是问卷的重心，从信息服务企业的区位特征、办公选址的有利因素和不利因素等方面进行探讨，试图从企业区位选择的视角考察企业空间集聚的影响因素及集聚的机理。从微观个体的区位选择出发，进一步研究某个区域或者都市区内信息服务企业空间分布的状况及集聚的原因。

问卷设计的过程中，共有4次修订，每一修订稿都通过前测访谈的方式收集相关企业管理人员的建议。就像Norman Bradburn，Seymour

---

1 吴结兵、徐梦周：《网络密度与集群竞争优势：集聚经济与集体学习的中介作用》，《管理世界》2008年第8期，第69～78页。

2 Graham J.R., Harvey C.R, "The Theory and Practice of Coriporate Finance: Evidence from the Field", *Journal of Financial Economics*, 2001,(3),pp.187～243.

Sudman，Brian Wansink等（2011）[1]所强调的，任何问卷最终都必须在现实世界中进行检验和进一步进行修改。问卷测试往往依靠某种形式的前测访谈收集同行对问卷的反馈。通过这样的访谈，我们可能会发现，某类问题可能对回答人有所冒犯，某些问题是没有意义的，或某个问题可能会导致回答人对我们正在考察的问题产生误解。

为了检验问卷的信度和效度，我们在正式进行问卷调查之前进行了小样本的预调查。在预调查之前，对课题组成员准备好了访谈说明、填写问卷的说明，并对他们进行培训，以使他们懂得如何提问。2009年5月份开始预调查，预调查的样本数为35份。在预调查中回收的有效样本共24份，其中北京4份，上海10份，广东深圳1份，福建7份，山东1份，日本东京1份。

课题组成员都参与了预调查，在收集问卷之后，又通过面对面交流、电话访谈方式直接与被调查者讨论、沟通并分析，检查问卷的信度和效度，对问卷中存在的问题进行修改，并删除不能提供所需真实信息的问题。通过预调查，我们在以下几个方面做了修订。一是删除了4个观测项目，对其他项目进行重新整合。二是通过预调查，我们将五级评价改为三级评价[2]，简化了评价的等级，使被调查者可以在更快的时间内完成问题的判断与评级。三是对信息服务企业主要业务范围的界定进行修改。原稿中将业务范围按企业经营产品进行分类，分为信息传输服务、计算机服务、软件服务、信息技术服务、数字内容服务、信息设备销售和租赁六类。考虑到被调查者由于知识背景的差异，可能对主营业务范围的理解存在着不一致的情况。预调查之后，在课题组成员汇总各方面的建议并进行充分讨论的基础上，将《国民经济行业分类》（GB/T4754–2002）中信息传输、计算机服务和软件业分类作为信息服务业的分类依据，将信息服务业主要经营业务所归属的行业分为计算机服务及软件业、电信服务业、互联网服务业、广电服务业和其他信息服务业。四是删除了和本调查主题相关性较小或可能无法得到真实信息的问题。通过预调查，课题组成员认为被调查者可能对有些问题不愿意做出真实回答，调查数据的质量较低，无法进行真实地评价。

1　诺曼·布拉德伯恩、希摩萨德曼、布莱恩万辛克：《问卷设计手册》，赵锋译，沈崇麟校，重庆大学出版社2011年版，第194～195页。

2　从原来的"很不重要、不重要、一般、重要、很重要"这五级改为"不重要、一般、重要"三级。

比如，员工的专业工作经验情况的问题设计中需要被调查者回答公司员工的工作经验年限及比例，可能无法得到全面的数据，予以删除；员工平均工资、近三年来营业总额的年增长率问题中所填写的信息也可能是不完全信息，又鉴于这些问题与区位指向的主题相关性较小，也予以删除；删除了公司分类中总公司、子公司、分公司划分内容的填写等等。

通过预调查，调查人员检验了调查问卷的缺陷和漏洞，保证和提高了调查问卷的质量。预调查既可以帮助调查人员修正调查问卷的错误，又可以作为训练没有经验的调查员之用，使调查员对实际调查工作有一个初步的工作上和心理上的准备，对调查问卷更熟悉，便于在正式调查中更好地开展工作。

第四节　调查问卷的数据分析

一、问卷调查过程、回收与数据说明

在正式开展问卷调查之前，对课题组成员再次进行统一培训，对需注意和容易引起歧义的地方进行细致的讲解，统一了调查方式和问卷的内容。在调查的过程中，我们得到闸北区信息化委员会、浦东新区信息化委员会、徐汇区信息化委员会和闵行区信息化委员会的大力支持，使调查工作得以顺利开展。另外，本研究得到导师主持的上海市社会科学规划课题和作者所主持的福建省社会科学规划课题的资助，并组成课题组协助问卷调查工作。

调查对象的选择，按照上海市各个区信息服务企业分布比例设定，但由于企业配合程度不同，样本实际分布与企业分布存在差异。问卷调查之前，先洽商企业相关人员，经过同意后，部分问卷通过快递方式邮寄，部分由调查人员约访，还有极少量问卷应调查对象要求通过电子文档发送。从2009年6月开始正式开展问卷调查，第一期调查工作持续到2009年9月，第二期调查工作从2011年2月至4月。

课题组认为，允许匿名会提高企业回答问题的积极性和可信度，因此问卷中关于企业名称、注册地、邮箱等方面的信息完全由企业自愿决定是否填写。问卷要求由被访企业的总（副总）经理、总经理助理、行政部门负责人等管理层人员回答，从问卷中得出的结论具有较高的可靠性和参考价值，有助于分析都市区信息服务业厂商区位选择的影响因素。此外，在调查过程中，对部分企业负责人进行访谈，对企业办公选址的区位指向性有了更感性、更深入的认识。

在调查过程中，我们采用了整群抽样和偶遇抽样的原则。对软件园区或高新区内企业实行整群抽样的原则，在相关部门的帮助下联系调查对象，没有限制企业规模的大小。对于园区外企业，除了相关部门联系的特定企业之外，则采用了偶遇抽样原则。偶遇抽样又称为方便抽样，以调查者最方便的方式进行抽样。截至2011年4月底，共发放问卷405份，回收267份，回收率为65.9%。调查问卷回收后，由专人负责整理、录入、复核，最终确定有效问卷206份。

二、信息服务业区位指向性调查样本情况

调查样本中公司来源地情况见表4-1。来源地共有12个区，样本数较多的来源地是浦东新区、徐汇区，这两地所占的比重高达60.7%。可见，这两个区是上海信息服务企业分布最集中的核心区域。

表4-1　调查样本公司来源地情况表

公司所在地	样本数	比例	公司所在地	样本数	比例
普陀区	3	1.5%	松江区	4	1.9%
长宁区	6	2.9%	嘉定区	2	1.0%
浦东新区	69	33.5%	闵行区	17	8.3%
徐汇区	56	27.2%	杨浦区	15	7.3%
黄浦区	6	2.9%	闸北区	23	11.2%
卢湾区	3	1.5%	静安区	2	1.0%

表4-2显示，在公司经营业务及所属行业方面，涉及计算机服务及软件业务的公司数量最多，比例高达49%，其次是互联网信息服务业和电信服务业。多数公司成立时间是10年以内，比例高达88.8%，成立时间在3年以内的初创企业也占了相当大的比例，达到25.7%，这表明信息服务业中

新企业是一支新生的队伍，在行业中较为活跃。

表4-2　调查样本公司经营业务及成立时间情况

主要经营业务	样本数	比例	公司成立时间	样本数	比例
计算机服务及软件业	101	49.0%	1～3年	53	25.7%
互联网信息服务业	51	24.8%	4～5年	49	23.8%
电信服务业	26	12.6%	6～10年	81	39.3%
广播电视传输服务业	7	3.4%	11～15年	10	4.9%
其他信息服务业	21	10.2%	15年以上	13	6.3%

三、信息服务企业区位选择的影响因素

通过调查问卷数据的分析，对企业的区位选择影响因素有了进一步的了解。非园区企业主要考虑以下几个区位影响要素：方便与客户的联系、区位通达性、靠近有潜力市场和靠近客户的区域、区位知名度等等。园区内企业的区位影响因素主要有以下这个方面：园区优惠政策及对行业有利的扶持政策的吸引，优惠政策中地价优惠有很大的吸引力，还有"双软"认证、创新基金、归国留学生创业扶持等等；租金较便宜吸引企业进驻；公共服务的平台较好，还提供子女入学的服务；工资成本较低，看中园区良好的办公环境，创业环境较好；园区所在区域人才汇集，有人力资本优势；园区内有政府资源，而且有一个共享的平台等等。

在信息服务业区位指向的调查问卷中，主要从交通及通讯设施条件、区位环境、融资条件、商务成本、资源支持、社会网络、与决策者个人相关因素这七个部分来考察，一共29个项目。通过问卷数据的分析，总结出以下几个特点。

1、交通便捷成为信息服务业企业[1]区位选择的主要因素之一

从表4-3公司的通达性状况的调查来看，企业距离机场距离在30公里以内的样本所占的比重最大，达到51%，在30公里以上50公里以内的样本所占比达到33.5%，多数企业都选择出行较为便利的区域。由表4-3可见，选择离机场50公里以内选址的企业达到84.5%，表明企业看重机场这种重要的交通枢纽，方便其对外交流。从表4-4交通及通讯设施因素的评价来

1　为了避免繁复，在本章以下的论述中将信息服务企业均简称为"企业"。

看，对于交通便捷、通讯设施这两个要素均较为看重，认为其是重要因素
的样本所占比重分别为45.6%、49.5%，对所处区域通讯设施的重视程度更
高一些。由此可见，交通这种传统产业所重视的区位要素也是信息服务企
业区位选择的重要因子，交通条件对企业选址产生重要的影响。

表4-3 企业到达机场的距离情况

公司到达机场的距离	样本数	比例
30公里以内	105	51.0%
31~50公里	69	33.5%
51~100公里	32	15.5%
100公里以上	0	0.0%

表4-4 交通及通讯设施因素对信息服务企业区位选择的影响

项目	不重要		一般		重要	
	样本数	比例	样本数	比例	样本数	比例
交通便捷	45	21.8%	67	32.5%	94	45.6%
通讯设施	24	11.7%	80	38.8%	102	49.5%

2、企业对市场潜力较大、接近目标客户、市场规模较大、能及时准
确地获取市场信息的区域有较强的区位指向性

对区位环境的调查数据见表4-5、表4-6。从表4-5可见，市场潜力较
大成为企业区位选择的重要因素，重要性程度最高，有将近半数的企业看
重市场潜力。其次是接近目标客户，而当前市场规模较大、能及时准确地
获取市场信息也成为企业考虑的区位因子，由此可见，接近市场相关的因
素在区位选择中占据重要的地位，企业在办公选址的过程中，会充分考虑
邻近这些区域。

表4-5 接近市场的相关因素的对信息服务企业区位选择的影响

项目	不重要		一般		重要	
	样本数	比例	样本数	比例	样本数	比例
市场潜力较大	51	24.8%	56	27.2%	99	48.1%
接近目标客户	51	24.8%	58	28.2%	97	47.1%
当前市场规模较大	49	23.8%	64	31.1%	93	45.1%
能及时准确地获取市场信息	48	23.3%	68	33.0%	90	43.7%

表4-6显示,在区位环境的五个项目中,企业将"该区域形象有助于提升公司地位"列为区位环境选择中最重要因素,比例高达51.9%,其重要程度大大高于"良好的创新氛围"。对于休闲娱乐场所、大型的商业中心、气候条件并没有特殊的要求,不把它们列为影响企业办公选址的主要因素,有超过半数的企业不考虑邻近商业中心和休闲娱乐场所的区位。

表4-6 区位环境对信息服务企业区位选择的影响

项目	不重要		一般		重要	
	样本数	比例	样本数	比例	样本数	比例
该区域形象有助于提升公司地位	60	29.1%	39	18.9%	107	51.9%
该区域良好的创新氛围	55	26.7%	83	40.3%	68	33.0%
气候条件较好	98	47.6%	68	33.0%	40	19.4%
有大型的商业中心	108	52.4%	62	30.1%	36	17.5%
有休闲娱乐场所	113	54.9%	70	34.0%	23	11.2%

3、当地政府的政策支持和产业配套服务对企业区位选择的影响程度较大

表4-7的数据显示,当地政府的政策支持在重要性评价中所占的比重最高,达到49%,可见,西方区位理论所忽视的政府力量在我国都市区信息服务企业区位决策中占有重要的地位。其次是专业化产业配套服务,认为其是重要因素的比例达到46.6%。有将近四成的企业对大学或研究机构的资源评价较高,19.4%的公司对于能获得大学或研究机构的资源这样的区位因素并不看重。对于水电及土地资源,有43.7%的企业并不看重,将其评为不重要因素的企业比例最高,认为其是重要影响因素的企业只有两成左右。

表4-7 资源支持因素对信息服务企业区位选择的影响

项目	不重要		一般		重要	
	样本数	比例	样本数	比例	样本数	比例
当地政府的政策支持	35	17.0%	70	34.0%	101	49.0%
专业化产业配套服务	29	14.1%	81	39.3%	96	46.6%
能招聘到较好的专业技术人才	39	18.9%	72	35.0%	95	46.1%
能获得大学或研究机构的资源	40	19.4%	86	41.7%	80	38.8%
能获得充沛的水电及土地资源	90	43.7%	72	35.0%	44	21.4%

4、注重与同行业企业、政府、行业协会的联系

表4-8显示，同行业企业或其他社会关系对企业区位选择的影响较小，将近半数的企业没有把这两个与社会资本网络相关的项目当做重要的因素，只是把它们列为一般影响因素。可见，向同行学习的因素和社会关系并没有成为企业聚集于同一个区域的重要影响因子。

表4-8　同行或其他社会关系对信息服务企业区位选择的影响

项目	不重要		一般		重要	
	样本数	比例	样本数	比例	样本数	比例
有益于向同行学习	61	29.6%	98	47.6%	47	22.8%
其他企业或朋友介绍	44	21.4%	105	51.0%	57	27.7%

由表4-9可见，在社会网络中，企业注重与同行企业、政府、行业协会的联系。企业和同行业的其他企业、政府机关、行业协会和大学的联系较密切，但和科研机构只保持一般的联系，有超过两成的企业认为大学、科研机构不是重要的区位因素。

表4-9　与大学、科研机构、行业协会等机构的联系程度

项目	不重要		一般		重要	
	样本数	比例	样本数	比例	样本数	比例
相关的信息服务企业	29	14.1%	62	30.1%	115	55.8%
政府机关	38	18.4%	56	27.2%	112	54.4%
行业协会	47	22.8%	70	34.0%	89	43.2%
大学	46	22.3%	70	34.0%	90	43.7%
科研机构	58	28.2%	101	49.0%	47	22.8%

5、融资方式、与商务成本相关因素、与决策者个人相关因素对企业区位选择的影响较小

（1）融资方式选择对企业区位选择的影响。由表4-10可见，调查样本企业都没有把能够获得风险投资和获得借贷资本列为重要的区位因素，

仅把它们列为一般要素。不过，对于这两种直接融资和间接融资的方式，企业更看重能够获得风险资本的投资，把它列为重要因素的企业更多，比例更高。

表4-10　融资方式选择对信息服务企业区位选择的影响

项目	不重要		一般		重要	
	样本数	比例	样本数	比例	样本数	比例
能够获得风险投资	69	33.5%	88	42.7%	49	23.8%
能获得借贷资本	66	32.0%	93	45.1%	47	22.8%

（2）与商务成本相关的影响因素对企业区位选择的影响。这六个因素都没有被多数企业列为重要因素，仅是列为一般要素，意味着商务成本要素在企业区位选择中并非决定性的影响因素。其中，用地价格、销售成本、办公楼租赁成本在这些因素中凸显出较重要的地位，所占比例较高，工资水平、交通运输成本、水电价格等被较多的样本企业列为一般因素，对企业区位决策的影响不大。

表4-11　商务成本对信息服务企业区位选择的影响

项目	不重要		一般		重要	
	样本数	比例	样本数	比例	样本数	比例
工业或商业用地价格不高	39	18.9%	90	43.7%	77	37.4%
办公楼的租赁成本较低	47	22.8%	88	42.7%	71	34.5%
劳动力工资水平不高	55	26.7%	89	43.2%	62	30.1%
交通运输成本较低	61	29.6%	93	45.1%	52	25.2%
水电价格适中	62	30.1%	106	51.5%	38	18.4%

（3）与决策者个人相关因素对信息服务企业区位选择的影响。同样地，三个与决策者个人相关的因素都没有成为重要的影响因素，在重要程度的评级中，决策层偏好所占的比例较高，决策者家乡所在地在评价等级中被列入不重要的行列，比重达38.8%，另外两个项目被多数样本企业列为一般因素，对企业的区位选择并不产生重要影响。

表4-12　与决策者个人相关因素对信息服务企业区位选择的影响

项目	不重要		一般		重要	
	样本数	比例	样本数	比例	样本数	比例
决策层的偏好	46	22.3%	95	46.1%	65	31.6%
决策者的家乡所在地	80	38.8%	90	43.7%	36	17.5%
追求较高的生活质量	68	33.0%	97	47.1%	41	19.9%

　　由以上的数据及分析可见，超过半数的企业将通讯设施、该区域形象有助于提升公司地位和社会网络中的与相关的信息服务企业、政府机关、行业协会联系当做重要的区位因子。其次是市场潜力、政府的政策支持、交通便捷和与大学的联系。其中，接近市场的4个相关因素被超过四成的企业当做重要的区位因子。传统的区位因子中交通、通讯、接近市场等成为信息服务企业区位决策的重要因素，不被国外信息服务企业所重视的政府政策因素成为影响我国都市内部信息服务企业区位选择的重要因素。有超过四成的企业重视与大学的联系，这也成为上海信息服务企业的一大特点。除此之外，专业技术人才、该区域良好的创新氛围也成为部分信息服务企业区位选择的重要影响因素。融资方式、商务成本、与决策者相关等因素对信息服务企业区位选择的影响程度较小。

　　四、园区内信息服务企业区位选择的影响因素

　　问卷的第四部分重点考察园区内企业的区位倾向，探索企业选择同行企业众多的区域的原因。园区内企业是指在高新科技园区、开发区或者软件园区的信息服务业企业。园区内企业共有121家，占总样本的58.7%。通过数据分析，发现园区内企业的区位选择有以下特征。

　　1、邻近同行业企业对区位选择有重要的影响

　　表4-13显示，园区内企业把增加与同行面对面交流的机会放在重要因素的比例高达55.4%，其次是容易建立信任和合作关系、营造有利的创新氛围和营造共同的人才市场。不过，有利于技术上的合作仅被看成是一般的要素，当做重要因素的比例仅为28.9%，将超过半数的企业将此列为一般要素，由此可见，园区内企业在技术上或者创新活动上的合作活动较少。

表4-13　与同行企业地理邻近对信息服务企业区位选择的影响

项目	不重要		一般		重要	
	样本数	比例	样本数	比例	样本数	比例
增加与同行面对面交流的机会	24	19.8%	30	24.8%	67	55.4%
容易建立信任和合作关系	28	23.1%	36	29.8%	57	47.1%
营造共同的人才市场	28	23.1%	43	35.5%	50	41.3%
营造有利的创新氛围	31	25.6%	42	34.7%	48	39.7%
有利于技术上的合作	25	20.7%	61	50.4%	35	28.9%

　2、优惠政策项目对企业区位选择有极强的吸引力

　　由表4-14可见，在问卷中列出的10条优惠政策项目选择中，把税收优惠列为重要因素的信息服务业企业样本比例最高，高达62%，其次是土地政策优惠、厂房租赁优惠、引进人才的政策支持和专项资金扶持，有超过半数或近半数的企业把它们看成重要的影响因子；把自营出口权、人才培训补贴列为一般要素或不重要因素的比例较高。

表4-14　园区优惠政策对信息服务企业区位选择的影响

项目	不重要		一般		重要	
	样本数	比例	样本数	比例	样本数	比例
税收优惠	16	13.2%	30	24.8%	75	62.0%
土地政策优惠	21	17.4%	33	27.3%	67	55.4%
厂房租赁优惠	20	16.5%	40	33.1%	61	50.4%
专项资金扶持	22	18.2%	40	33.1%	59	48.8%
引进人才的政策支持	26	21.5%	36	29.8%	59	48.8%
特定区域优惠	23	19.0%	41	33.9%	57	47.1%
投融资政策优惠	30	24.8%	36	29.8%	55	45.5%
企业资质申请的政府补贴	31	25.6%	45	37.2%	45	37.2%
人才培训补贴	28	23.1%	58	47.9%	35	28.9%
自营出口权	39	32.2%	60	49.6%	22	18.2%

　3、信息共享平台对园区内企业区位选择的影响较大

　　表4-15列出了调查样本数及比例值，企业把1000M的宽带网络和20M以上的高速国际出口列为重要因素的比例最高，达到41.3%，其次是无线

网络覆盖，占比是40.5%，可见，这类公司对信息传输条件方面的要求更高一些，这也是由其产业特性所决定的。企业对卫星广播电视接收系统并不看重，园区数据灾备中心也不是重要的影响因素。此外，一卡通系统、视频会议系统、监控系统以及通信系统等被较多企业看成是一般影响因素。

表4-15 信息共享平台项目对信息服务企业区位选择的影响

项目	不重要		一般		重要	
	样本数	比例	样本数	比例	样本数	比例
提供1000M的宽带网络和20M以上的高速国际出口	31	25.6%	40	33.1%	50	41.3%
无线网络覆盖	29	24.0%	43	35.5%	49	40.5%
监控系统以及通信系统等	32	26.4%	41	33.9%	48	39.7%
视频会议系统	32	26.4%	53	43.8%	36	29.8%
数据灾备中心	55	45.5%	32	26.4%	34	28.1%
一卡通系统	35	28.9%	57	47.1%	29	24.0%
卫星广播电视接收系统	65	53.7%	34	28.1%	22	18.2%

4、园区内企业也看重园区提供的各项服务项目

与优惠政策的各类项目相比较而言，各类服务被企业放在重要影响因素的比例显著下降，其中创业投资服务被列为重要因素的比例最高，表明这种服务的需求更大，信息服务业对创业投资或风险投资更为看重。超过半数的样本企业把人才培训中心、产权经纪与注册代理、工程服务物业服务等当做一般要素。可能由于被调查企业的出口业务在公司业务中所占比重不高，因此，有近三成的企业将出口服务列为不重要的因素。

表4-16 园区各种服务项目对信息服务企业区位选择的影响

项目	不重要		一般		重要	
	样本数	比例	样本数	比例	样本数	比例
创业投资服务	27	22.3%	39	32.2%	55	45.5%
法律、税务服务等	20	16.5%	67	55.4%	34	28.1%
产权经纪与注册代理	20	16.5%	68	56.2%	33	27.3%
工程服务物业服务等	27	22.3%	66	54.5%	28	23.1%
出口服务	33	27.3%	63	52.1%	25	20.7%
人才培训中心	33	27.3%	67	55.4%	21	17.4%

总之，在影响园区内企业区位选择的影响因素中，税收政策被企业列为最重要的因素。除了人才培训、自营进出口权，园区内其他各项政策也成为吸引企业进驻的主要原因。信息服务企业也充分考虑邻近同行业企业，以增加与同行面对面交流的机会、建立信任和合作关系、营造共同的人才市场和营造有利的创新氛围。宽带网络和高速国际出口、无线网络覆盖成为体现信息服务业产业特性的区位因子。

第五节　本章小结

本章利用上海市信息服务企业区位指向调查问卷的数据，对信息服务企业的区位指向性进行研究，发现：信息服务企业对于交通便捷、通讯设施这两个要素均较为看重，尤其重视所处区域通讯设施对企业的影响；对区域形象好、市场潜力较大及接近目标客户的区位有较强的区位指向性，并把市场规模较大、能及时准确地获取市场信息也列入重要的影响因素；当地政府的政策支持对信息服务企业来说最重要，专业化产业配套服务的重要性次之；重视与同行企业、政府、行业协会和大学的联系。商务成本、融资方式、与决策者个人相关因素没有成为影响信息服务企业区位选择的决定性因素。

园区内企业区位选择的影响因素和非园区企业有所不同。它们更看重政府所提供的税收政策优惠、土地政策优惠、厂房租赁优惠、专项资金扶持等优惠项目，也看重园区所提供的信息共享平台项目的服务。同时，也充分考虑邻近同行业企业，与同行面对面交流、加强合作，共同营造有利的创新氛围。

可见，国外关于生产性服务业区位指向性的研究文献中，普遍关注的交通指向（Peser，1995）、地理邻近性（Maskell和Malmberg，1999）、市场潜力和接近目标客户（Kristiansen，1992）、知识外溢（Daniels，1985）等，都在信息服务企业的区位决策中得到验证。外国文献不太关心的政策支持指向，在我国都市区信息服务业区位决策中显得尤为重要，这可能是我国独特国情决定的。限于篇幅、时间和数据可得性，本章总结出三个最重要的影响因子，即区位通达性、地理邻近性、知识外部性，第六—八章将重点围绕这三个因素展开进一步分析，探讨这三个因素对信息服务业区位选择与集聚的影响。

要素流动与集聚的关系，是新经济地理学关注的核心问题（Krugman，1991a）[1]，但由于问卷调查难以反映全国信息服务业的相关指标，没有纳入本次问卷调查，第九章将运用省际面板数据进行进一步分析。

---

1 Krugman P, "Increasing Returns and Economic Geography", *Journal of Political Economy*, 1991, 99(3),pp.483~499.

第五章 都市区信息服务业的空间分布特征 ——以上海为例

从本章开始研究都市区内部信息服务业的空间分布状况及集聚的影响因素。以上海这个大都市为例，以上海邮政编码区和街道（乡镇）为空间单元，上一章探讨都市区信息服务业区位选择的影响因素；这一章分析都市内部信息服务业的空间分布特征；第六、七、八章进一步研究区位通达性、地理邻近性、知识外部性对信息服务业区位选择与集聚的影响，并通过实证研究来验证作者提出的观点。

第一节　都市区信息服务业空间分布的相关
研究进展

一、集聚成为都市区信息服务业空间分布的主要特征

由于产业发展与空间结构的相互作用，信息服务业在空间分布上出现了不均衡的特征，集聚在都市区核心区域成为信息服务业空间分布的主要特征之一。在信息服务业发展水平较高的国家中，例如美国纽约和英国伦敦的多媒体产业、东京的信息服务业都出现了在都市核心区域集中的现象。Glen Searle和Gerard de valence（2005）曾对澳大利亚悉尼多媒体产业的结构和运转流程作了详细分析，大都市区的核心区域成为这些多媒体企业集中分布的地方。他们认为，这些企业集中于核心区域，更接近企业客户、熟练的技术人才、著名广告公司以及其他相关多媒体企业。

　　欧美产业分类中的信息服务业主要在信息产业的分类目录下。北美自由贸易区在《北美产业分类体系》（简称NAICS，1997）中，首次将信息产业规定为一个独立的产业部门，具体包括出版业、电影和音像业、广播电视和电讯业、信息和数据处理服务业等四种行业。Pratt A.C.（2000）[1]分析了美国新兴多媒体产业，他指出，对多媒体企业的布局来说，区位和距离仍然重要，大都市区核心区域作为最具创新环境的区位，成为众多多媒体企业的首选。纽约是全美领先的网络枢纽城市，20世纪80年代以来，由于信息技术的发展，纽约信息产业快速发展刺激了信息服务业的发展，在纽约都心区除了聚集着专门的软件开发公司，也有银行、保险、咨询、出版和财会等各自的软件系统开发公司，它们为本公司或其他公司提供软件和与此相关的信息服务。在纽约曼哈顿，从1980年和2002年的数据对比看，中心地区的制造业区位商进一步下降，制造业向外扩散。与之相反，各类知识性服务业则在核心区高度集聚，以信息业和FIRE（金融保险房地产及房屋租赁业）、专业科技服务业等为代表，在曼哈顿地区高度集聚，呈现出很高的专业化程度。信息业在曼哈顿地区高达1.84的区位商显示了这一新兴产业在核心区的高度专业化的程度，也彰显出大都市圈核心地区对新产业的发育发展有着巨大的吸引力和其他地区难以比拟的中心外部经济的强大能量（代文，2007）[2]。

　　欧洲信息提供者协会（EURIPA）的定义为：信息产业是提供信息产品和信息服务的电子信息工业。Nachum 和Keeble（2001）研究发现在伦敦，多媒体产业在市中心一小块地区，即有名的索霍区（Soho）出现了惊人的地理集中现象。这里包含了大量外国和本土的公司，从而允许研究者对两类公司处于相同竞争环境中的运营做有意义的比较。Nachum和Keeble

---

1　Andy C. Pratt, "New Media, the New Economy and New Spaces", *Geoforum*, 2000,31(4) ,pp.425～436.

2　代文：《现代服务业集群的形成和发展研究》，武汉理工大学学位论文，2007年。

（1999）[1]调查了伦敦和南英格兰地区的300家中小型专业管理咨询和专业工程咨询企业，他们发现无论是大型专业性咨询机构还是中小型专业性咨询机构都倾向于在大都市集中，因为在大都市集中能够为他们提供潜在的参与全球网络分工的机会。

在东京，信息服务业在都市区内部集聚的现象也比较明显。从1978年到1990年，金融、信息产业从业人员的东京圈集聚。特别是服务业中的信息服务业、调查/广告业，占到全日本的49%，几乎一半左右都集聚在东京都。软件业和信息服务提供业更是超过50%集聚在东京都。张洁、高汝熹（2001）[2]对东京的知识服务业进行分析，发现在20世纪90年代初，东京信息服务业销售额占全国的1/2强，规模达到400多亿美元，企业数占国内行业比例达30%以上，经济地位十分突出。在东京都中心的三个区集聚了整个东京信息服务业的50%以上，加上新宿、涩谷两个区则占到75%以上。吴新年（1994）的研究发现，在日本信息服务业中，也严重存在着地区分布不均的问题，60%的力量集中在东京，10%集中在大阪，其他广大地区总共只占30%[3]。据朱根（2009）的研究，日本国内信息服务业的62.5%集中在东京。东京作为日本全国乃至世界的信息中心，强烈地吸引着信息服务企业集聚在东京，另一方面，东京都良好的信息技术基础设施为信息服务业的快速发展提供了重要的条件。张文忠（2000）[4]发现东京都23区情报和信息服务业占全国同行业销售量的50%以上，特别是计算机软件开发和情报处理服务业在大城市的集中性就更明显。日本的设计业也具有类似的特征，该行业50%的销售量来自东京都23区，大版市也占了20%。东京还集中了日本杂志广告业的80%、电视广告业70%的份额。

二、分散化、郊区化现象与集聚并存

在发达国家，信息服务业的空间分布也出现了分散化、郊区化的现

1　Nachum，Marshallian Nodes，"Global Networks and Firm Competitiveness"，*University of Cambridge Working*，1999，pp.154.

2　张洁、高汝熹：《东京的知识服务业》，《上海综合经济》2001年第6期，第45～47页。

3　吴新年：《日本信息服务业及其发展动向分析》，《情报理论与实践》1994年第2期，第48～51页。

4　张文忠：《经济区位论》，科学出版社2000年版，第305～309页。

象。这主要是因为计算机网络的应用影响了多区位公司的空间组织，增大了区位弹性、深化了劳动空间分工（闫小培，1996）[1]。同时，信息技术的发展使企业间联系方式多样化，交流成本进一步降低。这样，信息服务企业对城市核心区域的依赖性降低，区位弹性变大，可以在中心城区边缘或者郊区选择办公地点。Stanback（1991）在对纽约、费城、芝加哥、亚特兰大4个都市区生产性服务业区位进行研究时，总结出计算机数据服务业、软件开发业、研发实验室等信息服务业的空间发展规律，发现这些高科技产业不断向郊区扩散，在城市外围形成新的集聚区。Illeris等（1995）认为，技术服务业通常比其他生产性服务业的郊区化趋势更为明显。William J. Coffey 和 Richard G. Shearmur（2002）在研究加拿大蒙特利尔大城市区1981～1996高层次服务就业的集中和分散时指出，FIRE和商业服务就业在空间上集聚在一起，其中计算机服务业空间分散程度最大，因为原来需要少数公司大型计算机来处理的某个部门，现在转变到只要用个人电脑就可解决。因此，这个部门就业的空间分散是不足为奇，这一相似的动态性可应用到诸如广告和管理咨询等其他商务服务业。

国内对大都市信息服务业空间分布的研究主要集中在广州、北京、南京。闫小培（1998）研究广州信息产业的空间分布，认为大都市内部信息技术产业遵循由市中心向外扩散的规律，而且在新区表现出集中布局的区位趋势，但城市中心区特别是CBD仍然是信息技术产业的首选区位[2]。闫小培（1999b）[3]发现广州信息密集服务业比较发达的20多个街区绝大部分集中在珠江以北的核心区和内层区，多核集聚发展的特征十分显著。陈秀山、邵辉（2007）[4]发现北京的信息咨询类服务业倾向于向东部的朝阳CBD方向分布，而计算机服务业向北部和西部的高校密集区分布，较为集中的

1 阎小培：《信息网络对企业空间组织的影响》，《经济地理》1996年第16卷第3期，第1～5页。

2 闫小培：《广州信息产业空间分布的区际差异分析》，《经济地理》1998年第18卷第4期，第5～10页。

3 闫小培：《广州信息密集服务业的空间发展及其对城市地域结构的影响》，《地理科学》1999年第10期，第405～410页。

4 陈秀山、邵晖：《大都市生产者服务业区位选择及发展趋势——以北京市为案例的研究》，《学习与实践》2007年第10期，第14～23页。

区域是城市中心区外围的海淀区。甄峰等（2008）发现南京信息服务业集中在主城区和邻近大学的区域。

上海信息服务业的发展水平处于全国的前列，在电信、无线通信、有线电视和计算机网络的基础设施建设方面处于全国领先水平，其信息服务企业的空间分布是否集中在都市区中心区域，或是已经出现郊区化的倾向？本章在分析上海信息服务业发展概况之后，将利用工商统计信息，以乡镇（街道）为空间单元，从8955个信息服务企业的大样本数据中分析上海信息服务业的空间分布状况。

第二节 上海信息服务业的发展概况

上海信息服务业的建设与发展起步于20世纪80年代中期。上海市政府于1996年7月15日召开上海市信息港建设动员大会，会议宣布到2010年建成上海信息港，使上海信息化应用能力和总体水平接近发达国家城市水平。1996年上海信息港工程的正式启动，为推动信息服务业的发展起了积极的作用。2001年3月，上海出台了《关于全面推进上海信息化建设的决定》，将信息服务纳入城市综合发展的战略，提出了大力发展信息服务业的战略目标。

上海市每隔三年制定信息服务业发展三年行动计划。2009年9月，为了推动软件和信息服务业加快发展，提升现代服务业发展能级和整体竞争力，上海市经济和信息化委员会印发了《上海推进软件和信息服务业高新技术产业化行动方案（2009～2012年）》，确定软件产业、网络游戏、网络视听、数字出版、电子商务、金融信息服务、航运信息服务和信息基础设施8个重点发展领域，重点支持一批信息服务业企业和项目，加快了软件和信息服务业产业化步伐。"十一五"期间，其年均增长率保持在20%左右的水平。这十几年来，上海信息服务业初步形成了较为完整的产业体系。在全球经历了金融危机，上海经济增幅回落的情况下，信息服务业保持了较快的增长速度。上海软件和信息服务连续6年保持20%以上的增长率，从2008年以来占全市生产总值的比重都超过5%，全市信息服务业企业数量、能级和创新能力持续提升。目前，信息服务业已成为上海现代服务业中发展速度最快、技术创新最活跃、增值效益较大的产业门类之一，被列为上海加快推进的九大高新技术产业化领域之一。

一、信息服务业已经成为上海的支柱产业之一

上海信息服务业细分为四个子行业：电信服务业、软件业、互联网服务业和广电服务业。到2010年底，全市规模以上的信息服务企业达到3900家，从业人员32.3万人，其中，年经营收入超亿元企业173家（不包含信息传输服务企业），在海内外上市的信息服务企业累计达29家。2010年软件产业实现经营收入1459.5亿元，比上年增长21%；全市通过CMM/CMMI 3级以上国际认证的软件企业117家。电信传输服务业实现经营收入551.9亿元，比上年增长9.2%；广电信息服务业实现经营收入84.3亿元，比上年增长51.3%；互联网信息服务业实现经营收入360.98亿元，比上年增长34%[1]。

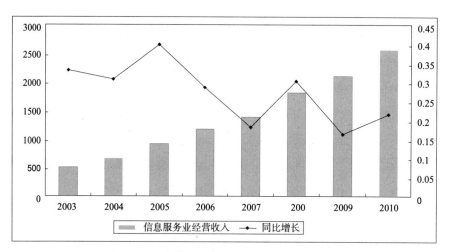

图5-1　上海信息服务业经营收入的增长情况

资料来源：《上海信息化年鉴》（2003～2011）并经计算而得。

如图5-1，在2003～2010年间，信息服务业经营收入的增长超过4倍，

1　《上海信息化年鉴》编纂委员会：《上海信息化年鉴》（2011），东方出版中心2011年版。

有四年的增长幅度超过30%，其中2005年比上一年增长39.9%，达到最高点。近年来波动幅度变小，回落到比较平稳的增长区间。

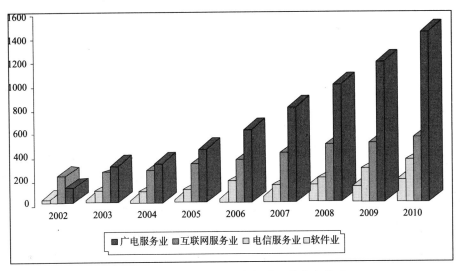

图5-2　上海信息服务业各行业经营收入状况

资料来源：《上海信息化年鉴》（2003～2011）并经计算而得。

　　如图5-2所示，电信服务业、广电服务业实现平稳增长，互联网服务业的同比增幅在有的年份更是高达30%，成为重要的经济增长点。软件业的总量增长较快，在经历了2001～2005年间50%～72%的飞速增长之后，增速回落到20%～35%区间，发展较平稳。2010年上海电信服务业经营收入552亿元，比上一年增长了7.8%。截至2010年底，上海共有381385个网站，拥有域名534410个，其中，55.94%的主体为个人，44.06%的主体为单位，网站主办者和开办的网站数量在全国位列第五，排在广东、江苏、北京和浙江之后，开办的网站数占全国网站总数的8.59%，较2009年有所上升。上海互联网服务业2010年实现经营收入360.98亿元，比上年同期增长34%，增速高于整个信息服务业近14个百分点，正快速形成高技术性、高附加值、高增长性的知识密集型现代服务产业群。在网络游戏领域，盛大和巨人继续保持稳步增长的势头，增速逐步趋缓；淘米网络营业收入较上一年增长近五倍，进一步巩固其在儿童虚拟社区的优势地位；在网络视听领域，土豆网、激动网、PPS和PPLIVE

等四大主流视频网站的营业收入达到5.1亿元，较上一年翻番；在金融信息服务业领域，发展迅猛，总体营业收入超过100亿元，比上年同期增长45%。

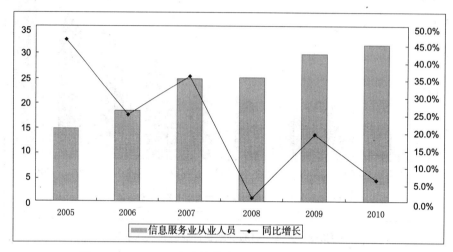

图5-3　2005～2010年上海信息服务业从业人员的变动情况

资料来源：《上海统计年鉴》（2006～2011）并经计算而得。

图5-3数据显示，2005～2010年间上海信息服务业从业人员从18.8万人增加到突破30万人，2010年上海信息服务业从业人员达到31.2万人，虽然增速有较大的波动，但是队伍不断状大，人才素质逐渐提升。

如图5-4所示，1997～2010年间，信息服务业的增长幅度均高于同期生产总值的增长幅度3～18个百分点左右，2003年高速增长，其增幅达到45.6%。近年来，增长速度有所回落。在这个期间，信息服务业增加值占生产总值比重和占第三产业比重均呈稳步上升的态势。如图，占第三产业比重在最高峰时达到9.53%，2008年信息服务业增加值占上海生产总值的比重达到5.04%，首次超过5%，跨入"5%"这一支柱性产业的判定区间，就增加值比重这个量化指标而言，信息服务业已经成为上海支柱产业之一。此后三年，其增加值占上海生产总值的比重均超过5%，所占比重稳步攀升，2010年达到5.4%。

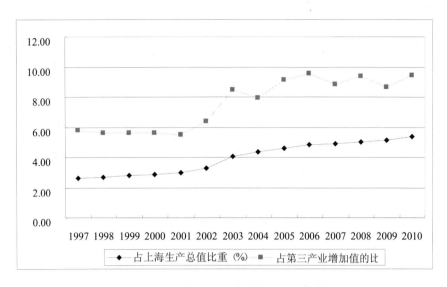

图5-4　上海信息服务业增加值占生产总值及第三产业增加值比重的情况

资料来源:《上海统计年鉴》(1998～2011)并经计算而得。

二、信息服务业在空间上呈现集聚发展的态势

上海信息服务业集聚发展的态势明显,中心城区经营收入合计约占全市的85%。

在空间布局上,上海信息服务业的几个主要集聚点带动了全市的产业发展,形成"1+7+3+2"的模式。"1"是指以浦东新区为核心区,以复旦软件园、交大徐汇软件园、漕河泾开发区软件园、长宁信息园、科技京城软件园、天地软件园和陆家嘴软件园7个市级软件产业基地,徐汇区数字娱乐产业园、虹口区数字媒体产业园和闵行区紫竹数字内容产业园3个数字内容产业园,以及卢湾区国际信息服务外包产业园、闸北区信息服务外包产业园2个信息服务外包产业园为扩展区。这些集聚区内企业密集、人力资源丰富、网络基础设施较好,企业间能够共享知识溢出带来的好处。这些园区为上海信息服务业的发展起了辐射带动作用,成为信息产业发展的引擎,并促进整个长三角地区信息服务业的发展。

三、信息服务业成为拉动经济增长的主要动力

如图5-5所示,上海信息服务业增加值从1998年的98.9亿元到2010年903.52亿元,增长了8.14倍。与上海生产总值的增长速度相比较,这十二

年间，上海生产总值在10.3%～14.3%之间波动，而同期信息服务业的增长幅度在11.9%～45.6%区间波动，明显快于生产总值的增长速度，成为经济增长的主要推动力。

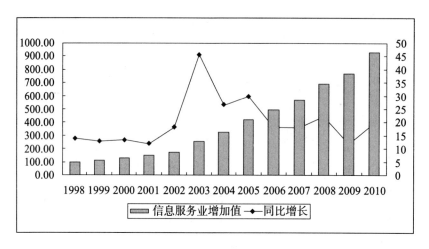

图5-5　上海信息服务业增加值及增长情况

资料来源：《上海统计年鉴》（1998～2011）并经计算而得。

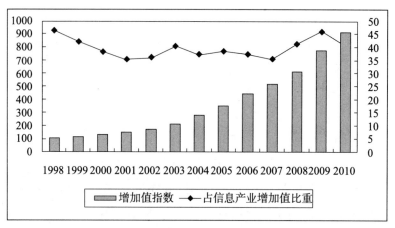

图5-6　上海信息服务业增加值指数及占信息产业增加值比重情况

资料来源：《上海统计年鉴》（1999～2011）并经计算而得。

如图5-6所示，1998～2010年，信息服务业占信息产业增加值比重在

35%~46%的区间波动，成为拉动信息产业增长的主要力量。将1998年的指数定为100，图5-8体现了增加值指数的变化趋势，可以看出2003年之后指数呈加速度增长的态势。从指数波动值来看，前5年增长值在25个百分点以下稳步发展，后面7年则以40~95百分点的高速度增长。

四、软件产业成为增长最快的高科技产业门类之一

2010年上海软件产业运营呈平稳增长态势，实现经营收入1459.5亿元，比上年同期增长21%，增速比上年同期提高1个百分点。其中，利润总额占营业收入的比重达到14.5%。全年新增认定软件企业327家，登记软件产品2920个。截至2010年底，通过CMM/CMMI 3级以上国际认证的企业达到117家，其中5级的18家、4级的17家。经营收入超亿元的软件企业150家，其中经营收入超过10亿元的软件企业16家，从业人员数超过千人的软件企业24家。

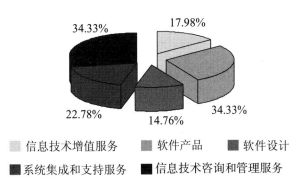

图5-7 2010年上海软件产业收入结构

资料来源：上海市经济和信息化委员会：《2011上海产业和信息化发展报告——服务业》，上海科学技术文献出版社2011年版。

2010年上海软件产业业务结构调整加快，服务化趋势更加突出。服务收入增长带动业务调整，特别是与网络相关的软件服务发展迅速。如图5-7所示，2010年，信息技术资讯服务业和信息技术增值服务收入同比分

别增长39.3%和60.6%，高于全行业增速28.3和39.6个百分点，两者收入占全行业比重达到28.13%。

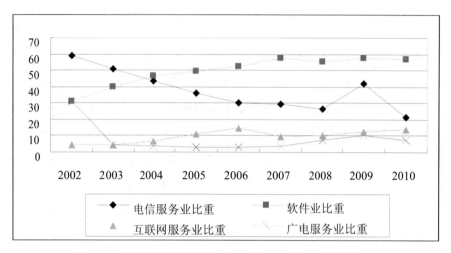

图5-8 上海信息服务业各行业经营收入所占比重变化情况

资料来源：《上海信息化年鉴》（2003~2011）并经计算而得。

如图5-8所示，软件业在整个信息服务业中所占的比重逐年稳步上升，由2005年的49.6%提高到2010年的57.6%，达到60%左右；互联网信息服务业的比重也有所上升，在近两年提升最快，由2007年8.7%提高到2010年的14.3%，成为信息服务业发展中一股新生的推动力量；电信服务业的比重呈现下降的趋势；广电服务业的比重多在4%~7%区间窄幅波动。总之，信息服务业的收入结构在动态调整过程中进一步优化。信息服务业各行业在2002~2010年间均保持了较快的增长，其中，软件业的比重不断上升，在2006年超过50%，此后均占50%以上，占比将近60%。电信服务业的经营收入虽然稳步上升，但是其比重却呈逐年下降的态势，其比重最高的地位在2004年之后被软件业所取代。互联网服务业所占比重稳中有升，2006年曾达到15%，不过，互联网服务业和广电服务业所占比重变化不大，除了2002年广电服务业的比重曾经达到31%，其他年份多在3%~10%之间波动。

第三节　上海信息服务业的空间分布

一、数据来源

信息服务企业样本的数据来源于截至2008年底的上海市工商统计信息。样本总数是12372家信息服务企业，样本中有单位名称、地址、经济类型、邮政编码、公司电话、注册资金、经营方式、主营行业、主营产品、职工人数、年销售额、成立时间、网址等信息，但是职工人数、年销售额、注册资金等方面的信息中缺失的数据较多。由于很多企业在地址、邮政编码信息上填写不完整，作者在补充地理属性信息方面花费了很多时间。有些企业无法确定主营业务的范围，在样本中去除。

由于《国民经济行业分类》（GB/T4754-2002）中并没有信息服务业，本书在实证分析中采用信息传输、计算机服务和软件业分类作为信息服务业的分类依据。该行业两位数的分类代码60、61、62分别指电信和其他信息传输服务业、计算机服务业和软件业，这三大类均是研究对象。在电信和其他信息传输服务业中，忽略电信和广播电视传输服务企业，重点分析三位数行业中的互联网信息服务（602）。由于计算机服务业企业在信息服务业中数量最多，为了更好地了解这个子行业的空间分布，又从计算机服务业中分离出一个细分行业——计算机系统服务业。系统集成作为一种新兴的服务方式，是近年来国际信息服务业中发展势头最猛的一个行业。在计算机服务业的样本中整理出计算机系统服务业（611）的企业信息作为研究样本。最后，根据行业差异和产品经营范围将企业信息进行分类，参照《国民经济行业分类》（GB/T4754-2002）的划分方法，确定了研究的主要细分行业为计算机服务业（包括计算机系统服务业）、软件服务业、互联网信息服务业。经过整理，去掉数据缺失或信息不完整的样本，根据国民经济行业分类整理出的信息服务企业样本共8955个，其中计算机服务企业样本6525个（包括计算机系统服务企业样本2089个），软件服务企业样本1345个，互联网信息服务企业样本1085个。在本章中，以街道（乡镇）作为空间分析单元，重点分析上海信息服务业中三个子行业企业的空间分布状况。

此外，根据上海的空间特征和研究需要，将上海城区分为四个圈层，中心城核心3区为黄浦、卢湾、静安，中心城外围6区为徐汇、虹口、长宁、普陀、杨浦、闸北，近郊5区为浦东新区、宝山、嘉定、闵行、松江，远郊5区为青浦、金山、南汇[1]、奉贤、崇明。

二、上海信息服务业全行业的空间分布

从表5-1中可以看出各个行业信息服务企业数量的城区分布情况，主要集聚点呈现以徐汇区和浦东新区为中心的"双核"分布格局。从行业总体的分布来看，企业数量较多的五个城区依次是徐汇区、浦东新区、普陀区、闵行区和长宁区。从企业数量的分布来看，各个子行业企业数最多的是徐汇区和浦东新区，在计算机服务业、计算机系统服务业和软件服务业中，徐汇区和浦东新区、普陀区的企业数量分列前三位，在互联网信息服务业中，浦东新区的企业数量超过徐汇区跃居第一。企业数分布较多城区还有普陀区、闵行区、长宁区，主要位于中心城外围6区和近郊的浦东新区。

表5-1　上海市信息服务业企业数量的城区分布状况　　　　单位：个

区县/行业	计算机服务业	计算机系统服务业	软件服务业	互联网信息服务业	信息服务业（总计）
黄浦区	223	62	83	55	361
静安区	203	92	63	49	315
徐汇区	1301	387	248	177	1726
卢湾区	131	33	21	23	175
虹口区	251	83	59	24	334
杨浦区	279	78	82	62	423
普陀区	553	197	138	110	801
闸北区	322	96	71	73	466
长宁区	443	139	76	65	584

1　南汇于2009年5月并入浦东新区，但作者分析的数据是截至2008年底，所以这里仍然采用旧的行政区划名称。

续表

区县/行业	计算机服务业	计算机系统服务业	软件服务业	互联网信息服务业	信息服务业（总计）
嘉定区	401	134	27	31	459
浦东新区	956	361	267	189	1412
松江区	201	57	15	21	237
闵行区	476	171	112	101	689
宝山区	193	53	25	23	241
青浦区	216	54	13	17	246
金山区	173	25	8	7	188
南汇区	79	29	11	10	100
奉贤区	123	22	13	11	147
崇明县	42	9	6	3	51

资料来源：根据截至2008年底的上海工商统计信息整理并计算而得。

各个行业企业数在4个圈层中所占比例见表5-2。从每个行业在上海4个圈层的城区分布状况来看，中心城外围6区的比重均是最大，其次是近郊5区。从中心城区的分布来看，软件服务业在城9区的比重最大，达到62.9%，其次是互联网信息服务业。软件服务业在核心3区所占的比重最高，这类企业对地价昂贵的中心城区的区位指向性比其他企业更明显。此外，软件企业在中心城外围6城区中所占的比重也是最大的，到了近郊、远郊区所占比重和其他行业相比变成最小。

表5-2 上海市信息服务业各个行业企业数在4个圈层所占的比例

城区分类	软件服务业	互联网信息服务业	计算机服务业	计算机系统服务业
中心城核心3区	13.2%	12.6%	10.1%	9.4%
中心城外围6区	49.7%	48.2%	47.5%	46.7%
近郊5区	33.1%	34.4%	33.7%	37.0%
远郊5区	4.0%	4.8%	8.7%	7.0%

资料来源：根据截至2008年底的上海市工商统计信息整理并计算而得。

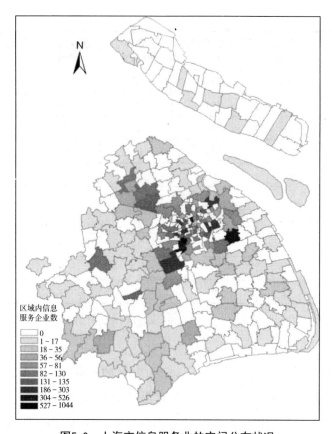

图5-9　上海市信息服务业的空间分布状况

资料来源：根据截至2008年底的上海市工商统计信息整理。上海市地图信息源于上海综合规划设计院，2008年。后文不一一标注。

　　以街道（乡镇）为空间单元，从图5-9全行业的空间分布图可以看出，信息服务企业主要集中在中心城外围6区和近郊的闵行区、浦东新区，中心城核心三区的企业数量也较少，远郊区的嘉定、松江、青浦有少部分街道（乡镇）的企业数量较集中。将企业密度超过30的街道（乡镇）列于表5-3中，可以看出徐汇区的徐家汇街道、黄浦区金陵东路街道、浦东新区崂山西路街道、闸北区芷江路街道、卢湾区淮海中路街道、静安区石门二路街道和静安寺街道、长宁区江苏路街道和天山路街道、普陀区中山北路街道和东新路街道的企业密度极高，都超过100个/平方公里。

　　综上所述，上海信息服务业主要集中于中心城9区和浦东新区，Stanback（1991）所描述的纽约、费城、芝加哥、亚特兰大4个都市区信息服务业的出现较明显的郊区化扩散倾向在上海都市区并未出现，在郊区也没有出现分布较为集中的集聚点。

表5-3 上海市信息服务业主要集聚点的分布情况

区 （县）	街道 （乡镇）	面积 （km²）	企业数 （个）	企业密度 （个/km²）
浦东新区	崂山西路街道	2	258	129
	张江镇	13	526	40
	上钢新村	2	69	35
	塘桥镇	5	183	37
	潍坊新村	3	223	74
	洋泾镇	7	208	30
徐汇区	天平路街道	3	91	30
	枫林路街道	3	143	48
	漕河泾街道	5	416	83
	徐家汇街道	4	1044	261
	田林新村街道	4	382	96
黄浦区	人民广场街道	1	63	63
	金陵东路街道	1	185	185
	小东门街道	1	45	45
	董家渡街道	2	90	45
长宁区	江苏路街道	2	240	120
	新华路街道	2	143	72
	天山路街道	2	200	100
静安区	曹家渡街道	2	120	60
	静安寺街道	2	216	108
	石门二路街道	1	164	164
卢湾区	淮海中路街道	1	152	152
	瑞金二路街道	2	63	32
	五里桥街道	3	112	37
普陀区	中山北路街道	1	102	102
	东新路街道	2	265	133
	长寿路街道	3	174	58
闸北区	芷江路街道	2	351	176
	宝山路街道	2	63	32
虹口区	嘉兴路街道	1	56	56
	四川北路街道	2	96	48
杨浦区	四平路街道	3	165	55
	延吉新村街道	2	64	32

资料来源：根据截至2008年底的上海市工商统计信息整理并计算而得。

（一）计算机服务业的空间分布

1.计算机服务业的空间分布

根据企业在各区（县）分布的情况，绘制了计算机服务业在4个部分的城区分布图，计算机服务业主要分布在中心城外围和近郊区，中心城核心3区和中心城外围6区的企业比重为56.2%，其中，中心城核心3区所占的比重最小，仅为8.7%（见图5-10）。

计算机服务业城区分布情况

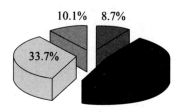

■中心城核心3区　■中心城外围6区　□近郊5区　■远郊5区

图5-10　上海市计算机服务业企业数的城区分布情况

资料来源：根据截至2008年底的上海市工商统计信息整理并计算而得。

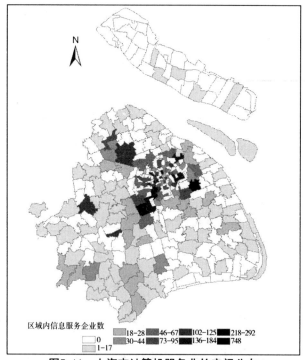

区域内信息服务企业数　□18-28　■46-67　■102-125　■218-292
□0　■30-44　■73-95　■136-184　■748
□1-17

图5-11　上海市计算机服务业的空间分布

资料来源：根据截至2008年底的上海市工商统计信息整理并计算而得。

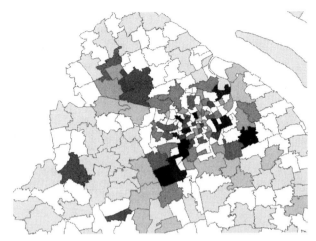

图5-12　上海市计算机服务业的空间分布（局部，图例同上）

从图5-11的空间分布状况可以看出，计算机服务业的集聚点呈非连续分布，主要集中在中心城区和近郊区。中心城区主要集聚区域是徐汇、普陀、长宁，近郊区主要集聚区域位于浦东新区、闵行、嘉定，远郊区中只有青浦区的一个乡镇企业数量较多。将企业数超过100或企业密度值超过25的街道（乡镇）列于表3-3中，企业密度超过100家的街道依次是徐汇区徐家汇街道、黄浦区金陵东路街道、静安区石门二路街道。从集聚程度较高的街道（乡镇）的空间分布可以看出，主要呈带状、环状和块状分布。

（1）以徐汇区为中心的呈带状分布。这是一条集聚程度较高的分布带，自西南向偏东北有19个街道连成一个明显的集聚带，依次是闵行区的颛桥镇、莘庄镇、梅陇镇、七宝镇，徐汇区的漕河泾镇、田林新村街道、长桥街道、龙华镇、徐家汇街道、枫林路街道、天平路街道，长宁区的新华路街道、天山路街道、江苏路街道，静安区静安寺街道、曹家渡街道，普陀区的长寿路街道、东新路街道、中山北路街道。

（2）以卢湾区为起点到宝山区的南北向呈带状分布。自南向北依次是：卢湾区的瑞金二路街道、淮海中路街道，黄浦区的人民广场街道、金陵东路街道、外滩街道，静安区的石门二路街道，闸北区的芷江路街道、宝山路街道，虹口区的四川北路街道、嘉兴路街道、提篮桥街道，闸北区的大宁路街道，虹口区的广中路街道、曲阳路街道、江湾镇街道，杨浦区的四平路街道,宝山区的高镜镇,杨浦区的五角场镇,这个带状共有18个街道(乡镇)。

(3)浦东新区主要集聚点呈未完全封闭的环状分布。从局部放大的空间分布图中可以看出,浦东新区的花木镇、钦洋镇、严桥镇、罗山新村街道、歇浦路街道的黄色区域为没有计算机服务业分布的区域,在它们周围形成明显的环状分布。自北向南然后转向东北的环状分布带共有9个街道(乡镇),它们依次是洋泾镇、崂山西路街道、潍坊新村、塘桥镇、六里镇、北蔡镇、张江镇、金桥镇、张桥镇。

(4)近郊区和远郊区的集聚点呈散落的块状分布。主要有3个块状:嘉定区南翔镇、马陆镇、嘉定工业区和嘉定镇的块状分布,松江区松江镇、新桥镇和车墩镇的块状分布,浦东新区的三林镇和南汇的康桥镇、周浦镇的块状分布。还有几个集中度较低的块状分布:如青浦的环城镇、朱家角镇和赵巷镇,金山区的朱泾镇街道、兴塔镇街道和枫泾镇,金山区的亭林镇、朱行镇和山阳镇,奉贤的江海镇和庄行镇,南汇区的惠南镇和老港镇等。

表5-4 上海市计算机服务业主要集聚点的分布情况

区(县)	街道(乡镇)	面积	企业数	企业密度
徐汇区	徐家汇街道	4	748	187
	田林新村街道	4	292	73
	漕河泾街道	5	289	58
	枫林路街道	3	109	36
浦东新区	张江镇	13	269	21
	崂山西路街道	2	167	84
	洋泾镇	7	141	20
	潍坊新村	3	147	49
	塘桥镇	5	123	25
黄浦区	金陵东路街道	1	119	119
	外滩街道	1	30	30
	董家渡街道	2	67	34
	小东门街道	1	38	38
	人民广场街道	1	34	34

续表

区（县）	街道（乡镇）	面积	企业数	企业密度
虹口区	提篮桥街道	1	73	73
	四川北路街道	2	64	32
	嘉兴路街道	1	35	35
普陀区	东新路街道	2	184	92
	长寿路街道	3	123	41
	中山北路街道	1	79	79
静安区	静安寺街道	2	142	71
	石门二路街道	1	107	107
	曹家渡街道	2	93	47
长宁区	江苏路街道	2	175	88
	天山路街道	2	136	68
	新华路街道	2	102	51
卢湾区	淮海中路街道	1	91	91
	五里桥街道	3	77	26
杨浦区	五角场镇	8	138	17
	四平路街道	3	108	36
闸北区	芷江路街道	2	243	122
	宝山路街道	2	52	26
闵行区	莘庄镇	27	218	8
	梅陇镇	17	181	11
嘉定区	马陆镇	33	102	3
	南翔镇	33	125	4
松江区	松江镇	30	117	4
青浦区	环城镇	24	104	4

资料来源：根据截至2008年底的上海市工商统计信息整理并计算而得。

2.计算机系统服务业的空间分布

计算机系统服务业在中心城外围6区和近郊5区，比重达到83.7%，中心城9区企业所占的比重达到56.1%，和计算机服务业的总体分布情况不同的是远郊区所占的比重最小（见图5-13）。

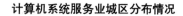

计算机系统服务业城区分布情况

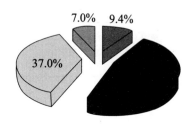

7.0%　9.4%

37.0%

■ 中心城核心3区　■ 中心城外围6区　□ 近郊5区　■ 远郊5区

图5-13　上海市计算机系统服务业企业数的城区分布情况

资料来源：根据截至2008年底的上海市工商统计信息整理并计算而得。

将企业数超过20或者企业密度大于8的集聚点的情况列于表5-5中。从图5-14的空间分布中可以看出，计算机系统服务业的主要集聚点位于中心城区的徐汇区和近郊区的浦东新区、闵行区，其分布特征和计算机服务业类似。

（1）以徐汇区为中心的集聚带。计算机系统服务业也出现了以徐汇区为中心的带状分布，和计算机服务业总体分布不同的是，该产业只有一条较明显的集聚带。集聚带的走向也是自西南向偏东北，依次是闵行区的莘庄镇、梅陇镇，徐汇区的漕河泾镇、田林新村街道、徐家汇街道、枫林路街道、天平路街道，长宁区的新华路街道、天山路街道、江苏路街道，静安区静安寺街道、曹家渡街道，普陀区的长寿路街道、东新路街道、中山北路街道，共15个街道（乡镇）。

（2）浦东新区和杨浦区集聚点围成一个半封闭的环状带。从浦东的洋泾镇开始，向南经过崂山西路街道、潍坊新村、塘桥镇、六里镇、北蔡镇、张江镇，然后往北经过金桥镇、张桥镇、东沟镇，到达杨浦区的五角场镇，其中，张江镇、崂山西路街道、潍坊新村、五角场镇四个街道（乡镇）的集中度较高。

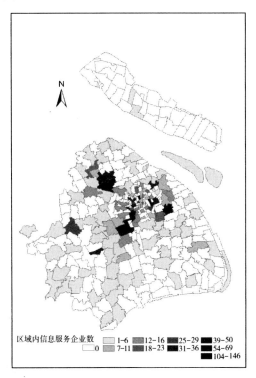

图5-14 上海市计算机系统服务业的空间分布

资料来源：根据截至2008年底的上海市工商统计信息整理并计算而得。

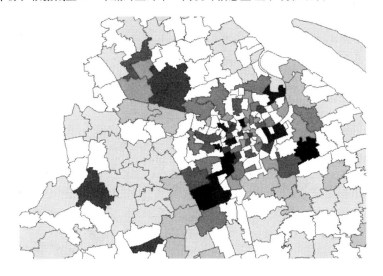

图5-15 上海市计算机系统服务业的空间分布（局部，图例同上）

（3）近郊区和远郊区企业数量少，集聚程度低。只有少数几个区域呈现较集中的分布，如嘉定区南翔镇、马陆镇、嘉定工业区和嘉定镇的块状分布，还有松江区松江镇，青浦环城镇等。

表5-5 计算机系统服务业主要集聚点的分布情况

区（县）	街道（乡镇）	面积	企业数	企业密度
徐汇区	徐家汇街道	4	146	37
	田林新村街道	4	64	16
	漕河泾街道	5	69	14
浦东新区	张江镇	13	104	8
	塘桥镇	5	25	5
	崂山西路街道	2	45	23
	潍坊新村	3	39	13
	洋泾镇	7	34	5
静安区	曹家渡街道	2	27	14
	静安寺街道	2	36	18
	石门二路街道	1	29	29
长宁区	江苏路街道	2	40	20
	新华路街道	2	20	10
	天山路街道	2	32	16
杨浦区	四平路街道	3	23	8
	五角场镇	8	31	4
黄浦区	金陵东路街道	1	23	23
闸北区	芷江路街道	2	50	25
普陀区	长寿路街道	3	33	11
	东新路街道	2	32	16
嘉定区	马陆镇	33	35	1
	南翔镇	33	45	1
闵行区	莘庄镇	27	54	2
	梅陇镇	17	56	3
松江区	松江镇	30	32	1
青浦区	环城镇	24	26	1

资料来源：根据截至2008年底的上海市工商统计信息整理并计算而得。

（二）软件服务业的空间分布

软件服务业企业在中心城外围6区所占比例将近50%，在中心城核心3

区也有一定的比重，略高于计算机服务业在中心城区的比重，超过10%。与其他行业相比较而言，软件服务业在中心城9区所占的比重最高，达到62.9%（见图5-16）。

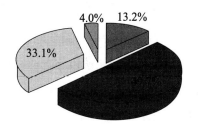

软件服务业城区分布情况

4.0%　13.2%

33.1%

■ 中心城核心3区　■ 中心城外围6区　□ 近郊5区　▨ 远郊5区

图5-16　上海市软件服务业城区分布情况

资料来源：根据截至2008年底的上海市工商统计信息整理并计算而得。

从总体上看，软件服务企业主要集聚点呈非连续、不规则的块状分布，其中徐汇区徐家汇街道、浦东新区张江镇是企业数量最为集中的区域。将企业数超过25或者企业密度大于10的主要集聚点的分布情况列于表5-6中，企业密度最高的还是中心城徐汇区的徐家汇街道和黄浦区金陵东路街道。从上海软件服务业的空间分布图可以看出，软件服务业的分布体现出和计算机服务业不同的特征。从空间分布的全景图（见图5-17）可以看出，软件服务业主要集聚在中心城3区、中心城外围6区和近郊的浦东新区，闵行区只有一个主要集聚点，近郊的集聚点较少，在远郊区没有出现明显的集聚点。

（1）软件服务业在中心城9区的主要集聚点呈现树状分布。主体的"树干"是徐汇区的漕河泾镇、田林新村街道、徐家汇街道、枫林路街道，主体的"树枝"是长宁区的新华路街道、江苏路街道，静安区的静安寺街道、曹家渡街道，普陀区的长寿路街道、东新路街道、中山北路街道。左边的"树枝"是长宁区的天山路街道、仙霞新村街道和普陀区的长风新村街道和新泾镇。右边的"树枝"是徐汇区的天平路街道，卢湾区的瑞金二路街道、淮海中路街道，黄浦区金陵东路街道、人民广场街道，静安区的石门二路街道，闸北区的芷江路街道、宝山路街道，虹口区的四川北路街道。除此之外，杨浦区的五角场镇、四平路街道和卢湾区的五里桥街道也是中心城区软件企业较多的区域。

（2）浦东新区集聚点也是呈未完全封闭的环状分布。环形的空心区域依然是花木镇、钦洋镇、严桥镇、罗山新村街道、歇浦路街道，环形中集中度最高的是张江镇，洋泾镇、崂山西路街道、潍坊新村的集中度次之，金桥镇的集中度最低，六里镇和北蔡镇的企业数量也较少。这个环形所分布的10个街道（乡镇、村）是：洋泾镇、崂山西路街道、潍坊新村、塘桥镇、六里镇、北蔡镇、张江镇、金桥镇、张桥镇、东沟镇。

（3）近郊的闵行莘庄镇和梅陇镇成块状分布，其中莘庄镇的集中度较高。近郊的其他区域企业数量极少，很多区域没有软件服务企业。远郊区的街道（乡镇）软件企业数量更少。

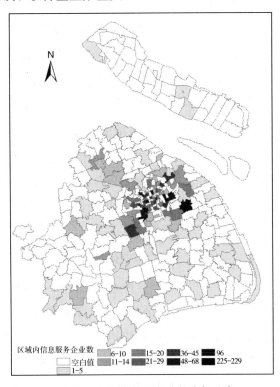

图5-17　上海软件服务业的空间分布

资料来源：根据截至2008年底的上海市工商统计信息整理并计算而得。

图5-18　上海市软件服务业的空间分布（局部，图例同上）

表5-6　上海市软件服务业主要集聚点的分布情况

区（县）	街道（乡镇）	面积	企业数	企业密度
浦东新区	张江镇	13	225	17
	潍坊新村	3	53	18
	洋泾镇	7	49	7
	塘桥镇	5	37	7
徐汇区	崂山西路街道	2	68	34
	徐家汇街道	4	229	57
	田林新村街道	4	51	13
	漕河泾街道	5	96	19
静安区	静安寺街道	2	51	26
长宁区	江苏路街道	2	45	23
	新华路街道	2	29	15
	天山路街道	2	43	22
卢湾区	淮海中路街道	1	38	38
	瑞金二路街道	2	23	12
黄浦区	金陵东路街道	1	51	51
	外滩街道	1	15	15
虹口区	提篮桥街道	1	13	13
	四川北路街道	2	24	12
	嘉兴路街道	1	16	16

续表

区（县）	街道（乡镇）	面积	企业数	企业密度
闸北区	芷江路街道	2	59	30
杨浦区	四平路街道	3	38	13
	五角场镇	8	45	6
普陀区	长寿路街道	3	36	12
	东新路街道	2	48	24
闵行区	莘庄镇	27	43	2

资料来源：根据截至2008年底的上海市工商统计信息整理并计算而得。

（三）互联网信息服务业的空间分布

如图5-19所示，与前面两个行业类似，中心城外围和近郊区成为主要分布区域。和软件服务业相同的是这类企业中心城核心区所占的比重也超过了10%，远郊5区的企业数量少，所占的比重最小。

将企业数大于15或者企业密度大于10的主要集聚点的分布情况列于表5-7中。从空间分布全景图5-20可以看出，互联网信息服务业主要集聚地是中心城区和近郊区的浦东新区，此外，闵行有两个集聚点，松江的松江镇企业数量也较多。互联网信息服务企业数最多的街道是徐家汇街道，企业密度最高的是闸北区芷江路街道。

互联网信息服务业城区分布情况

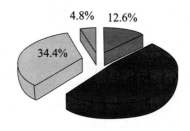

4.8%　12.6%

34.4%

■ 中心城核心3区　■ 中心城外围6区　□ 近郊5区　■ 远郊5区

图5-19 上海市互联网信息服务业城区分布情况

资料来源：根据截至2008年底的上海市工商统计信息整理并计算而得。

（1）闵行到徐汇区的集聚带。闵行的莘庄镇、梅陇镇和徐汇区的漕河泾镇、田林新村街道、徐家汇街道、枫林路街道连成一个较大的集聚区域，其他集聚点均呈散落的块状分布。

（2）有较多分散的块状分布点。浦东新区有两个块状区：一块是企业数量较多的张江镇，另一块是洋泾镇、崂山西路街道、潍坊新村、塘桥镇连成类似的字母"Y"的集聚区。中心城区中卢湾区淮海中路街道、黄浦区金陵东路街道和人民广场街道、静安区石门二路街道连成一个面积不大，但企业密度较高的集聚区。另外一些较小的块状区是：普陀区东新路街道、长寿路街道和中山北路街道；杨浦区的五角场镇和延吉新村街道；闸北区的大宁路街道；闸北区的芷江路街道等等。

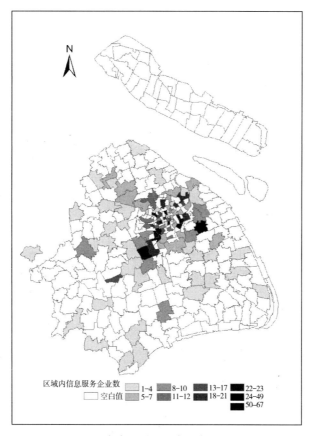

图5-20 上海市互联网信息服务业空间分布

资料来源：根据截至2008年底的上海市工商统计信息整理并计算而得。

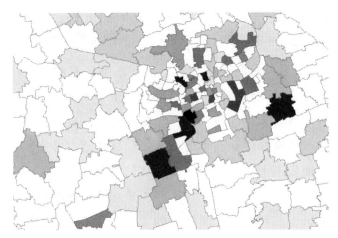

图5-21　上海市互联网信息服务业空间分布（局部，图例同上）

表5-7　上海市互联网信息服务业主要集聚点的分布情况

区（县）	街道（乡镇)	面积	企业数	企业密度
浦东新区	张江镇	13	32	2
	潍坊新村	3	23	8
	塘桥镇	5	23	5
	崂山西路街道	2	23	12
	洋泾镇	7	18	3
徐汇区	徐家汇街道	4	67	17
	田林新村街道	4	39	10
	漕河泾街道	5	31	6
	枫林路街道	3	17	6
卢湾区	淮海中路街道	1	23	23
静安区	静安寺街道	2	23	12
	石门二路街道	1	20	20
黄浦区	人民广场街道	1	12	12
	金陵东路街道	1	15	15
普陀区	东新路街道	2	33	17
	长寿路街道	3	15	5
	中山北路街道	1	15	15
杨浦区	四平路街道	3	19	6
	延吉新村街道	2	14	7
	五角场镇	8	21	3
闸北区	芷江路街道	2	49	25
	大宁路街道	6	20	3

续表

区（县）	街道（乡镇）	面积	企业数	企业密度
长宁区	江苏路街道	2	20	10
	天山路街道	2	21	11
闵行区	梅陇镇	17	18	1
	莘庄镇	27	42	2
松江区	松江镇	30	16	1

资料来源：根据截至2008年底的上海市工商统计信息整理并计算而得。

第四节　本章小结

　　从信息服务业在上海的城区分布情况看，企业数量较多的五个城区依次是徐汇区、浦东新区、普陀区、闵行区和长宁区，呈现以浦东新区、徐汇区为中心的"双核"分布格局。从三个子行业在上海4个圈层的城区分布状况来看，中心城外围6区的比重最大，其次是近郊5区。以街道（乡镇）为空间单元，全行业超过100个/平方公里的主要集聚点有11个街道。在三个子行业中，计算机服务业企业数量最多，其集聚点呈非连续分布，主要集中在中心城区和近郊区，企业密度超过50个/平方公里的街道（乡镇）有15个。软件服务企业数量较少，主要集聚点位于徐汇区和浦东新区，企业密度超过15个/平方公里的街道（乡镇）有15个。互联网信息服务业主要集聚地是中心城区和近郊区的浦东新区，此外，闵行有两个集聚点，松江的松江镇企业数量也较多，企业密度超过10个/平方公里的街道（乡镇）有13个。由此可见，信息服务业在上海都市区内部并未出现明显的郊区化现象，主要集聚点位于中心城外围6区和近郊的浦东新区，这和发达国家信息服务业的空间分布状况较一致。

第六章 通达性、区位选择与信息服务业集聚——以上海为例

第一节 引言

通达性研究最早起源于古典区位论，旨在对空间上某一要素实体（点、线或区域）的位置优劣程度进行度量。Hansen（1959）[1]首次提出了通达性的含义，将其定义为交通网络中各节点相互作用的机会大小。后来，通达性的涵义得到不断引申和发展，Karlqvist（1971）[2]认为通过最小的活动量获得最大的接触机会是人类活动的基本规律，而通达性是刻画这一基本规律的关键概念。通达性能够表示某一地域内不同地点之间的联系，并可衡量把某一活动放在不同地点的相对优势（杨家文、周一星，1999）[3]。魏后凯（2006）[4]则认为通达性是指某特定位置的交通运输条件，包括移动的距离、时间及所涉及的费用。本书认为在城市内部，通达性可以通过不同经济活动之间的相互作用及其导致的交通行为来体现，它是在给定的交通条件下，一个地方的活动及其交通行为能够接近另外一些地方的容易程度。交通是联系地理空间中社会

1　Hansen W. G, "How accessibility shapes land-use", *Journal of the American Institute of Planners*, 1959, 25, pp.73～76.

2　Karlrlvist A., Lundqvist L., Snickars F., "Some theoretical Aspects of Accessibility-based Models". In *Dynamic Allocation of Urban Traffic Models, DC Health, Lexington, Mass*, 1971, p.71.

3　杨家文、周一星：《通达性：概念，度量及应用》，《地理学与国土研究》1999年第5期，第61～66页。

4　魏后凯：《现代区域经济学》，经济管理出版社2006年版，第26页。

经济活动的纽带，是社会化分工成立的基本保证（李小建，1999）[1]。在农业化和工业化时代，交通条件是经典的区位因素。对传统产业而言，通达性和货物运输成本密切相关，运输成本成为测量通达性的重要指标。

现代交通的发展大大缩短了通勤时间，节约了运输成本，因为距离而产生的各种成本大幅度下降，是否意味着生产性服务业对交通的依赖已经弱化，通达性已经不是生产性服务业空间集聚的基本因素了呢？学术界确实有这样的声音。Frances Cairncross（2001）[2] 认为信息技术革命改变了我们的生活，距离不再是电子通讯成本的决定因素，区位对大多数企业决策来说不再是关键性要素。

大量的研究表明，尽管运输成本在区位活动影响因素中的地位下降，但它仍然是影响区位决策的重要因素。通达性不仅对传统产业的区位决策产生重要影响，对高科技产业也是十分重要的。巴顿（2001）指出可靠的城市间运输、良好的国际运输联系以及高质量的当地运输，对现代高技术产业是特别重要的。信息服务业作为新兴的高科技产业，交通条件是不是其重要的区位因子呢？信息技术的发展，使许多信息服务产品的传输、交易都电子化了，这些产品跨越地理空间传输的边际成本几乎为零。这是否意味着信息服务企业集聚不再受距离要素和交通条件的影响？

从已有的通达性与信息服务业的研究来看，多数学者集中在区位选择行为的影响因素方面。但是，对于通达性如何影响都市内部信息服务业空间结构的研究较少，在通达性对信息服务业的空间效应及集聚影响方面的研究更少。通过对上海信息服务企业样本空间分布的分析，发现上海信息服务企业的集聚区域呈现"双核"分布格局，这些企业在地理上集中和区位通达性状况的优劣是否有必然的联系？我们试图从这个角度入手，研究以下几个主要问题：在建立理论分析框架之后，以街道（乡镇）为空间单元，分析上海信息服务业的空间分布；选择六个交通枢纽，构建总体通达

1　李小建：《经济地理学》，高等教育出版社1999年版，第20页。

2　Cairncross F，"The death of distance:how the communications revolution will change our lives"，*Harvard Business School,* New York, NY,2001.

性指数；以邮政编码区为空间单元，探索距离要素及交通条件对都市内部信息服务业集聚的影响。预期通达性好的区位信息服务业集聚程度较高。进一步地，探讨通达性对信息服务业不同子行业集聚的影响，并通过实证分析来验证这个观点。

第二节 理论分析与研究假设

信息服务产业由于具有应用领域的多样性和对其他产业的渗透性特征，逐渐从计算机硬件产业中相对独立出来，成为现代经济中关联性较强的产业之一。和传统服务业相比较，信息服务业产品和服务的提供方式具有高科技服务的特征，需要专业技术人员来完成，往往以最新的技术通过网络实现高端服务。从这个意义上看，信息服务业是知识和技术密集型的行业。

在信息服务业发展较为成熟的国家，例如美国、英国、日本，其空间分布的主要特征之一是在城市中心区域集聚。Pratt A.C（2000）指出对纽约多媒体企业的布局来说，区位和距离仍然重要，大都市区核心区域作为最具创新环境的区位，成为众多多媒体企业的首选。20世纪80年代以来，纽约信息产业快速发展刺激了信息服务业的发展，在纽约都心区除了聚集着专门的软件开发公司，也有银行、保险、咨询、出版和财会等各自的软件系统开发公司。日本东京都23区情报和信息服务业占全国同行业销售量的50％以上，特别是计算机软件开发和情报处理服务业在大城市的集中性就更明显（张文忠，1999）。我国学者对城市内部信息服务业空间分布的研究较少，集中在广州（闫小培，1998,1999）、北京（陈秀山等，2007）、南京（甄峰，2008）等地，他们的研究发现，信息服务业在都市内部主要聚集在城市中心区或者主城区。从其产品特性上看，信息传输的成本极低，为何会选择在城市中心区域集聚？

第一，城市中心区域交通的便捷性满足了面对面交流的需求，有利于信息服务业隐性知识的转移与扩散。Gaspar J.和 Glaeser E. L.（1998）的研究认为虽然远距离通讯改进了，但是对多样化交流的需求上升，并且城市作为交流中心的作用也增加了。Saxenian（1996）通过对硅谷和128公路这两个美国技术领先地区的公司作了一系列比较，她认为公司之间的地理邻近性促进了重复的、面对面的交流，这种交流促进了现代快节奏的技术产业所需要的竞争和合作的融合。硅谷在产业上的集聚可能发生，是因为这些产业是如此严重地依赖于相互交流，并有如此丰富的知识被转移到企业和个人。Isaksen（2004）分析了挪威奥斯陆软件公司集聚的原因，认为这些公司的集聚首先依靠咨询公司和重要的客户之间以及软件咨询公司之间那种非常紧密的互动的需求，这种面对面交流是在竞争者驻扎在同一地点的时候才被推动的。Keeble和 Nachum（2002）分析伦敦和英国南部咨询类的小公司聚集的状况，认为位于集聚区企业区位选择的主要因素是交通便利、区位形象、毗邻客户、方便到达机场、易获得专家、以得到高质量的商务服务支持，等等。

对于高新技术企业来说，更重要的是隐性知识的溢出。Von Hipple（1994）[1]认为不确定性知识，或他所说的"粘性知识"，最好是通过面对面传播，并通过频繁和反复接触来进行交流。由于电信领域的革命，穿越地理空间传播信息的边际成本保持不变，但是，传递知识特别是传递隐性知识的边际成本会因为频繁的社会交往、观察和沟通而降到最低。隐性知识的流动只有具有专业化技能和实践操作经验的专业技术人员面对面的交流才能实现，信息服务企业地理上的邻近提供了这种可能。企业在地理空间上的集聚使得知识和信息的传播成本下降，从而使这类知识的交流和传播变得更加容易和快捷。Baptista和Swann（1998）[2]曾指出，技术的可编码化程度越低，相关创新主体的地理集聚就越迫切。通达性较好的区位有利于信息服务业这种高科技行业从业人员面对面交流和接触，加快了知识转移、扩散的速度，降低了交易成本，推动了创新活动的开展。企业与企业之间、企业与知识机构、中介机构之间，由于地理上的邻近性和经济上的

1　Von Hipple, "'Sticky information' and the locus of problem solving:Implications for innovation", *Management Science*, 1994(40),pp.429～439.

2　Baptista R.,Swann G.M.P., "Do firms in clusters innovate more?", *Research Policy*, 1998(27),pp.525～540.

相互联系、相互影响，产生知识外溢，促进了相互间的模仿，降低了创新成本，加快了创新速度。因此，对信息服务企业来说，减少了在新领域工作的不确定性。

第二，专业技术人员流动性增加，加大了交通需求，通达性较好的区位为人才流动提供了便捷的条件。和通信设备、计算机及其他电子设备制造业相比较而言，信息服务业并不需要大量的资金去购买厂房、机器、设备等固定资产，其资本进入门槛较低。在这种产业特性下，拥有技术的专业人员极有可能自行创业，而初创企业的规模一般较小。因此，在信息服务业中，中小型企业占了相当大的比例。由于行业中企业众多，竞争较为激烈，信息服务企业依靠提供创新型的产品或服务来获得更大的竞争优势，产品或服务的生命周期越来越短。如果其产品的创新跟不上市场的变化，就极有可能被淘汰。在中小企业数量较多的信息服务业中，技术型员工的流动性大大增加，加大了交通需求，对交通条件要求较高。

第三，通达性较好的区位优化了创新环境，降低新产业成长的交易成本，进而促进信息服务业的集聚。交通运输网络是创新环境中的重要组成部分，是创新环境系统中的硬环境，加强硬环境的建设，可以进一步优化交通资源的利用，有助于改善区域的创新环境。交通、通讯和信息网络的建设是区域内创新产生的最基本的物质和人才保障，这些基础设施产业的发展将大大降低了信息服务业这类新产业成长的交易成本，增强了区域竞争力，从而提升了区域的外部形象和区位的知名度。例如城市轨道交通系统在发展中可以带动城市形象提升，也带来有形和无形的外部收益。从这个意义上说，健全快捷的交通网络优化了创新环境，增强了对信息服务企业的吸引力从而有利于企业的地理集中。

第四，便利的交通基础设施能够降低通勤成本。W.克诺森和H.柯夫伊斯（1993）分析了荷兰计算机与软件部门中企业的区位要素，他们认为这些高技术企业高度重视交通网络通达性及充足的停车空间。戴德胜、姚迪（2006）通过对北京总部办公的分布研究，发现它们主要是在沿地铁、轻轨、主干道等交通交汇点集聚，形成许多分散的办公集聚点。产生这些集聚因子的主要因素是降低通勤成本。信息服务企业的办公地点接近交通枢纽，从某种程度上可以说是将企业的一部分通勤费用转移到社会成本上。从城市层面看，虽然由于交通技术的进步以及城市中心通勤成本、地价、税收成本等上升，使一部分企业特别是制造业向外扩散，但这种扩散是有空间界限的，很多企业仍然会选择主要交通线路附近或政府设立的交通便捷的开发区、高新技术园区等，因此，主要交通线路附近的区域对于信息服务企业这样的高科技企业仍然具有吸引力。

由此可见，区位通达性是通过克服时空距离摩擦所支付的外部交易成本，是影响信息服务业区位选择的基本因素之一。信息服务企业除了和其他行业一样追求城市中心区域的区位优势之外，还由于其区位用地较少，受空间制约的可能性较小，对于交流的便利性、信息的来源、人才流动以及同行业的竞争和合作等条件较为看重。基于以上分析，提出以下研究假设：

假设1:越靠近城市中心区域，信息服务企业数量越多，这类企业有向城市中心点所在区域聚集的趋势。

假设2:邻近火车站、机场、长途客运站等区域对信息服务企业有着较强的区位吸引力，距离这些区域越近，信息服务企业越多。

假设3:信息服务企业选择城市轨道交通沿线的区域布局，有地铁或轻轨站点的区域，信息服务企业较多。

假设4:总体通达性状况良好的区域能够吸引信息服务业进驻。

第三节 研究设计

一、空间单元的选择

所谓空间单元，就是在地图上划出有层次的、互不重叠的、不规划的多边形，每一层次上每个多边形就是一个空间单元，有唯一的代码。在现有的研究中，由于数据可得性的限制，多数学者选择州、省（或直辖市）、城市、区（县）作为空间分析单元，空间尺度过于宏观，没办法充分揭示产业集聚的微观机制。空间尺度过于宏观可能会造成衡量集聚程度的数据失真。陈良文等（2008）[1]认为集聚经济效应的作用范围通常是局限于有限的地理空间之内，空间单元过于宏观会大大降低分析的可信度，大大降低了分析的精确性。

近年来，国内外越来越多的学者开始采用更小的地理单元研究集聚，例如，Rosenthal和Strange（2001）[2]测算美国制造业在邮政编码、县和州三个区域层次的集聚程度，考察了制造业聚集的微观经济基础，结果表明，知识溢出只在邮政编码区域层次上显著。Rosenthal和Strange（2003）[3]验证集聚经济效应的研究中采用了邮政编码区层次的数据。Arzaghi和Henderson（2006）[4]采用的地理单元更小，用纽约市曼哈顿地区每100m×100m的栅格作为空间单元研究曼哈顿的广告代理业集群的空间分布。路江涌、陶志刚（2006）[5]计算了省、市、县和邮政编码区域四个层次中我国2位、3位和4位行业代码制造业的区域集聚系数，研究发现，空间单元越小，区域集聚程度也越小。陈良文等（2008）用街道进行微观尺度的分析，研究北京市经济集聚密度与劳动生产率差异。刘涛、曹广忠（2010）[6]以邮编区为基本空间单元，分析北京市制造业分布的圈层结构演变。杨振山、蔡建明等（2009）[7]利用空间统计中的探索式空间数据分析，以就业

1　陈良文、杨开忠等：《经济集聚密度与劳动生产率差异——基于北京市微观数据的实证研究》，《经济学》（季刊）2008年第10期，第99～114页。

2　Rosenthal S. S., Strange W. C., "The Determinants of Agglomeration", *Journal of Urban Economics*, 2001,50(2),pp.191～229.

3　Rosenthal, S., and W. Strange., "Evidence on the Nature and Sources of Agglomeration Economies", in *Handbook of Regional and Urban Economics*, Henderson, J., and J. Thisse (eds.), volume 4. Amsterdam: North–Holland, 2004.

4　Arzaghi, M. and J. Henderson, "Networking off Madison Avenue", Working Paper, Brown University, 2006.

5　路江涌、陶志刚：《中国制造业区域聚集及国际比较》，《经济研究》2006年第3期，第103～114页。

6　刘涛、曹广忠：《北京市制造业分布的圈层结构演变——基于第一、二次基本单位普查资料的分析》，《地理研究》2010年第4期，第716～726页。

7　杨振山、蔡建明、高晓路：《利用探索式空间数据解析北京城市空间经济发展模式》，《地理学报》2009年第8期，第945～955页。

增长为变量,在邮政分区的水平上分析1949年以来北京市的经济空间发展模式。

就本书的研究而言,如果地域单元空间范围较大,不能反映城市内部信息服务业的实际空间特征,同时,无法真实地反映都市内部信息服务业集聚的影响因素,不能对它们进行更精细的分析。因此,本书选用街道(乡镇)为空间单元,描述上海信息服务业空间分布的特征;用邮政编码区为空间单元,分析通达性对都市内部信息服务业集聚的影响,试图更深入、更细致地探索都市区信息服务业集聚的微观机制。

二、指标设计及数据来源

借鉴Pietrobelli和Barrera(2002)[1]用企业密度表示纺织和服装产业集聚程度,王缉慈等(2009)[2]用企业密度分析深圳数字电视产业的地理集聚,邵晖(2008)[3]用企业密度代表北京市生产性服务业集聚程度的做法,本书用企业密度代表集聚水平的高低。本书以邮政编码区为空间单元,将邮编区内信息服务企业数量和土地面积的比值定义为企业密度,以邮编区内信息服务企业密度作为因变量。信息服务企业样本的数据来源于截至2008年底的上海市工商统计信息。

上海共有265个邮编区,邮编区的资料来源于上海邮政网[4]。

本书选取了人民广场CENTER、虹桥机场HONGQ、浦东机场PUD、上海火车站STASH、上海南站STASOUTH、上海长途客运站STABUS为主要的交通枢纽点,这些节点也是主要的集散点,用不同的站点到邮编区中心点的距离来衡量该区的通达性,其中,人民广场为整个城市的中心点,预期这些变量的系数为负值,表示企业倾向于向这些主要枢纽点集聚。

1　Carlo Pietrobelli,Tatiana Olarte Barrera, "Industrial clusters and districts in Colombia? Evidence from the Textile and Garments industry", *Cuad. Adm. Bogotá*,2002,15 (24),pp.73 ~ 103.

2　王缉慈、王敬甯、姜冀轩:《深圳数字电视产业的地理集聚——研究高新技术创新集群的一个尝试》,《地理科学进展》2009年第9期, 第673 ~ 682页。

3　邵晖:《北京市生产者服务业聚集特征》,《地理学报》2008年第12期,第1289 ~ 1298页。

4　见上海邮政网http://www.shpost.com.cn/, 2009年10月15日。

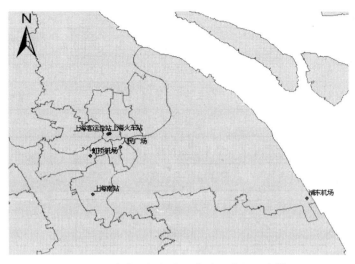

图6-1　六个交通枢纽在上海地图中的分布情况

由每个交通节点到各个邮编区的距离算出总体通达性指数，用A_IN表示，预期其系数为负，意味着通达性好的区位信息服务企业集聚程度较高。每个交通节点到邮编区中心点的距离用ArcGIS软件算出。为了考察城市轨道交通对信息服务业集聚的影响，选择了截至2009年11月开通的1、2、3、4、5、6、8、9号线共8条城市轨道交通线路作为观测对象，用虚拟变量RAILi表示，假定有地铁或轻轨站点的区域信息服务业集聚程度较高，预期其系数为正。这些线路的地铁、轻轨站点共176个[1]，用RAILi表示地铁、轻轨是否经过邮编区，有地铁站点的邮编区的RAILi赋值为1，其他区域变量的赋值为0，i的取值是1~265。本书没有选择港口作为交通枢纽，是考虑到和制造业相比，信息服务业对于远距离运输的依赖性较小。

表6-1　模型的解释变量、控制变量与预期估计结果

变量代码	定义	预期符号
CENTER	到人民广场的距离	负
HONGQ	到虹桥机场的距离	负
PUD	到浦东机场的距离	负
STASH	到上海火车站的距离	负

1　这是计入共线或重复站点的数量。

变量代码	定义	预期符号
STASOUTH	到上海南站的距离	负
STABUS	到上海长途客运站的距离	负
A_IN	总体通达性指数	负
RAILi	是否地铁站经过的区域	正
GOVi	区（县）政府所在地	正
CITYi	中心城区	正
SUBi	远郊区	负

除了以上的解释变量之外，引入以下3个控制变量。将上海城区分为中心城9区、近郊区5区、远郊5区三个圈层[1]，中心城区所在的邮编区用CITYi表示，处于中心城区的邮编区时，变量赋值为1，处于其他区域时变量赋值为0；远郊区所在的邮编区用SUBi表示，处于远郊区时变量赋值为1，处于其他区域时变量赋值为0，CITYi、SUBi两个虚拟变量作为控制变量。一般来说，区县政府所在地有较好的基础设施和交通条件，可能提高信息服务企业的办事效率，因此将19个区（县）[2]政府所在地也作为控制变量，赋值方法同上。各个变量的代码、定义和预期的估计结果如表6.1所述。

三、计数模型的选择

当因变量是离散的整数，即为计数变量并且数值较小，取零的个数多，而解释变量多为定性变量时，应该考虑应用计数模型。在计数模型中应用较广泛的是泊松模型（高铁梅，2009）[3]。吴（Wu，1999）[4]采用该模

1　中心城9区包括中心城核心3区的黄浦、卢湾、静安和中心城外围6区的徐汇、虹口、长宁、普陀、杨浦、闸北；近郊5区为浦东新区、宝山、嘉定、闵行、松江；远郊5区为青浦、金山、南汇、奉贤、崇明。

2　由于本书的研究数据截至2008年，而南汇在2009年才并入浦东，因此，仍然沿用19个行政区的划分法。

3　高铁梅：《计量经济分析方法与建模》，清华大学出版社2009年版，第5页。

4　Wu F, "Intrametropolitan FDI firm location in Guangzhou, China: A Poisson and negative binomial analysis", *Annals of Regional Science*, 1999, 33(4), pp.535～555.

型研究了外资企业在广州城市内部区位选择；Figueiredo（2002）[1]研究了美国制造业在县级空间单元区位选择；张华等（2007）[2]应用该模型研究了北京外资企业区位选择与通达性的关系。但是，张华等（2007）并未对是否适用泊松模型作进一步的验证，没有验证条件均值和条件方差相等这个苛刻的条件是否满足。在适用计数模型的条件下，在泊松模型和负二项分布模型中进行选择。一般来说，泊松模型的条件很难满足，经过验证，如果不适用泊松模型，则改用负二项分布模型进行估计。

在对企业样本进行统计的过程中，发现有相当多的邮编区没有信息服务企业，因此，以邮编区内企业密度为因变量时，因变量是离散的。先假定每个空间单元的企业密度服从泊松分布，应用泊松模型进行估计。假设第i个研究单元内观测到的企业密度Y_i服从参数为λ的泊松分布。泊松分布的特征取决于参数λ，而λ取决于一系列的解释变量X_i，这里的解释变量X_i是一系列影响信息服务企业集聚的特征要素，则

$$\lambda(X_i, \beta)=E(Y_i|X_i,\beta)=e^{\beta X_i}, \quad i=1, 2, 3, 4\cdots\cdots N \qquad (6.1)$$

对于泊松模型，给定X_i时Y_i的条件密度就是泊松分布，即：

$$P(Y_i=y_i|X_i)=\frac{e^{-\lambda_i}\lambda_i^{y_i}}{y_i!} \qquad (6.2)$$

参数β的极大似然估计量可通过以下公式（6.3）的对数似然函数得到：

$$L(\beta)=\sum_{i=1}^{N}[y_i\ln\lambda_i-\lambda_i-\ln(y_i!)] \qquad (6.3)$$

泊松模型的一个重要特征是因变量的条件均值和条件方差相等并且等于λ_i，由以下等式来表示：

$$var(Y_i|X_i,\beta)=E(y_i|X_i,\beta)=m(X_i,\beta)=\lambda_i=e^{\beta X_i} \qquad (6.4)$$

如果公式（6.4）的条件不能满足，则模型可能被错误设定，实证研

1　Figueiredo O., Guimaraes P., "Woodward D. Modeling industrial location decisions in U.S. counties", ERSA conference papers, European Regional Science Association, 2002.

2　张华、贺灿飞：《区位通达性与在京外资企业的区位选择》，《地理研究》2007年第26卷第5期，第984～994页。

究中一般很难满足这个条件。格林（Greene，2007）[1]认为泊松模型因暗含假定yi的方差等于其均值而备受批评。为了克服这个缺点，泊松模型的许多扩展都放松了这个假定，其中以负二项分布模型最为常见，它得自对横截面异质性的自然表述，负二项分布模型可以不太困难地用极大似然法估计。吕卫国、陈雯（2009）[2]以街道（建制镇）为空间单元，运用负二项分布模型分析南京制造企业的区位选择。借鉴吕卫国、陈雯（2009）的做法，采用方程（6.5）来检验模型是否满足条件，并用其中的α来测量条件方差超出均值的程度。

首先假设每个邮编区内观测到的企业密度Y_i服从参数为λ_i的泊松分布，用泊松模型估计方程，并得到Y_i的估计值$\hat{y}$，再用方程（6.5）作辅助回归，获得回归系数α并检验其显著性，如果α显著大于零，则泊松模型的条件（6.4）不能被满足，改用负二项分布代替泊松模型得到β的准—极大似然估计。反之，如果原模型满足（6.4），使用（6.3）式获得β的极大似然估计量。

$$(y_i-\hat{y}_i)^2-y_i=\alpha\hat{y}^2+\varepsilon \tag{6.5}$$

其中ε为残差。

表6-4下方报告了辅助回归中α值及相关统计量的估计结果，可以看出α明显地大于零，则泊松模型中条件方差和条件均值相等的条件不能满足，改用负二项分布的极大似然函数来估计模型的参数。负二项分布的对数似然函数为：

$$L(\beta,\eta)=\sum_{i=1}^{N}\{y_i\ln[\eta^2\lambda_i]-(y+1/\eta^2)\ln(1+\eta^2\lambda_i)+\ln\Gamma(y_i+1/\eta^2)-\ln(y_i!)-\ln\Gamma(1/\eta^2)\} \tag{6.6}$$

上式中η^2是和参数β一起估计的参数。当数据的离散程度很大，使得条件方差大于条件均值的时候，通常使用负二项分布模型。这样，条件方差大于条件均值，下面的矩条件成立：

$$E(y_i|X_i,\beta)=\lambda_i \tag{6.7}$$

1　威廉·H·格林：《计量经济分析》，费剑平译，中国人民大学出版社2007年版，第799~801页。

2　吕卫国、陈雯：《制造业企业区位选择与南京城市空间重构》，《地理学报》2009年第2期，第142~152页。

$$var(y_i|X_i, \beta)=\lambda_i(\eta^2\lambda_i) \qquad (6.8)$$

其中，η^2测量了条件方差超过条件均值的程度。

如果因变量的分布不能被假定为泊松分布，那么就要在其他分布假定之下执行准—极大似然估计（QML）。即使分布被错误设定，这些准—极大似然估计量也能产生一个条件均值被正确设定的参数的一致估计，即对于这些QML模型，对一致性的要求是条件均值被正确设定（高铁梅，2009）。因此，使用负二项分布的QML估计来估计参数，对于固定的η^2，可以得到参数β的准—极大似然估计。倘若λ_i被正确设定，即使y的条件分布不服从负二项分布，这个准—极大似然估计量仍然是一致的。

第四节 实证结果与分析

一、区位通达性的测度

通达性主要度量方法有距离法、累积机会法、等值线法、重力模型法等，其中，距离法是最为简单、直观的可达性度量方法[1][2][3]。Bruinsma（1998）[4]对通达性的11种定义及衡量方法进行了归纳和总结。距离法使用各种距离作为通达性指标，考虑个体在交通网络中流动的耗费，距离越小，可达性水平越高。杨家文、周一星（1999）指出不同的通达性的度量方法往往与对通达性的不同理解相对应。本书主要用距离法来考察总体通达性指数。

---

1   Ingram D .R, "The concept of accessibility: a search for an operational form", *Regional studies*,1971,5,pp.1012 ~ 1076.

2   Baxter R S,Leniz G, "The measurement of relative accessibility", *Regional Studies*,1975,9,pp.15 ~ 26.

3   Kirby H R, "Accessibility indices for abstract road networks", *Regional Studies*,1976,10,pp.479 ~ 482.

4   Bruinsma F, "The accessibility of European cities", *Environment and Planning A*, 1998, 30(3),pp.499 ~ 521.

选取六个重要的交通节点,人民广场、上海火车站、虹桥机场、浦东机场、上海南站、上海长途客运站,用ArcGIS软件算出每个节点到上海各个邮编区的直线距离,即欧氏距离,根据公式(6.9)先算出各个节点的通达性指数。然后,赋予六种距离以不同的权重[1],根据各个节点的权重值运用公式(6.10)最后得出一个各个节点的总体通达性指数。通达性指数可用来说明上海整个交通网络中各个邮编区相对通达关系的水平高低。通达性指数值越小,通达性状况越好,与该区域中心的联系越紧密;通达性指数大于1,说明该邮编区的通达性状况低于全市平均水平;通达性系数小于1,说明该邮编区的通达性状况高于全市平均水平;通达性指数最小的区域,即为网络的交通中心。有6个交通节点,因此公式(6.9)、(6.10)中i的值为1~6;上海邮编区总数为265个,因此公式中的j值为1~265。

每个节点的通达性指数为:

$$A_{ij} = D_{ij} / (\sum_{i=1}^{6} \sum_{j=1}^{265} D_{ij}/n) \qquad (6.9)$$

总体通达性指数为:

$$A_{IN} = \sum_{i=1}^{6} \sum_{j=1}^{265} W_{ij} \times A_j \qquad (6.10)$$

表6-2　总体通达性指数各区间的信息服务企业分布情况

总体通达性指数区间						
类别	最好	良好	一般	较差	差	最差
指数值	0.2<A≤0.3	0.3<A≤0.5	0.5<A≤0.7	0.7<A≤1.1	1.1<A≤1.4	1.4≤A≤2.46
企业数	1735	4534	1224	691	399	372
比重	19.4%	50.6%	13.7%	7.7%	4.5%	4.2%
邮编区	21	49	36	50	34	75

通过计算,上海265个邮编区的通达性指数在0.25~2.46之间,差距比较大。将通达性指数分为最好、良好、一般、较差、差、最差六级,分级

1　通过专家咨询法,经过充分的讨论对不同交通枢纽赋予不同的权重。人民广场、上海火车站到每个邮编区中心点距离的权重为0.2,其他4个点到邮编区中心点距离的权重为0.15。

情况如表6-2。企业数最集中的区间是0.3~0.5，其次是指数为0.2~0.3之间的区域，在0.7以下通达性较好的区域里企业所占的比重达到83.7%，可见，信息服务企业还是倾向于在通达性较好的区域集中，我们将在下个环节的实证分析中验证这个观点。

二、对全部信息服务企业的估计结果与分析

通过计算各自变量之间的皮尔逊（Pearson）相关系数，从表6-3相关分析结果可知多数变量间的相关系数达到0.6以上，相关性较高。其中，到上海火车站的距离STASH、到上海南站的距离STASOUTH、到上海长途客运站的距离STABUS、到人民广场的距离CENTER、通达性指数A_IN具有较强的相关性。为了消除多重共线性的影响，分别将上述变量单独引进模型中进行估计。

表6-3　解释变量间的Pearson相关系数

变量	HONGQ	PUD	STASH	STASOUTH	STABUS	CENTER	A_IN	RAIL
HONGQ	1.0000	0.3658	0.8991	0.9498	0.8991	0.8883	0.9171	−0.4748
PUD		1.0000	0.6291	0.5640	0.6291	0.6835	0.6738	−0.3698
STASH			1.0000	0.8997	1.0000	0.9944	0.9886	−0.5773
STASOUTH				1.0000	0.8997	0.9194	0.9477	−0.5226
STABUS					1.0000	0.9944	0.9886	−0.5773
CENTER						1.0000	0.9954	−0.5855
A_IN							1.0000	−0.5677
RAILi								1.0000

研究样本是上海8955家信息服务企业。将相关性较强的几个变量逐步引入模型，得出表6-4的估计结果。根据这个估计结果，可以看出，区位通达性较好的区位也是信息服务企业集中的区位。

几个主要交通节点到邮编区距离在模型中均呈负值且极高度显著，表明信息服务企业在选址时，充分考虑邻近这些交通便利的区域，对于人民

广场这样的城市地理中心、政治中心、经济中心都有较明显的区位倾向，对上海火车站、长途客运站、虹桥机场和浦东机场这些方便企业对外交流的交通枢纽有着较明显的区位指向性。假设1和假设2得到验证。

RAILi在每个模型中的系数值较大而且极高度显著，表明信息服务企业在靠近地铁或轻轨站点的区域集聚，城市轨道交通成为企业选址的重要影响因素，倾向于选择出行方便、交通便利的轨道交通沿线区位。假设3得到验证。

从模型中总体通达性指数和集聚的关系中可以看出，A_IN和因变量成反比，说明这类信息服务企业还是倾向于选择通达性状况较好的区位，通达性越好，企业越集中。假设4得到验证。同时，估计结果也验证了表6-2的结论，在通达性较好的城市中心区域信息服务企业数量较多。

控制变量CITYi、GOVi的系数显著为正值，而SUBi的结果是不显著的，表明上海信息服务企业出现了向城市中心9区靠拢的趋势，并未出现明显的郊区化分布现象，与空间分布的分析结果吻合，进一步验证了假设1的观点。

表6-4　区位通达性对全部信息服务企业集聚影响的估计结果[1]

变量	全部信息服务业				
	Model 1	Model 2	Model 3	Model 4	Model 5
常数项	2.4230	1.7684	2.8499	1.7156	1.6475
A_IN	−3.8174***				
	(−6.9916)				
CENTER		−0.1111***			
		(−7.2257)			
			(−5.7683)		
PUD			−0.0374***		
			(−3.5576)		
STASH				−0.1093***	
				(−6.8277)	

1　上海火车站和上海长途客运站位于同一个邮编区，由于计算中使用的是每个点位于邮编区中心点的地理坐标，两个点到各个邮编区中心点的距离是一样的，因此，只报告其中一个变量的估计结果。

续表

变量	全部信息服务业				
	Model 1	Model 2	Model 3	Model 4	Model 5
					（−6.5400）
RAILi	0.8400***	0.7834***	1.1064***	0.9196***	1.0779***
	（3.8768）	（3.5776）	（5.1381）	（4.3268）	（5.2382）
CITYi	1.1598***	1.2131***	1.4727***	1.2054***	1.4835***
	（4.6884）	（5.0283）	（6.4170）	（4.9180）	（6.5948）
GOVi	1.0595***	1.0796***	0.9678***	1.0444***	0.9187***
	（3.2976）	（3.3731）	（3.0416）	（3.3118）	（2.9074）
SUBi	−0.0993	−0.2364	−0.3911	−0.1188	−0.7464
	（−0.2114）	（−0.5157）	（−0.8537）	（−0.2515）	（−1.7454）
样本数	265	265	265	265	265
LR统计量	731.9781	732.6166	717.5144	725.0700	718.5360
显著性	0.0000	0.0000	0.0000	0.0000	0.0000
Log likelihood	−397.2320	−396.9120	−404.4640	−400.6860	−403.9530
R-squared	0.5644	0.4720	0.5724	0.4295	0.5776
α	0.3329	0.2608	0.4147	0.3580	0.2938
常数项	24.3350	53.3395	12.6992	45.9898	34.6495
F统计量	61.8908	25.8590	217.6387	46.5843	155.9713
显著性	0.0000	0.0000	0.0000	0.0000	0.0000
R-squared	0.1905	0.0895	0.4528	0.1505	0.3723

注：括号里的是z–Statistic，***、**、*分别代表在1%、5%和10%的水平上显著，模型采用负二项分布模型的QML估计，α衡量了条件方差超出条件均值的程度。

三、对信息服务业中不同行业的估计结果与分析

表6-5 区位通达性对软件服务企业影响的QML估计结果[1]

变量	软件服务业				
	Model 1	Model 2	Model 3	Model 4	Model 5
常数项	3.6814	0.7553	8.4021	0.6775	−0.2805
A_IN	−10.6687***				
	（−5.8905）				
CENTER		−0.2109***			
		（−5.6654）			
HONGQ			−0.2640***		
			（−5.2103）		
PUD			−0.2170***		
			（−4.6603）		
STASH				−0.1945***	
				（−5.1494）	
STASOUTH					−0.1248***
					（−4.4203）
RAILi	1.0926***	1.0269***	1.2858***	1.1104***	1.4047***
	（3.4859）	（3.2776）	（4.1969）	（3.6440）	（4.8015）
CITYi	0.2600	0.8758***	1.0948***	0.8440**	1.5229***
	（0.6598）	（2.5072）	（3.1722）	（2.3635）	（4.9145）
GOVi	0.4400	0.5227	0.4931	0.5717	0.4375
	（1.1253）	（1.3563）	（1.2776）	（1.5144）	（1.1934）
SUBi	−32.4311	−72.4301	−29.5564	−29.4839	−44.5101
	（−1.24E−06）	（−8.57E−15）	（−1.02E−05）	（−7.31E−06）	（−1.32E−08）
样本数	265	265	265	265	265
LR统计量	395.1342	384.5618	386.0850	374.8938	360.5216
显著性	0.0000	0.0000	0.0000	0.0000	0.0000
Log-likelihood	−162.7733	−168.0595	−167.2979	−172.8935	−180.0796
R−squared	0.5475	0.4148	0.4766	0.3587	0.4046

注：括号里的是z-Statistic，***、**、*分别代表在1%、5%和10%的水平上显著，模型采用负二项分布的QML估计。

（一）区位通达性与软件服务企业集聚

研究样本是1345家软件服务企业，以各邮编区软件服务业企业密度作

---

[1] 辅助回归结果显示，α都显著地大于零，不能满足泊松模型的条件，因此采用负二项分布模型的QML估计。为避免繁复，以下的表格对是否适用泊松模型的检验步骤及检验结果均不在分组和分行业的估计结果报告中出现，需要者可以向作者索取。

为因变量，表6-5列出了回归结果。实证结果显示，软件服务企业和其他企业相比，有三个显著的特征。

一是总体通达性指数对信息服务企业集聚的影响最大，系数的绝对值超过10，略高于互联网信息服务业，说明企业对通达性好的区位需求更大。这和前面所列的软件企业在核心3区和中心城外围6区比重最高的事实是一致的，企业多数集中在这些通达性好的区位。

二是RAILi的系数值更高，表明这类企业更倾向于选择地铁、轻轨沿线的区域，这也从另一侧面反映了地铁和轻轨因其独特的优势已经成为上海快速轨道交通的先驱和骨干，在城市公共交通中发挥着日益巨大的作用，对企业办公选址也产生重大影响。

此外，这类企业对于邻近上海南站和机场的区位也较为看重，STASOUTH、PUD、HONGQ在模型中的系数值比其他企业高，系数为负且极高度显著，意味着距离上海南站和两个机场越近，软件服务企业越多，邻近这三个主要交通节点的区位对于这类企业有较大的吸引力。考虑到对外合作交流的方便，这类企业对于两个机场的区位倾向较为显著。

（二）区位通达性与互联网信息服务企业集聚

研究样本为1085家互联网信息服务企业，以互联网信息服务企业密度作为因变量，考察通达性对互联网信息服务企业集聚的影响。表6.6列出了估计结果。

CENTER、STASH的系数值比其他行业高，意味着互联网信息服务企业更倾向于邻近都市中心区域，对于政治地位、经济地位较高、靠近中心市场的区域地理中心有着较强的区位倾向。同时，也表明这类企业对中心城区繁华地段有着特殊偏好。可能由于这类企业对邻近中心市场、方便同客户交流等方面有着更高的需求，加上这类企业所需的办公面积相对较小，地租在其经营成本中所占的比例较小，因此倾向于选择能给公司带来良好形象的城市中心区域作为企业的办公地。

和软件服务企业相似，这类企业在模型中对于HONGQ、PUD的系数都为负值且数值较高，说明它们和软件企业一样，更看重邻近机场的区位。

总体通达性指数A_IN的系数值仅次于软件服务业，表明通达性状况对互联网信息服务企业集聚的影响程度也很大，这类企业对通达性的要求很高，倾向选择通达性状况较好的中心城区布局。

RAILi的系数为正且高度显著，表明城市轨道交通沿线也是互联网信息服务企业选址的重要影响因素，为了方便出行，减少通勤成本，越是邻近城市轨道交通沿线区域，企业的数量越多。

表6-6 区位通达性对互联网信息服务企业影响的QML估计结果

变量	互联网信息服务业				
	Model 1	Model 2	Model 3	Model 4	Model 5
常数项	3.6057	1.0373	3.9133	0.8791	−0.3929
A_IN	−10.6340***				
	（−5.5111）				
CENTER		−0.2110***			
		（−5.3136）			
HONGQ			−0.2598***		
			（−4.8137）		
PUD			−0.2131***		
			（−4.3007）		
STASH				−0.1954***	
				（−4.8016）	
STASOUTH					−0.1198***
					（−4.0576）
RAILi	1.0821***	1.0322***	1.2365***	1.1115***	1.3186***
	（3.3243）	（3.1733）	（3.8716）	（3.5145）	（4.3030）
CITYi	0.2038	0.7992**	1.1069***	0.7735***	1.5905***
	（0.4789）	（2.1112）	（3.0395）	（1.9848）	（4.8642）
GOVi	0.4060	0.4985	0.4872	0.5132	0.4265
	（1.0072）	（1.2544）	（1.2278）	（1.3171）	（1.1350）
SUBi	−28.0322	−117.9867	−29.6867	−29.5677	−73.7221
	（−8.93E−06）	（−1.64E−24）	（−8.82E−06）	（−6.42E−06）	（−9.27E−15）
样本数	265	265	265	265	265
LR统计量	347.0918	338.0076	338.4458	329.5722	316.5080
显著性	0.0000	0.0000	0.0000	0.0000	0.0000
Log likelihood	−149.2214	−153.7635	−153.5444	−157.9812	−164.5133
R-squared	0.6221	0.4854	0.4884	0.4708	0.4122

注：括号里的是z-Statistic，***、**、*分别代表在1%、5%和10%的水平上显著，模型采用负二项分布的QML估计。

（三）区位通达性与计算机服务企业集聚

研究样本为6525家计算机服务企业，其中计算机系统服务企业样本2089家，表6-7、6-8列出了通达性对计算机服务企业和计算机系统服务企业集聚影响的估计结果。

表6-7　区位通达性对计算机服务企业影响的QML估计结果

变量	计算机服务业				
	Model 1	Model 2	Model 3	Model 4	Model 5
常数项	2.5898	1.6776	3.2864	1.6432	1.4601
A_IN	−4.5599***				
	（−6.8023）				
CENTER		−0.1244***			
		（−6.9504）			
HONGQ			−0.1152***		
			（−5.7416）		
PUD			−0.0495***		
			（−3.8774）		
STASH				−0.1242***	
				（−6.6593）	
STASOUTH					−0.1063***
					（−6.1187）
RAILi	0.7286***	0.6987***	0.9670***	0.8358***	0.9790***
	（3.1949）	（3.0442）	（4.2720）	（3.7495）	（4.5389）
CITYi	0.9634***	1.0984***	1.3203***	1.0796***	1.4324***
	（3.5522）	（4.2426）	（5.3161）	（4.1085）	（6.0073）
GOVi	0.9732***	0.9732***	0.9134***	0.9636***	0.8297***
	（2.9857）	（3.0021）	（2.8418）	（3.0080）	（2.6211）
SUBi	−0.2830	−0.4916	−0.6448	−0.3129	−1.1263**
	（−0.4835）	（−0.8596）	（−1.1316）	（−0.5340）	（−2.0881）
样本数	265	265	265	265	265
LR统计量	672.4785	670.1547	658.8007	664.4065	652.6608
显著性	0.0000	0.0000	0.0000	0.0000	0.0000
Log likelihood	−340.7022	−341.8641	−347.5411	−344.7382	−350.6110
R−squared	0.5898	0.5079	0.5959	0.4412	0.6175

注：括号里的是z-Statistic，***、**、*分别代表在1%、5%和10%的水平上显著，模型采用负二项分布的QML估计。

由表6-7、6-8可见，计算机服务企业、计算机系统服务企业的估计结果和全部信息服务企业相似，它们选择靠近这些主要交通节点和通达性较好的区位，越是靠近这些区域，信息服务企业密度越高，说明它们向地理中心、政治中心趋近，对人流量较大的城市中心点有较强的区位指向性，同时向交通便利的火车站、机场、长途客运站靠拢。

和计算机服务业总体估计结果相比较，总体通达性指数A_IN对计算机系统服务企业影响较大，可以看出计算机系统服务企业对通达性状况较好的区位更为看重，在区位选择中充分考虑了这个因素；除了上海南站之外，计算机系统服务业更倾向于选择邻近其他几个主要交通节点的区域布局。

表6-8 区位通达性对计算机系统服务企业影响的QML估计结果

变量	计算机系统服务业				
	Model 1	Model 2	Model 3	Model 4	Model 5
常数项	2.6694	0.9647	4.5088	0.9183	0.3704
A_IN	−6.5858***				
	（−5.4954）				
CENTER		−0.1475***			
		（−5.4203）			
HONGQ			−0.1607***		
			（−4.8402）		
PUD			−0.0996***		
			（−3.9022）		
STASH				−0.1446***	
				（−5.1841）	
STASOUTH					−0.1038***
					（−4.5375）
RAILi	0.7461***	0.7140***	0.9468***	0.8546***	1.0703***
	（2.6881）	（2.5581）	（3.4236）	（3.1445）	（4.1266）
CITYi	0.3237	0.7170**	0.8222***	0.6649***	1.1887***
	（0.9265）	（2.2734）	（2.6709）	（2.0491）	（4.2179）
GOVi	0.8223**	0.8527**	0.8166**	0.8751***	0.7371**
	（2.2983）	（2.4016）	（2.2948）	（2.4916）	（2.1346）
SUBi	−29.9185	−30.6942	−30.4791	−31.5885	−31.9766
	（−9.82E−06）	（−9.75E−06）	（−1.15E−05）	（−5.92E−06）	（−8.51E−06）
样本数	265	265	265	265	265
LR统计量	414.4198	406.9707	406.1996	402.5747	391.1709
显著性	0.0000	0.0000	0.0000	0.0000	0.0000
Log likelihood	−205.1679	−208.8925	−209.2780	−211.0905	−216.7923
R-squared	0.6072	0.4997	0.6179	0.4569	0.6258

注：括号里的是z-Statistic，***、**、*分别代表在1%、5%和10%的水平上显著，模型采用负二项分布的QML估计。

第五节 结论、讨论与政策建议

新经济地理学提出"市场接近效应"假设，认为企业会集中在市场规模较大的区域，市场接近效应必然会产生吸引企业向某一个市场规模较大区域集中的集聚力。但是，直接验证市场接近效应比较困难。本书研究区位通达性对信息服务业的影响，间接地验证了信息服务业选择邻近人民广场、上海火车站附近市场潜力较大的城市中心区域。这种由市场接近效应产生的集聚力自我增强、自我累积，进一步吸引信息服务企业进驻某一特定区域。

从全行业的分析结果来看，在城市体系内部，信息服务业企业倾向于选择通达性较好的区位，尤其是倾向于选择城市轨道交通沿线的区位，同时也充分考虑靠近虹桥机场、浦东机场、火车站这些交通便利的区域。从分行业的实证分析结果中可以看出，总体通达性指数对软件服务业的影响最大，意味着这类企业对通达性好的区位需求更大，比其他两个行业更看重邻近城市轨道交通沿线、两个机场和上海南站的区位。互联网信息服务企业对通达性好的区位需求仅次于软件服务业，对邻近人民广场、上海火车站这些都市中心区域有更强的区位倾向。

上海这几年加大了近郊区交通基础设施特别是轨道交通线路的建设，完善交通网络的建设，使信息服务企业降低了通勤成本，有利于企业的集聚。同时，中心城外围6区和近郊5区交通基础设施逐步完善，成为吸引信息服务业集聚的主要动因之一。此外，交通基础设施和信息技术相结合，使信息服务企业的区位弹性加大。从区域和城市的层面来看，较发达的交通网络和远程通讯方式的有效结合，将进一步影响信息服务业的区位模式。

基于以上的分析，提出以下几点建议。一是在区位通达性较好的中心城外围6区和近郊区适当增加城市轨道交通线网密度，特别是加大对近郊区轨道交通线路的建设，使轨道交通与产业空间、城市空间互动发展，形成通达性良好、便捷快速的交通网络，降低通勤成本。二是完善近郊区交通基础设施的建设，建设近郊到城市中心区的一小时通勤圈，减少近郊区到中心城区的到达时间，优化交通环境，方便信息服务企业间的互动、交流与合作。三是积极推动远程通讯设施的建设，建立远程通讯网络。随着微电子、数字技术的发展，远程通讯网络成为重要的信息基础设施。远程通讯网络的建设将使信息服务业从实体空间的通达性拓展到虚拟空间的通达性，为信息服务业的产品传输、企业间交流带来极大的便利。四是选取某个交通节点为信息港，把信息港作为整个远程通讯网络中的重要信息节点。Annie Tam（2000）[1]认为信息港将为信息服务业公司的战略集中提供必要的基础设施。由于信息港的通讯设施有着较高的固定成本和较低的边际成本，而且将辐射到都市内部的其他区域，将为信息服务业的发展带来规模经济效应。上海可在城市中心外围的徐汇区、近郊的浦东新区这两个信息服务产业基础较好的区域设立两个信息港，带动其他区域信息服务业的发展。

1　Annie Tam, *Hong Kong's Cyberport*，见http://www.smartcommunities.org/。见甄峰：《信息时代的区域空间结构》，商务印书馆2004年版，第97页。

第七章 地理邻近性、区位选择与信息服务业集聚——以上海为例

第一节 引言

地理邻近性[1]是最常出现在文献中的邻近性概念，有时也被称为空间毗邻、地理接近、地域邻近性、空间邻近性、本地邻近性。在很多研究中并没有明显地出现"地理邻近性"这一概念，而是用"邻近性"（proximity）代替[2]。在一般分析层面，相关组织的地理集聚就叫该地区的地理邻近，而在二元层面中则认为是两个互动组织之间的距离。马歇尔（Marshall）[3]最早对地理邻近与集群企业知识传播的关系进行了研究，它提出的产业空气理论至今仍然具有重大影响。马歇尔认为产业集群中的企业有着熟练而富有经验的劳动力，这些人力资源提供了新创意和新技术，这些创意和技术如同空气一样在集群中的企业广泛传播。现代地理邻近的研究继承了马歇尔产业空气的思想，着重考虑地理邻近带来的本地非正式联系、劳动力传播对集群企业知识传播的影响，并对其进行了实证的研究

---

1 geographical proximity，有的学者翻译成地理接近、地理临近，我们认为用地理邻近更贴切，有空间上相邻、毗邻之意。

2 李琳、韩宝龙：《组织合作中的多维邻近性：西方文献评述与思考》，《社会科学家》2009年第7期，第108 ~ 112页。

3 Amin A., &Wilkinson, "Learning, Proximity and Industrial Performance: an Introduction", *Cambridge Journal of Economics*, 1999(23),pp.121 ~ 125.

（Audretsch和Feldman，1996；Baptista和Swann，1998[1]）。

由于需要经常的、面对面的交流，企业有驻扎在其他企业附近的强烈倾向，有集中的意愿和倾向（Torre，2008）[2]。多个学者都曾经论述过这个观点（Marshall，1890[3]；Perroux，1988[4]；Isard and Schooler，1959[5]；Saxenian，1994）。从这个层面上看，邻近性可以促进信息服务企业间的交流与合作。Saxenian（1996）通过对硅谷和128公路的公司作了一系列比较，她认为公司之间的邻近性促进了重复的、面对面的交流，这种交流促进了现代快节奏的技术产业所需要的竞争和合作的融合。Isaksen（2004）分析挪威奥斯陆软件公司集聚的原因，认为首先要依靠咨询公司和重要的客户之间以及软件咨询公司之间那种非常紧密的互动的需求。由此可见，空间上毗邻使企业家、劳动者的面对面交流更为便利，促进了知识的转移和扩散，信息服务企业向创新氛围浓厚的地方集中。另一方面，信息服务企业邻近大学或研究机构这些知识源或创新源的区位指向还有助于企业吸收知识溢出的成果，促进创新活动的开展。Jaffe（1986）[6]证实了高校与产业之间地理与技术邻近的重要性，并验证了溢出效应在不同行业的显著程度。Acs，Audretsch和Feldman（1994）[7]的研究也表明中小企业是大的合作者和大学研发溢出的接受者，而这种研发溢出的接

1　Baptista R., Swann G. M. P, *Clustering dynamics in the UK computer industries: a comparison with the USA*, Oxford University Press,1998,pp.106～128,.

2　André Torre, "On the role played by temporary geographical proximity in knowledge transmission", *Regional Studies*, 2008(42)6,pp.869–889.

3　Marshall A, *Principles of economies*,Vol. 1,*Macmillan, London*,1890.

4　Perroux F., "The pole of development's new place in a general theory of economic activity," in *Regional Economic Development. Essays in Honour of Francois Perroux*. Higgins B. and Savoi D. J.(Eds), *Unwin Hyman, Boston, MA*,1988.

5　Isard W., Schooler E.W. and Vietprisz T, *Industrial Complex Analysis and Regional Development: A Case Study of Refinery Petrochemical Synthetic Fiber Complexes and Puerto Rico*, MIT Press, Cambridge, *MA*,1959.

6　Jaffe A, "Technological Opportunity and Spillovers of R&D: Evidence from Firms' Patents, Profits, and Market Value", *American Economic Review*, 1986, 76(5).

7　Acs Zoltan J., Audretsch David B., and Maryann, Feldman P, "R&D Spillovers and Recipient Firm Size", *Review of Economics and Statistics* ,1994(76),pp.336～340.

受对于中小企业创新活动具有决定性意义。Cooke（2001）认为地缘相近有利于合作行为的发生，可以减少校企之间用于合作谈判和信息沟通的交易费用。

但是，这样的观点受到了挑战。有一部分学者的研究表明，虽然企业创新活动的空间集中仍然是惊人的，但许多公司间的交流发生在集群和地方创新系统之外，这些公司多数和其他公司距离甚远（Gertler，2003[1]；Dahl和Pedersen，2004）。Batista 和Swann（1998）认为本地的和远距离交流两种交流形式并存。此外，由于信息和通讯技术的发展，企业之间的地理邻近本身不是促进知识交流的唯一途径，知识交流也可以发生在距离遥远的合作伙伴之间（Grabher，2002[2]；Amin和Cohendet，2004[3]）。一些学者甚至提出了"距离之死"这种更为激进的论调（Cairncross，2001）。

信息服务业作为新兴的、增长较快的服务业，具有高科技行业和现代服务业的双重特征。邻近大学、研究机构这些创新源或者知识源是否能够吸引信息服务企业进驻该区域？在空间上邻近同行业代表性企业是否能影响信息服务企业的区位选择？邻近企业较多的区域是否成为信息服务企业的区位指向？研究这些问题有利于信息服务业科学的布局规划，为政府或相关部门的决策提供参考。因此，本书以上海265个邮编区为空间分析单元，在分析上海信息服务业空间分布状况的基础上，本书从邻近大学、研究机构和邻近相关企业两个角度阐述邻近性对都市内部信息服务企业集聚的影响。除此之外，还考察土地价格对信息服务企业集聚的影响。具体结构安排如下：首先进行理论分析并提出研究假设，其次是计数模型的选择，并用负二项分布模型来验证假设的观点，最后是结论讨论和政策建议。

1　Gertler M. S. and Levitte Y. M, "Local nodes in global networks: the geography of knowledge flows in biotechnology innovation", *Industry and Innovation*,2005,12,pp.487 ~ 507.

2　Grabher G, "Cool projects, boring institutions:temporary collaboration in social context", *Regional Studies*,2002,36,pp. 205 ~ 214.

3　Amin A. and Cohendet P, *Architectures of Knowledge: Firms, Capabilities and Commun-ties*, Oxford University Press, Oxford, 2004.

第二节 理论分析与研究假设

邻近大学或研究机构成为很多高科技企业的区位策略，信息服务企业也有较明显的邻近大学或研究机构的倾向，例如美国的硅谷和128公路，我国台湾的新竹科技园区以及北京的中关村等。这类企业为了获得大学或研究机构的知识溢出，寻求技术支持，往往选择在大学或研究机构密集的区域创办企业。它们更看重大学或研究机构带来的技术性支持和专业指导，希望在研发和专业人才的培养方面得到专业机构的支持，而信息服务企业也有可能成为专业研究机构科技成果转化、创新合作的平台，也可能吸纳研究机构的专业人才。此外，大学或研究机构的专业人才创办企业，也可能选择邻近这些区域。总之，这类企业希望分享大学或研究机构知识溢出所带来的空间外部性，或者是和专业研究机构的合作推动创新活动的开展，提高企业的研发水平。

国外学者中比较早的研究科技企业选择邻近大学的区位的学者是（Quince 和Partners，1985），通过分析"剑桥现象"，发现高科技产业集聚在名牌大学附近。国外的学者们还发现邻近大学对初创的科技企业更有利。Audretsch，Lehmann和Warning（2005）研究显示新的知识和技术型公司为了获得知识溢出而有很高的邻近大学的区位倾向。就像Audretsch和Thurik（2001）所指出的，和已创立的企业相比，这些知识溢出的影响对年轻的新公司来说更重要。这是因为新企业可能依靠由其他企业或大学所生产的外部知识（Link 和 Scott，Hall et al.，2003）。国内对都市信息服务业的空间分布及影响因素研究集中在广州、上海、北京等几个城市。闫小培（1999）研究广州信息密集服务业的空间分布，发现天河区辖区内有21所大专院校，40多个研究所，20多家大中型企业，这些机构或企业都具有一定的科技力量。这些高校和研究所又多数集中在高新技术开发区范围内，构成高水平的研究与开发能力的新型智力资源集中区，是广东省智力最密集的区域，成为技术创新源。宋秀坤、王铮（2001）对上海城市内部高新技术产业区位的研究发现，作为高新技术企业创新源的高等院校与高新技术产业之间存在着区位上的相互接近性。艾少伟、苗长虹（2009）对中关村的研究认为地理邻近机制能够很好地解释中关村在20世纪80年代的发展。根据上述研究成果，提出下述假设，以检验上海信息服务企业是否集中在邻近高校或研究机构的区域。

假设1：邻近大学是信息服务企业区位选择的重要因素。

假设2：邻近研究机构是信息服务企业重要的区位策略之一。

信息服务企业还有较明显的邻近相关企业的区位指向。企业地理位置的接近，使得这些企业之间联系与合作的频率增加，加大了企业之间的信息交流和知识的转移。本书从两个角度考察和相关企业地理邻近是否会影响信息服务企业集聚。一方面，考虑此类企业选择毗邻代表性企业的区位。同行业的代表性企业由于其在行业中地位较突出，其率先的技术创新成果可能会传递或者扩散，对新企业有着积极的示范效应和学习效应。因此，新企业在选址时，为了方便与同行业企业的交流与合作，会选择邻近这些企业的区域，以获得正的空间外部性，进而形成知识共享的合作机制。如W.克诺森和H.柯夫伊斯（1993）研究发现荷兰计算机与软件部门把邻近同部门企业作为重要的区位要素。另一方面，考虑信息服务企业会选择邻近企业数量较多的开发区进而造成企业集中的客观后果。一般来说，开发区通过实施土地、税收等优惠政策，提供良好的基础设施和专门的政府服务对企业具有很强的吸引作用。开发区内相对较低的地价可以减少企业一次性的预付资本，这一点对受资金流动性约束的企业尤为重要，另外，低地价也降低了企业的生产成本（黄征学、刘光成，2004）[1]。而且，和相关企业地理邻近，有利于企业间的竞争、合作与融合，吸引信息服务企业集聚。因此，开发区可能是吸引信息服务企业在地理上集中的一个重要因素。据此提出下列假设：

1　黄征学、刘光成：《对低地价吸引企业定位政策的反思》，《中国土地科学》2004年第2期，第15～21页。

假设3：邻近同行业代表性企业是影响信息服务企业集聚的一个重要因素。

假设4：开发区是吸引信息服务企业在地理上集中的一个重要因素。

此外，地价可能是影响信息服务企业在空间分布上扩散的重要因素。一般来说，地价越高，租金也越高，企业的交易成本越高，地价高昂的地段企业数量就较少。为了降低交易成本，国外高科技企业已经出现较明显的郊区化现象。上海信息服务企业作为高科技企业，在区位选择中是否会受土地价格的影响而选择地价较低的地段，或者不把土地价格作为重要的区位因素而选择地价昂贵而交易成本较高的区位？这是我们要关注的另一个重要问题。为了检验信息服务企业密度和上海地价等级之间的关系，提出下列假设：

假设5：土地价格越高，越有可能使信息服务企业在空间布局上扩散，企业的集中度下降。

第三节 计数模型的选择与数据来源

一、计数模型的选择

在这章中，仍将邮编区内信息服务企业数量和土地面积的比值定义为企业密度。在实证分析中，沿用在区位通达性分析中所用的研究方法，以邮编区为空间单元，选择计数模型来分析各个要素对信息服务业集聚的影响。同样地，对泊松模型中条件均值和条件方差相等的条件进行检验。表7-2和表7-3下方报告了辅助回归中 α 值及相关统计量的估计结果，可以看出 α 明显地大于零，该条件不能被满足，改用负二项分布代替泊松模型得到 β 的准—极大似然估计。

二、变量定义与数据来源

上海信息服务企业样本数据来源同上。这里所指的"大学" U_i 是指上海包括职业技术学院在内的61所普通高等学校，i取值为1，2，3……

265。为了进一步地考察大学对信息服务企业集聚的影响，将大学这个变量细分出名牌大学U_N_i，考察信息服务企业是否有邻近名牌大学的倾向。名牌大学是指985或211高校，共9所。研究机构是另一个重要的知识源或创新源，研究样本来自《上海大黄页2009》，共搜集自然科学和自然科学技术研究机构140家，用$NATUR_i$表示；社会科学和社会科学技术研究机构49家，用$SOCIAL_i$表示。有大学或机构的邮编区U_i、U_N_i、$NATUR_i$、$SOCIAL_i$赋值为1，否则赋值为0，预期这几个变量的影响为正。

同行业代表性企业的研究样本中共有49家公司，样本的来源有三个：上海的A股上市公司中涉及计算机应用服务、通信服务、软件开发与咨询等方面的上市公司14家，这其中包括宝信软件、上海梅林、海隆软件等知名企业；《上海信息服务行业发展报告2008》[4]中列出的主要企业25家，涉及互联网、软件等企业，其中有东方网、五一网、久游网络、东方钢铁等企业；海外上市的企业10家，包括盛大网络、分众传媒、携程旅行网等国际知名企业，用$FIRM_i$来表示。有这些企业的邮编区$FIRM_i$赋值为1，否则赋值为0。

开发区代表企业数量较多的区域。上海共有国家级工业区5个，市级工业区48个，其他工业集中区10个，共有63个区块。用$ZONE_i$表示开发区，将有开发区的邮编区的$ZONE_i$赋值为1，没有的赋值为0，并预期其系数为正。

表7-1　模型的解释变量、控制变量与预期估计结果

变量	定义	预期结果
Ui	是否有大学	＋
U_Ni	是否985或者211高校	＋
FIRMi	是否有信息服务业代表性企业	＋
LANDi	上海市基准地价级别	＋
ZONEi	是否有开发区	＋
NATURi	是否有自然科学或自然科学技术研究机构	＋
SOCIALi	是否有社会科学或社会科学技术研究机构	＋
CITYi	中心城区	＋
SUBi	远郊区	－

本书中基准地价土地级别划分依据是上海市规划和国土资源管理局发

布的《上海市基准地价更新成果（征求意见稿）》（基准日2003年6月30日），这个文件将上海土地分为11级，对每个等级中的浦东、浦西的地段划分及区域界线都作了详尽的规定，中心城区地价多为1、2、3级，最后是滩涂为11级，不在邮编区地价等级中体现。因此，根据这一文件中前10级区域的划分将各邮编区基准地价分类，一级赋值为1，二级赋值为2，如此类推，用LANDi表示上海基准地价的等级。

控制变量为$CITY_i$、SUB_i，也是区位变量，$CITY_i$代表处于中心城区的邮编区，SUB_i代表处于郊区的邮编区，处于这些区域的$CITY_i$、SUB_i赋值为1，否则赋值为0，二者均为虚拟变量。各个变量的代码、定义和预期的估计结果见表7-1，不再赘述。

第四节　实证结果与分析

一、对全部信息服务企业的估计结果与分析

表7-2　邻近性对信息服务企业集聚影响的QML估计结果

变量	全部信息服务业		软件服务业		互联网信息服务业	
常数项	4.8879	（13.435）	3.1699	（7.7490）	3.0390	(7.3802)
U_i	−0.3453	（−1.4371）	0.2064	（0.7484）	−0.0200	(−0.0703)
U_N_i	0.9018**	（1.9700）	0.0278	（0.0561）	0.7700	(1.4612)
$FIRM_i$	0.5688***	（2.3937）	0.5748***	（2.2530）	0.2964	(1.1067)
$LAND_i$	−0.3836***	（−7.6126）	−0.4437***	（−7.3451）	−0.4387***	(−7.1517)
$ZONE_i$	0.6849***	（4.3184）	0.4172**	（1.9977）	0.6511***	(3.0623)
$NATUR_i$	1.0968***	（6.3390）	1.1607***	（5.9625）	1.1807***	(6.0313)
$SOCIAL_i$	0.3631	（1.5337）	0.4475*	（1.7793）	0.3880	(1.5447)
$CITY_i$	−0.2361	（−1.0159）	−0.2722	（−1.0696）	−0.3011	(−1.1673)
SUB_i	−0.0167	（−0.0949）	−0.4215*	（−1.6614)	−0.4926*	(−1.9142)

续表

变量	全部信息服务业		软件服务业		互联网信息服务业	
调整的R^2	−0.1066		−0.5454		−0.7594	
LR统计量	420.7074		469.0015		408.8503	
显著性	0.0000		0.0000		0.0000	
样本数	265		265		265	
α	0.0571***	（4.4611）	0.0587***	（3.1515）	0.0647**	（2.1694）
常数项	1164.6630	（3.4231）	36.6344	（2.9671）	24.3532	（2.8081）
R-squared	0.0703		0.0364		0.0176	
F统计量	19.9012		9.9319		4.7064	
显著性	0.0000		0.0018		0.0309	

注：括号内为Z-statistic，***、**、*分别代表在1%、5%和10%的水平上显著。模型采用负二项分布模型的QML估计，α衡量了条件方差超出条件均值的程度。

从表7-2估计结果中可以看出邻近性对全部信息服务企业区位选择与集聚影响的几个特征。

一是有显著的邻近名牌大学的区位倾向。大学U_i与因变量呈负向的变动关系但结果并不显著，名牌大学U_N的结果是高度显著的，意味着名牌大学对信息服务企业形成较大的区位吸引力。这个结果与Quince和Partners（1985）对"剑桥现象"的分析一致，但却和美国计算机企业的区位选择倾向相反。王铮等（1999）对美国计算机企业的区位选择进行实证研究发现大多数公司有避开名牌大学、追随一般大学的倾向。本书的结论和邱报等（2001）[1]对上海高新技术产业的分析也较一致，他们的研究认为上海市高新技术产业在中心区的分布主要聚集在科学技术开发研究能力较强的院校附近，如上海交通大学、同济大学等。

二是有非常显著的邻近自然科学和自然科学技术研究机构的倾向。$NATUR_i$系数值都较高且极高度显著，意味着信息服务企业可能向这类研究机构寻求技术指导或者研发支持。社会科学和社会科学技术研究机构

1 邱报、孙娟、王铮、吴建平：《上海高新技术产业内部空间分布及区位分析》，《城市规划》2001年第1期，第46~48页。

SOCIAL$_i$对信息服务企业的影响则不显著。假设1和假设2得到验证。

　　三是邻近同行业代表性企业和企业众多的区域。FIRM$_i$在模型中是极高度显著的，从这个结果可以看出同行业知名企业有着较明显的示范效应，吸引了众多企业集聚。ZONE$_i$在模型中也是极高度显著的，说明企业集中度较高的开发区对信息服务企业这样的高新技术企业仍有吸引力，选择企业数量较多的区域方便了企业间的非正式交流和合作，可以享受集聚效应给企业带来的积极影响。假设3和假设4得到验证。

　　四是信息服务企业对地价不敏感，倾向于选择城市中心区域和近郊区。LAND$_i$的系数为负值，和假设5的预期结果相反。这说明信息服务企业对地价不敏感，地价高的城市中心区和地价较高的近郊区成为它们的主要区位。这个结果和空间分布中的分析也较一致，上海信息服务业没有出现明显的郊区化的趋势，主要集聚在中心城9区和近郊5区。这种区位指向和制造业企业相反。吕卫国、陈雯（2009）分析南京制造业企业的区位选择，发现制造业趋向于选择地价较低的区位，以降低企业固定成本，其中污染密集型制造业更是有明显的郊区化趋势。

　　二、对信息服务业中不同行业的估计结果与分析

　　从表7-2可看出，和全部信息服务业的估计结果截然不同的是，大学的相关变量都是不显著的，这说明软件服务企业并没有向大学所在的区域靠拢的倾向。NATUR$_i$的系数值比全部信息服务业的估计值略高且极高度显著，这意味着软件服务业有更强的邻近自然科学和自然科学技术研究机构的倾向；和另外两个子行业相比，SOCIAL$_i$的估计结果为正值而且是显著的，表明软件服务企业也把邻近社会科学研究机构作为其区位要素。FIRM$_i$、ZONE$_i$为正值且高度显著，表明软件服务企业也受同行业代表性企业和其他企业集聚的影响，选择邻近这些公司的区位。LAND$_i$是负相关且极高度显著，其系数值的绝对值在各个行业中最大，表明地价每提高一个等级，软件企业减少的数量超过40%，比全部信息服务业高出6个百分点，这表明软件业对邻近城市中心区的区位有着更高的需求。这也和软件行业在城区空间分布的结论是吻合的，软件服务企业在中心城核心3区和中心城外围6区所占的比重高达62.9%，远远高于其他两个行业。

表7-3 邻近性对计算机服务业和计算机系统服务业集聚影响的QML估计结果

变量	计算机服务业		计算机系统服务业	
常数项	4.3556	（11.9503）	3.0989	(7.8920)
Ui	−0.4222*	（−1.7382）	−0.1219	(−0.4793)
U_Ni	0.9231**	（2.0146）	0.6698	(1.3946)
FIRMi	0.5949***	（2.4798）	0.7603***	(3.1152)
LANDi	−0.3384***	（−6.7254）	−0.3207***	(−5.9279)
ZONEi	0.6778***	(4.2599)	0.7861***	(4.4558)
NATURi	1.0588***	(6.0379)	1.1293***	(6.1715)
SOCIALi	0.3532	(1.4770)	0.3142	(1.2845)
CITYi	−0.1803	(−0.7669)	−0.3672	(−1.4753)
SUBi	0.0144	(0.0817)	−0.5764***	(−2.8646)
调整的R^2	0.2608		0.1590	
LR统计量	365.7084		402.2310	
显著性	0.0000		0.0000	
样本数	265		265	
α	0.0637***	（6.0416）	0.0284***	（2.4588）
常数项	541.9932	（3.5309）	71.8561	（3.9626）
R−squared	0.1219		0.0225	
F统计量	36.5011		6.0458	
显著性	0.0000		0.0146	

注：括号内为Z-statistic或F-statistic，***、**、*分别代表在1%、5%和10%的水平上显著。

互联网信息服务业和软件服务企业相似，没有把邻近大学作为其区位选择的要素。和其他行业有所差别的是，$NATUR_i$的系数值更高，意味着它们邻近自然科学和自然科学技术研究机构的倾向更明显，更看重自然科学机构带来的技术性支持和专业的指导。$LAND_i$的系数也较大，表明这类企业也对地价不敏感，邻近中心城区的意愿也较强烈，仅次于软件服务业，对邻近市场中心区域、接近客户、区域形象好的区位有较强的区位指向性。这也证实了空间分布中的分析，上海互联网信息服务企业在中心城9区的比重达到60.8%。此外，互联网信息服务业与其他行业不同的是，没有选择邻近同行业代表性企业的区位，$FIRM_i$是不显著的，但它们选择邻近企业众多的开发区。

从表7-3可以看出，计算机服务业选择邻近大学的区域。与其他行业相比，该行业企业有较明显的选择邻近名牌大学的倾向。这类企业数量在全行业中比重最高，它们邻近大学、自然科学研究机构这些知识源的区域，希望分享大学知识溢出所带来的正的外部性，或者是和大学的合作为企业研发活动带来的积极影响。$FIRM_i$、$ZONE_i$的值都较高，表明计算机服务业邻近同行业代表性企业和企业众多的开发区的指向性更明显，特别是计算机系统服务业。$LAND_i$是极高度显著的，表明地价等级和企业数量成反比，但是与其他两个行业相比较，对城市中心区的倾向性不明显。从计算机系统服务企业估计的结果中可以看出，计算机系统服务业并没有选择邻近大学的区位，它们更看重邻近自然科学及自然科学技术研究机构、开发区和代表性企业的区位，其中，邻近开发区和代表性企业的倾向性最明显。

第五节　结论、讨论与政策建议

从全行业的实证分析中可以看出，都市内部信息服务企业有偏离一般大学、选择邻近名牌大学的区位倾向。同时，它们邻近自然科学和自然科学技术研究机构、邻近同行业代表性企业、邻近地价较高的城市中心区和近郊区、邻近企业集中度较高的开发区，实证分析的结论和根据上海信息服务企业样本所作的空间分布状况是一致的。假设1至假设4得以验证。由此可见，上海信息服务业空间分布并未出现明显的郊区化的现象。

从分行业实证结果中发现，各个行业的企业都选择邻近自然科学和自然科学技术研究机构。软件服务企业对地价最不敏感，越是邻近城市中心区这类企业越多，同时受同行业代表性企业影响，选择邻近这些公司的区位，说明这类企业对接近中心市场、方便和同行及客户交流的区位有着更高的需求。互联网信息服务企业的显著特点是对自然科学和自然科学技术研究机构依赖性更强一些，希望得到专业机构的技术扶持，但是没有选择邻近大学或者同行业的知名企业，而是选择邻近开发区的区位策略。计算机服务业和其他两个子行业不同的是它们邻近一般大学，对于名牌大学的区位指向性更明显。计算机系统服务企业和计算机服务业不同的是，它们完全偏离邻近大学的区位，邻近开发区和代表性企业的意愿更强烈。

本书结论和前面在空间分布中分析的结果也是吻合的。虽然城市中心地区的地价较高，但是通达性好，更容易接近客户，而且有较好的基础设施和环境条件，更能吸引信息服务企业进驻。并且，和制造业相比较而言，信息服务企业办公用地面积较小，土地成本占要素成本的比重较小，具有较高的土地产出效率及较高的土地竞租能力。因此，地价没有成为制约信息服务企业选址的因素，开发区或高新技术园区用低地价的优惠政策吸引这类企业进驻的效果可能是有限的。软件服务业和互联网信息服务企业没有选择邻近大学的区位，它们是否选择靠近市场容量相对较大的中心市场或者更看重其他的区位要素，有待进一步研究。

计算机系统服务业和其他行业相比，邻近企业数量众多的开发区的区位倾向更明显，代表性企业对这类行业的示范效应更显著。代表性企业中那些具有创新能力的、增长较快的公司往往具有支配能力，成为上海信息服务业发展的核心推动力，它们是否对其他企业产生吸引作用和扩散作用，如何对吸引作用进行量化研究等，有待今后作进一步的研究。计算机系统集成包括设备系统集成和应用系统集成，需要解决各类设备、系统平台及应用软件等各个环节的产品供应，该行业的发展需要软硬件企业的合作共同完成产品的生产，其区位选择是否更多地考虑和其他企业的合作，或者是和制造业厂商的合作，也有待进一步研究。

鉴于以上的研究，提出以下的政策建议。一是在城市中心区建立以徐汇区为中心的软件服务业集聚带。由于软件服务企业对地价不敏感，对区域形象好的区位有更大的需求，因此，可以考虑在城市核心区的外围规划软件服务业集聚带，使之能较好地体现规模经济效应。二是建立以浦东为中心的互联网信息服务业集聚带。浦东有较好的信息产业发展基础，并且高科技园区内企业众多，方便企业之间的交流与合作。三是培育代表性企业，使之成为上海信息服务业发展的"增长极"，也就是具有创新能力、增长较快的推动型企业，在空间上吸引其他企业，推动"发展极"地区优先增长的同时，可以带动相邻地区的共同发展，从而促进整个行业的发展。四是加强开发区或高新技术园区基础设施建设、优化市场环境。由于低地价的优惠政策对信息服务企业的影响是相当有限的，因此优化高新技术园区的软环境和硬环境是政府提升区域竞争力的重要策略。

第八章 知识外部性、区位选择与信息服务业集聚——以上海为例

上一章讨论了地理邻近性对信息服务企业集聚的影响，研究发现信息服务企业有偏离一般大学的倾向，选择邻近名牌大学的区位。三个子行业中，企业数量最多的计算机服务业有较显著的邻近一般大学的区位倾向。在这一章，将论证大学知识的空间溢出所产生的知识外部性，探讨大学知识地方化地理溢出的范围，在理论上研究大学知识空间溢出对信息服务企业集聚的影响。知识外部性与集聚之间的关系是相互强化的，往往表现为循环累积的因果关系，很难将这一过程模型化。尽管Krugrman（1991a）、Venables（1996）[1]试图通过引入区位因素架起经济和地理之间的桥梁，但由于建模的困难，并未将知识溢出促使集聚的过程模型化。造成这一困境的原因在于：一是在知识溢出发生机制不是很清楚的情况下，将空间因素纳入经济分析存在理论障碍；二是知识溢出与集聚的内生因果循环关系需要动态框架来描述（赵勇、白永秀，2009）[2]。

基于空间相互作用理论引入引力指数和覆盖指数，对大学知识地方化溢出的空间局限性进行研究，并以上海为例，证明大学知识在空间上的溢出的范围和界限。进一步地，讨论大学知识以及大学培养的人力资本所产生的外部性对信息服务业集聚的影响，间接地证明知识外部性促进信息服务业集聚。

1　Venables A. J, "Equilibrium Locations of Verticaly linked Industries", *International Economic Review*, 1996(37),pp.341～359.

2　赵勇、白永秀：《知识溢出：一个文献综述》，《经济研究》2009年第1期，第144～156页。

第一节 引言

高科技企业依托大学或研究机构众多的地方集聚成为较普遍的现象。例如，全球知名的硅谷邻近斯坦福大学、波士顿128号公路邻近麻省理工学院、剑桥高科技园区邻近剑桥大学，作为高科技企业集聚区的典型代表，在发展过程中得益于大学这一创新源的知识溢出。

大学对高科技企业的区位吸引力及知识溢出方面存在着不同的观点。有些学者证实大学的出现对于区域高技术生产、新企业孵化与研发活动顺利实施产生显著的正面效应（Jafffe，1989）[1]。Anselin，Varga 和 Acs（1997）[2]重新探讨了大学研究和高技术创新之间空间溢出程度的经验证据。大学在技术创新的过程中起了重要的作用，不仅作为基础研究的生产者，而且以高技能劳动力的形式创造人力资本。这两个方面的研究从理论上和实证方面都得到了相当多的关注。在技术创新激励和较高的生产率方面，大学研究的重要性得益于其研究的公共的、良好的性质，并且以知识溢出的形式对私人部门产生了积极的外部性。大学知识溢出和人力资本的发展都成为私人部门研发和高技术生产的重要区位因子（Maleki，1991）[3]。Florax（1992）[4]把大学的作用看成是"增长的发动机"、"区域的引擎"。

有的学者持相反的观点，他们认为高等院校对高技术企业的区位吸引

1　Jaffe A. B, "Real Affects of Academic Research", *American Economics Review*, 1989(79),pp. 957 ~ 970.

2　Anselin L., Varga A., Acs Z, "Local Geographic Spillovers between University Research and High Technology Innovations", *Journal of Urban Economics*,1997(42),pp. 422 ~ 448.

3　Malecki E, *Technology and economic development*, Longman Scientific and Techncal, Essex,1991.

4　Florax R, *The university: a regional booster? Economic impacts of academic knowledge infrastructure*, Avebury, Aldershot,1992.

力是微弱的、不显著的。Link和Rees（1990）[1]、Rees（1991）[2]、Malecki和Bradbury（1992）[3]指出大学区位吸引力和研究活动只是表现出极少的关联。Montgomery（1993）[4]认为大学研究活动和高技术区位或研发区位之间没有关联。王立平（2005）[5]的研究发现我国高校对区域高技术产业的知识溢出程度偏小，辐射影响力不强，主要原因是我国高校R&D投入不足，导致高校知识生产的功能没有充分发挥。韩剑（2009）[6]认为高等院校研发支出对于我国企业研发的溢出效应并不突出，我国国内的大学与企业之间合作交流太少，缺乏有效的沟通和交流机制，企业自我研发能力的薄弱，无法给新技术提供中试和深入开发的机会，而高等院校也没有通过技术指导、技术援助、咨询、人员培训、产品样品等方式进行技术转移，实现间接的知识溢出。

多数学者的研究从国家层面、州的层面这些较大的空间单元出发探讨大学知识的空间溢出。在美国，几乎所有的关于大学知识的地理溢出方面的实证研究都是格里理彻斯-杰菲（Griliches-Jaffe）知识生产函数在州这一层面上的应用，极少数的明显的例外是用来自于调查问卷或者专利信息的微观数据所作的研究（Anselin，Varga and Acs，1997）。国内对知识溢出的研究，也多从省际层面探讨知识溢出的空间作用及其对邻近区域的影响，空间单元较大。王立平（2005）以我国29个省作为样本，研究发现一个区域高等院校知识生产不仅增加自身区域的知识存量，而且会溢出到邻近区域，引起邻近区域知识存量的增加。

1　Link A., Rees J, "Firm size, university based research and returns to R&D", *Small Business Economics*, 1990(2),pp.25~32.

2　Rees. J, "State technology programs and industry experience in the United States", *Review of Urban and Regional Development Studies*, 1991(3),pp.39~59.

3　Malecki E., Bradbury S. L, "R& D facilities and professional labour: labour force dynamics in high technology", *Regional Studies*, 1992(26),pp.123~136.

4　Beeson P. and Montgomery E, "The effects of colleges and universities on local labor markets", *The Review of Economics and Statistics*, 1993(75),pp.753~761.

5　王立平：《我国高校R&D知识溢出的实证研究——以高技术产业为例》，《中国软科学》2005年第12期，第54~59页。

6　韩剑：《知识溢出的空间有限性与企业R&D集聚——中国企业R&D数据的空间计量研究》，《研究与发展管理》2009年第6期，第22~27页。

本章以上海为例，从都市区内部更小的空间单元——邮编区着手，在分析上海信息服务业的空间分布的基础上，基于空间相互作用原理引入引力指数和覆盖指数，探讨大学知识在邮编区这一层面上的地理溢出，进而考察知识外部性对信息服务企业集聚的影响。国外越来越多的学者关注大学知识的空间溢出，但是国内对大学知识的溢出范围及地方化溢出的研究较少，本书的研究弥补了这个不足。

第二节　理论分析与研究假设

一、可编码知识外部性和人力资本外部性

由于隐性知识较难量化，因此本书关于知识外部性的探讨主要是指可编码知识溢出所产生的外部性和人才作为知识的载体而带来的人力资本外部性。这种外部性，来自产业外部，不同于马歇尔-阿罗-罗默外部性，即MAR外部性。MAR外部性来自产业内部，关注的是同一产业不同企业之间的知识溢出。我们所关注的是来自产业之外的知识源或者创新源对信息服务企业所产生的积极的外部性，换句话说，也就是关注信息服务企业选择聚集在名牌大学和研究机构附近的动因。

Jacobs（1969）[1]、Teece（1977）[2]将知识分为可编码知识和缄默知识。可编码知识可以通过语言、书籍、文字、数据库等编码方式传播和学习，属于显性知识。可编码知识的扩散主要通过大众媒介在空间扩散，是一个由近邻向外扩散的过程，随着距离的增加而衰减。不过，由于信息技术的发展，可编码知识的传播成本可以不受距离成本的约束。由于可编码知识嵌入程度较低，因此较容易从一个个体和环境转移到另一个个体和环境。大学的基础研究具有公共产品的属性，其研究成果的传播会刺激技术创新，这种正的外部性以知识溢出的方式使众多科技型中小企业获益。高等

1　Jacobs J, *The economies of cities*, New York: Vintage,1969.

2　Teece D.J, "Technology transfer by multinational firms: the resource cost of transferring technological know-how", *The Economic Journal*,1977(6).

院校还可以通过技术指导、技术援助、咨询、人员培训、产品样品等方式进行技术转移，实现间接的知识溢出。此外，可编码知识更易于清晰地在企业组织间转移（Kogut和Zander，1992）[1]。总之，大学知识的转移与扩散促进了当地技术水平的提升，是经济外在性的一种表现，可编码知识外部性成为吸引信息服务企业入驻大学所在区域的主要原因之一。

人才是知识的载体，区域内人才的流动有助于信息与技术的快速扩散与资源的快速整合。科技人员面对面的接触和人力资本的流动会产生积极的外部效应。大学所培养的人才可以作为高科技行业发展的人才储备，对信息服务业的发展有积极的推动作用。由于信息服务公司和大学在地缘上接近，方便了公司的员工和大学研究人员之间进行非正式交流，加快了知识扩散速度，促进创新活动的开展。在信息服务行业，一旦发生雇员流动，就会产生溢出效应。这种流动包括人力资本的有形转移和人力资本的无形转移或人员之间的面对面接触。在人才流动的过程中，知识溢出效应进一步扩大，会超越大学所在的区域，延伸、扩散到其他的区域。此外，大学的科技人员以各种形式直接参与高科技企业的研发活动，大学教师、研究生到信息服务公司兼职，知名教授也可能兼任公司顾问或者董事会成员。信息服务企业会主动寻求大学的科技扶持，为大学的研究项目提供经费援助。通过这种良性互动的方式，形成产学研相互支撑的有机联合体，吸引更多的企业进驻这个区域。因此，公司间、产业间以及公司企业和知识机构之间的联系越紧密，创新发生的可能性越大，创新与公司间联系的数量呈线性比例增长。总之，大学成为信息服务业企业创新的重要外溢来源之一，相关企业为了更便利地合作与交流，享受大学知识溢出所带来的正外部效应，往往会选择集聚在某一特定的区域。

基于以上分析，提出以下假设：

假设1：大学所发表的可编码成果越多，校企之间的距离就越短，信息服务企业越可能邻近这样的大学。

假设2：可编码知识被引用状况较好的大学，其所在区域也吸引信息

1　Kogut B.,Zander U,"Knowledge in the firm, combinative capabilities and the replication of the technology", *Organization Science*,1992,3(3),pp.383～397.

服务企业进驻。

假设3：信息服务企业对培养专业人才较多的大学有较明显的区位指向性，越可能邻近这类大学所在的区域。

假设4：大学发表可编码成果较多的区域，信息服务企业数量较多。

假设5：大学培养的人力资本较集中的区域，信息服务企业集聚程度较高。

二、基于空间相互作用理论的大学知识地方化地理溢出

地方化知识溢出（Localized knowledge spillovers，即LKS）可以定义成在空间上有界限的知识外部性。这种外部性意味着允许企业以比竞争对手更快的速度将就近的重要知识源引入创新活动（Breschi and Lissoni，2001）[1]。

很多学者对知识溢出的空间界限进行研究，认为知识具有地方公共产品的特性，其溢出具有地方化的特征。现代信息技术水平的提高使可编码知识被引用的成本大大降低，当地的企业可以和高等院校、科研机构合作，有效地利用科研成果。知识流动、传播的速度加快，使知识有可能在全球范围内扩散，不过，不排除知识溢出存在空间局限性，亦即知识和技术的传播存在地域性（梁琦，2004）[2]。

目前学者们从专利引用的空间状况、R&D溢出范围、人力资本流动、大学科学家与企业的空间分布等角度考察知识溢出的地方化，对LKS促进企业集群创新活动发挥重要作用的认识比较一致。近年来的研究还涉及知识溢出是否具有地理邻近性特征，是否存在多层面的地区溢出现象，知识溢出的地方性特征对地方生产体系和创新活动的影响等（李青，2007）[3]。Feldman（1999）[4]认为地方化知识溢出是创新活动地理集聚的主要原因。

1　Breschi S. and Lissoni F., "Knowledge spillovers and local innovation systems: a critical survey", *Industrial and corporate change*,2001,vol.10 (4),pp.975 ~ 1005.

2　梁琦：《知识溢出的空间局限性与集聚》，《科学学研究》2004年第22卷第1期，第76 ~ 81页。

3　李青：《知识溢出:对研究脉络的基本回顾》，《数量经济技术经济研究》2007第6期，第153 ~ 161期。

4　Feldman M.P, "The new economics of innovation, spillovers and agglomeration: a review of empirical studies", *Economics of Innovation and New Technology*, 1999(8),pp. 5 ~ 25.

Jaffe、Trajtenberg 和Henderson（1993）[1]比较了专利引用与被引用专利的地理位置，发现国内专利更多的是在国内被引用，也更多地来自和被引用专利相同的州和同一个标准的都市统计区（SMSA）。这些影响，在当地标准的都市统计区层面上特别显著，将此作为知识溢出地方化的证据。随着时间的推移，地方化溢出效应消退，但非常缓慢。Audretsch和Feldman（1996）应用创新数据分析了美国研发溢出和创新的地理分布，发现产业中知识溢出和创新活动的空间集聚是相互联系的，在新经济知识发挥重要作用的产业中，知识外部性更普遍地存在，创新活动的空间集聚倾向更高，以此来说明溢出效应具有地方化特征。Zucker、Darby 和Armstrong（1998）[2]发现研究型大学中出色的科学家们通过和企业合作或是受雇于企业，对当地企业产生了积极的影响。

这里将引入基于空间相互作用理论的引力指数和覆盖指数来体现大学知识在邮编区层面上的地方化地理溢出。空间相互作用模型是城市、区域研究的经典方法，是从牛顿万有引力模型演化而来。19世纪80年代，英国人口学家拉文斯坦（Ravenstein）将引力模型应用到社会科学领域，1969年，威尔逊（Wilson）提出最大熵模型，使空间相互作用理论获得突破性进展。美国地理学家哈弗（D. L. Huff）、拉什曼南（T. L. Lashmanan）和汉森（W. H. Hansen）将威尔逊（A. G. Wilson）的空间相互作用理论引入商业地理，分别发展了市场概率模型和购物模型（薛领、杨开忠，2005）[3]。从现代区位分析角度，空间相互作用是研究空间流、网络、结节点、场以及扩散等问题的出发点。Anselin、Varga和Acs（1997）用大家所熟悉的Griliches-Jaffe知识生产函数估计在州和大都市统计区水平上的溢出，并用更精确的空间溢出度量方法扩展了这个研究。他们基于引力指数和覆盖指数来阐述Jaffe的地理一致性指数，并

1　Jaffe A. B., Trajtenberg M. and Henderson R., "Geographic Localization of Knowledge Spillovers as Evidenced by Patent Citations", *Quarterly Journal of Economics*,1993, 108(3),pp. 577～598.

2　Zucker L. G., Darby M. R., Armstrong J., " Geographically Localized Knowledge: Spillovers or Markets? ", *Economic Inquiry*, 1998, 36, (1),pp. 65～86.

3　薛领、杨开忠：《基于空间相互作用模型的商业布局——以北京市海淀区为例》，《地理研究》2005年第3期，第265～273页。

发现用它来提供州一级地方化溢出效应的有力证据。他们在大学研究和高技术创新活动之间发现了本地的空间外部性的证据，都是直接和间接地通过私人的研究和发展活动。他们证实了大学研究和创新活动之间正向的、显著的相关关系，直接地、间接地通过它对私人部门的研发产生影响；发现大学在创新方面研究成果的溢出延伸到距离大都市统计区50英里以内的范围，但对私人研发部门并没有产生这样的影响。安瑟林、瓦格和阿克斯（Anselin，varga and Acs，2000）[1]用美国都市统计区的数据研究大学知识在本地的地理溢出，结果表明本地大学在创新的影响方面，存在着显著的部门差异。大学溢出效应对医药、化学行业和机械部门不起作用，相反地，大学研究成果溢出在电子和仪器设备行业有非常强、显著的影响，这些溢出效应扩大，超出大都市统计区的界限，这个界限在距离中心城区75英里范围内。

引入两种指数。一种是重力或引力指数，是与距离衰减参数相关的、与邮编区之间距离的平方成反比的反距离函数。安瑟林、瓦格和阿克斯（Anselin，varga and Acs，1997）利用引力指数和覆盖指数来衡量美国大学研究在43个州和125个大都市统计区层面上本地的地理溢出。

引力指数用公式8.1表示：

$$GRAV_i = \sum_j U_j/(d_{ij})^2 \qquad (8.1)$$

在这里，i，j代表不同的邮编区。U代表大学在海内外发表的成果总和，即表8-1中ABORD和CIVIL相加之后的数值，d_{ij}是两个邮编区之间的空间相邻距离矩阵，借鉴Anselin，varga and Acs，（1997）的做法，将距离摩擦系数取值为2。$GRAV_i$代表作用力，是指i区域大学知识对信息服务企业的综合吸引强度，也可以解释成势能或潜能。势能或潜能表示一个物体对另一个物体产生的能，所有物体对一点所产生的潜能，等于每个物体所产生的潜能的总和。一般来说，这种综合吸引强度与大学知识成正比，与企业到大学的距离的平方成反比。空间距离越近，则势能越大，知识溢出越大，溢出效应随着距离而衰减。这样，知识溢出在某种程度上就具有地方

1　Anselin L., varga, A. and Acs Z. J, "Geographic spillovers and university research: a spatial econometric perspective", *Growth and Change*, 2000(31),pp. 501～516.

化的特征。

另外一个指数是覆盖指数，可以用来衡量并反映大学知识溢出在一个既定距离的波段范围内是如何进行的。

覆盖指数用公式8.2来表示：

$$COV_i = \sum_j \delta_{ij} \cdot U_j \qquad (8.2)$$

在这里，当d_{ij}小于或者等于一个关键的覆盖距离的时候，δ_{ij}取值为1，否则取值为零。鉴于都市区内部大学知识溢出距离的有限性和本书研究的空间单元较小，本书覆盖距离的取值为5、10、20、30、40、50公里，分别用COV5、COV10、COV20等来表示，比较不同的覆盖距离取值对估计结果的影响。

基于空间相互作用理论，应用引力指数和覆盖指数衡量大学知识地方化溢出的效应，据此提出以下假设：

假设6：大学发表的可编码成果越多，则大学所在区域对信息服务企业的综合吸引强度越大，地方化的地理溢出效应越明显。

假设7：大学所培养的专业性人才越多，越能吸引信息服务企业进驻该区域。

假设8：邮编区之间的覆盖距离越小，可编码知识的地方化溢出效应越显著。

假设9：邮编区之间的覆盖距离越小，人力资本外部性的影响越显著。

第三节　研究设计

一、指标设计和数据来源

以邮编区为空间分析单元，借鉴Audretsch和Lehmann等（2005）的做法，将企业到大学的距离作为因变量来衡量大学的知识溢出效应。一般来说，知识溢出效应随着空间距离的增加而衰减。上海信息服务企业的样本来源于截至2008年底的上海工商统计信息[1]。

将信息服务企业到最近的名牌大学的距离FTOU作为因变量[2]，用校企之间的直线距离即欧氏距离表示，由ArcGIS软件算出。

表8-1　变量的代码与定义

变量代码	定义
FTOU	信息服务企业到最近的名牌大学的距离
NUM_d	邮编区内信息服务业的企业密度
CIVIL	大学2000～2008在国内年发表论文的平均值
CIT_IN	大学2000～2008年国内发表论文被引用平均值
CIT_IA	大学2000～2008年国内发表的每篇论文被引用平均值
ABORD	大学2004～2009年海外发表论文的平均值
CIT_EX	大学2004～2009年海外发表论文被引用平均值
CIT_EA	大学2004～2009年海外发表的每篇论文被引用平均值
STUDENT	大学在校生数（2009）
CITYi	处于中心城区的邮编区
SUBi	处于远郊区的邮编区

名牌大学选取的标准是上海9所985或211高校。由于研究机构所发表成果的数据较难获取，本书选择大学发表的成果作为研究对象，用大学发表的显性成果的溢出来代表知识外部性的影响。上海各个大学在海外及国内发文量、被引量、篇均被引值的数据分别来源于中国科学指标数据库中国机构海外指标分析中2004～2009年、中国国内科学论文科学指标分析2000～2008年的数据。由于数据来源的时间跨度不一致，因此将数据处理成均值。

人力资本是知识的载体，用STUDENT来表示大学在校生数，用这个指标体现人力资本外部性的影响。数据来源于2009年各个大学发布的数据。

NUM_d为信息服务企业在各个邮编区的企业密度，将邮编区内信息服务企业数量和土地面积的比值定义为企业密度，代表集聚水平的高低。

此外，将上海分为中心城9区、近郊5区和远郊5区三个圈层，设置CITY$_i$、SUB$_i$为区位变量，也是控制变量，分别代表处于中心城区和远郊区的邮编区，处于该区时变量赋值为1，否则为零，i的取值是1，2，3……

1　数据来源详见第五章第三节。

2　由于邮编区内企业的地理坐标是邮编区的中心点，企业到大学的距离其实就是邮编区到大学的距离。

265。各变量的代码及含义见表8-1。

二、研究方法

（一）主成分分析法

由于大学在海内外发表成果的相关指标共有6个，为了简化分析，采用主成分分析法将多个变量信息组合成两个综合指标，用这两个指标来反映6个原始变量的变化情况。主成分分析法可以有效浓缩信息，通过降维实现指标结构的简化，使分析问题简单直观有效。用简化后的第一主成分和第二主成分指标代表大学可编码知识发表的数量和被引用的状况，分别用CODE和CITE来表示。

对大学发表成果的6个相关变量进行标准化处理，然后再进行主成分分析，前两个主成分的累计贡献率达到93%，基本上能反映原始变量的变化情况，因此考虑提取前面两个主成分，称第一主成分为可编码知识成分，第二主成分为被引用知识成分。

第一主成分CODE[1]：

$$0.427 \times CIVIL* + 0.364 \times CIT\_IN* + 0.420 \times CIT\_IA* + 0.354 \times ABORD* + 0.438 \times CIT\_EX* + 0.438 \times CIT\_EA*$$

第二主成分CITE：

$$（-0.348）\times CIVIL* + 0.564 \times CIT\_IN* +（-0.349）\times CIT\_IA* + 0.626 \times ABORD* +（-0.174）\times CIT\_EX* +（-0.129）\times CIT\_EA*$$

（二）分位数回归

对FTOU、NUM_d等因变量进行核密度估计，图8-1至图8-6显示企业到大学的距离FTOU、信息服务企业密度NUM_d、重力指数GRAV、引力指数COV5、COV10、COV20都是高度倾斜的，由于因变量这种倾斜度较大的分布，因此考虑使用分位数回归。在对FTOU进行统计分析的过程中，发现有91%的邮编区企业到大学的直线距离是在40公里的范围内，所以选择91%的分位点进行回归。这个分位数的选择主要基于以下两方面的考虑：一是由于考察都市区内部大学对信息服务企业的知识溢出，假定这个距离

1　加*号代表标准化处理过的变量。

范围是校企之间最大的距离；二是假定这个直线距离是信息服务企业员工每天到企业最大的通勤距离。

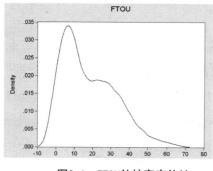

图8-1 FTOU的核密度估计

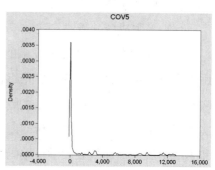

图8-2 COV5的核密度估计

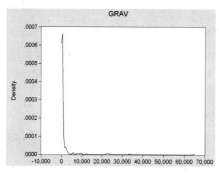

图8-3 GRAV的核密度估计

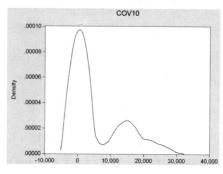

图8-4 COV10的核密度估计

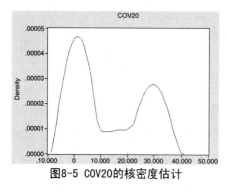

图8-5 COV20的核密度估计

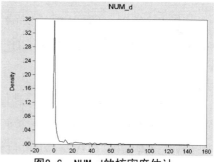

图8-6 NUM_d的核密度估计

Koenker和Bassett（1978）[1]最早提出线性分位数回归的理论。与普通的均值回归相比，分位数回归能充分反映自变量对于因变量的分布的位

---

1 Koenker R.,Bassett G. J, "Regression Quantiles", *Econometrica*,1978 (46),pp.33 ~ 50.

置、刻度和形状的影响，有着十分广泛的应用，尤其是对于一些非常关注尾部特征的情况。实际上，它是中位数回归的一种推广。相对于最小二乘估计，分位数回归对条件分布的刻画更加细致，能给出条件分布的大体特征。每个分位点回归都赋予条件分布上某个特殊点（中央或尾部）的一些特征；把不同的分位点回归集中起来就能提供一个关于条件分布的更完整的统计特征描述，并且不同分位点下所给出的参数估计本身也可能有进一步探讨的意义。与最小二乘法通过使误差平方和最小得到参数的估计不同，分位数回归是通过使加权误差绝对值之和最小得到参数的估计，因此估计量不容易受到异常值的影响，从而估计更加稳健。分位数回归法的特殊情况就是中位数回归（最小一乘回归），用对称权重解决残差最小化问题，而其他条件分位数回归则需要用非对称权重解决残差最小化（陈建宝、丁军军，2008）[1]。

设随机变量Y的分布函数为$F(y)=P(Y \leq y)$，则Y的第τ分位数为：

$$Q(\tau)=\inf\{y:F(y) \geq \tau\} \qquad (8.3)$$

其中，τ可以取0～1之间的任何值，中位数可以表示为$Q(\frac{1}{2})$。

对于Y的一组随机样本$\{y_1, y_2..., y_n\}$，样本均值是$\min \sum_{i=1}^{n} (y_1-\xi)^2$的最优解，而样本中位数是最小化残差绝对值和的解，即

$$Q(\frac{1}{2})=\min_{\xi \in R} \sum_{i=1}^{n} |y_i-\xi| \qquad (8.4)$$

对于其他的第τ分位数，可以求解式（8.5）：

$$\min_{\beta} \left[\sum_{i \in \{i:y_i \geq \xi\}} \tau|y_i-\xi| + \sum_{i \in \{i:y_i < \xi\}} (1-\tau)|y_i-\xi| \right] \qquad (8.5)$$

依靠（8.5）式的线性规划，可以估算出 y 的相应分位点上的回归系数。

其实，分位数回归就是一种在因变量的条件分布的不同点上量化自变量的技术（Eide and Showalter，1999）[2]。Audretsch and Lehmann（2005）

1　陈建宝、丁军军：《分位数回归技术综述》，《统计与信息论坛》2008年第3期，第89～96页。

2　Eide，Eric R. and Mark H. Showalter，"Factors affecting the transmission of earnings across generations : a quantile Regression approach"，*Journal of Human Resources*，*Spring* 1999，(34) 2，pp.253.

认为这种半参数技术提供了一个一般化的模型，在这个模型中条件分位数有一个线性的形式。他们用分位数回归实证分析大学知识溢出和新创企业的区位选择策略问题，发现新创的技术型企业有邻近大学的区位倾向。陈建宝、丁军军（2008）认为分位数回归对于实际问题能提供更加全面的分析，无论是线性模型还是非线性模型，分位数回归都是一种很好的工具，它对一般回归模型做了有益的补充。

第四节　实证结果与分析

一、上海信息服务业的空间自相关分析

用全局空间自相关指数考察都市区信息服务企业在空间上的相互依赖性，通过计算得到全局Moran's I的值为0.2036[1]，这表明上海信息服务企业在空间分布上具有明显的正自相关关系，这种正的空间自相关意味着地图上相似的值倾向于聚集在一起，表明某些相邻地区的特性相似，出现了地理集中的现象。由此可见，上海信息服务企业在空间上存在明显的集聚现象，并没有处于完全随机的分散状态。

全局Moran's I是一种应用非常广泛的空间统计量，用来表明属性值之间的相似程度以及在空间上的分布模式，但它并不能区分是高值的空间集聚还是低值的空间集聚，有可能掩盖不同的空间集聚类型（马荣华等，2007）[2]。全局自相关分析中关于空间平稳性的假设变得非常不现实（Anselin，1995）[3]。全局自相关分析无法体现个体集群或者小的集聚区域，因此，为了评价本地集群的存在性，有必要用到局部的空间统计量

1　检验统计量Z-Score为12.2664，P值是0.0000，极高度显著。Z-Score是用来识别一个特定的相邻区域内体现出来的全局空间自相关的显著程度。

2　马荣华、蒲英霞、马晓冬：《GIS空间关联模式发现》，科学出版社2007年版，第103～105期。

3　Anselin L, "Local indicators of spatial assocaiation—LISA", *Geographical Analysis*, 1995 (27),pp. 93～115.

（Rogerson，2006）[1]。局部空间统计指标Anselin Local Moran's I可以用来检验局部的空间自相关，在全局相邻模式中用全局Moran's I无法明显地表达出来的个别区域集聚，在这个指数中可以清晰地体现（见图8-7）。

图8-7表明，信息服务企业集聚程度较高的区域集中在中心城核心3区和中心城外围，自西南向偏东北方向分布，它们是莘庄镇、梅陇镇、七宝镇、虹桥镇、漕河泾街道、田林新村街道、徐家汇街道、龙华镇、仙霞新村街道、长风新村街道、静安寺街道、石门二路街道、芷江路街道、大宁路街道、曹家渡街道、五里桥街道、金陵东路街道、董家渡街道、淮海中路街道、塘桥镇、北蔡镇、张江镇、潍坊新村、洋泾镇、四平路街道、五角场镇等。

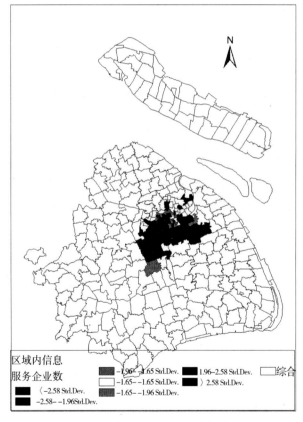

图8-7 上海信息服务业的局部空间自相关分析

1　Rogerson PA,"Statistical methods for the detection of spatial clustering in case ~ control data",*Stat Med* 2006,25,pp.811－823.

二、大学知识空间溢出与地方化地理溢出估计结果与分析

从表8-2变量的描述性统计结果中可以看出， FTOU的均值为18.1528，大于其中位数15.12，说明可能有个别区域中企业离大学的距离较远，远超于中位数的距离。COV10、COV20、NUM_D的均值也都远大于其中位数的值。上海有相当多邮编区内没有大学，因此很多区域内在校大学生数、覆盖距离为10、20公里时的覆盖指数数值为零，由此可见，均值的代表性可能受到影响，用中位数来度量中心趋势可能比较合适。

表8-2　变量的描述性统计

变量	Mean	Median	Maximum	Minimum	Std. Dev.
COV5	1514.017	0	12937.28	0	3346.592
COV10	5388.095	90.222	27139.32	0	7883.934
COV20	12332.89	3714.773	32454.1	0	13269.19
GRAV	1084.098	67.722	64856.04	7.132	5049.564
FTOU	18.537	15.047	62.963	0	15.512
CODE	0	−0.443	21.768	−0.443	2.198
CITE	0	−0.166	4.939	−6.145	0.875
STUDENT	2300.713	0	72414	0	8324.239
NUM_D	6.0604	0	141	0	16.2309

对所有解释变量相关系数的计算表明，CITE、CODE、STUDENT之间具有较高的相关性，为了消除严重多重共线性问题，将上述变量分别引入模型进行估计。

（一）大学知识与人力资本的空间溢出

表8-3报告了中位数回归和91%分位点回归的结果，可以看出后者的估计结果更好。在FTOU为因变量的估计中，如果自变量的系数值为负，则说明信息服务企业离大学越近，知识的空间溢出越显著。

可编码知识CODE的系数值为负且是极高度显著的，表明可编码知识呈现较明显的溢出效应，而且随着距离的增加而衰减。可编码成果越多，校企之间的距离就越短，意味着更多的信息服务企业可能选择邻近大学的区位。假设1得以验证。

被引用知识CITE和校企之间距离成负向的变动关系但结果是不显著

的，表明大学发表成果的被引用情况并没有显著的溢出效应。假设2没有得到验证。

STUDENT的系数值为负且高度显著，可见，信息服务企业倾向于毗邻有较多在校生的大学。假设3得以验证。大学作为人力资本的供给者，为信息服务业的发展提供专业性人才，人力资本是知识溢出的有效载体，促进了知识流动和技术转移。一般来说，研究型高校知识溢出的一种模式：即通过招募区域内人才到区域内企业工作的方式加强了区域联系和相互作用（菲尔德曼Feldman，2002）[1]。不过，相比较而言，人力资本的估计结果虽然是高度显著的，但是系数值较小，表明与可编码知识的外部性效应相比较而言，人力资本的外部性作用较为微弱。总之，高等院校基础研究的知识溢出与专业性人才培养是知识溢出的两种渠道，共同构成一个地区的区位优势，吸引信息服务企业这类高科技企业集聚。

表8-3　大学知识空间溢出的估计结果

变量	Median			0.91-quantile		
常数项	9.9695	10.0941	10.1879	24.6936	25.6292	25.7332
CITE	−0.0860			−0.2385		
	（−0.2245）			−0.5649		
CODE		−0.1843*			−0.2349***	
		（−1.9162）			（−2.5863）	
STUDENT			−0.0001			−0.0001**
			−1.5600			（−2.2827）
CITY	−6.7009***	−6.7792***	−6.7914***	−19.5162***	−19.5162***	−18.6335***
	（−7.3214）	（−7.3764）	（−7.4118）	（−11.7792）	（−12.0166）	（−11.3637）
SUB	20.8218***	20.6299***	20.6177***	23.6352***	23.6352***	23.6352***
	（13.8312）	（13.6188）	（13.5256）	（6.7362）	（6.7358）	（6.7483）
Pseudo R^2	0.4780	0.4822	0.4821	0.4573	0.4593	0.4590
Quasi-LR统计量	420.7921	429.2015	429.6674	231.4372	239.5063	229.6355
Prob	0.0000	0.0000	0.0000	0.0000	0.0000	0.0000
样本数	265	265	265	265	265	265

注：括号内为t-Statistic，***、**、*分别代表1%、5%、10%的显著性水平。

1 Feldman, M.P., "The Internet revolution and the geography of innovation", *International Social Science Journal*,2002(54),pp.47 ~ 56.

（二）大学知识与人力资本的地方化溢出

引力指数作为因变量对与大学相关的各项指标的中位数回归及91%的分位点回归结果都很好，从表8-4中可以看出，CODE、STUDENT在91%分位点的系数值大于中位数回归的系数值。相比较而言，后者的分析结果更好。

CODE、STUDENT的估计结果都是极高度显著的，表明大学发表的可编码成果越多，培养的专业性人才越多，则大学对信息服务企业的综合吸引强度越大，地方化的地理溢出效应越明显。其中，CODE的系数值很大，表明可编码知识对信息服务企业产生极强的吸引力，有着强大的势能，吸引企业进驻大学所在的区域。假设6、假设7得以验证。

CITE的估计结果不显著，这意味着被引用知识对信息服务企业没有产生足够的吸引力，地方化溢出效应不明显。

表8-4　引力指数与大学知识地方化溢出的估计结果

变量	GRAV					
	Median			0.91-quantile		
常数项	205.8069	645.8048	80.7626	662.9802	1199.3970	456.2688
CITE	503.5058***			414.0848***		
	（17.4151）			（4.3243）		
CODE		1221.177***			1607.548***	
		（265.7682）			（59.9531）	
STUDENT			0.12607***			0.5263***
			（4.2661）			（21.2147）
CITY	725.1876***	658.2452***	699.989***	10608.55***	1808.402***	2037.747***
	(7.1034)	(12.6392)	(7.3599)	(11.8276)	(7.4634)	(5.2343)
SUB	−103.802***	−86.7801***	−62.501***	−538.079***	−431.524***	−400.215***
	（−4.8773）	（−4.4075）	（−4.3249）	（−5.4463）	（−6.5764）	（−8.7801）
PseudoR^2	0.1641	0.4675	0.2636	0.1936	0.5788	0.4571
Quasi-LR统计量	972.1172	3164.81	1823.598	1247.1	4624.705	1877.952
Prob.	0.0000	0.0000	0.0000	0.0000	0.0000	0.0000
样本数	265	265	265	265	265	265

注：括号内为t-Statistic，***、**、*分别代表1%、5%、10%的显著性水平。

对覆盖指数和大学知识地方化地理溢出的估计结果列于表8-5，COV5的估计结果显示0.91的分位点的估计结果更好，其他结果略去。COV10、COV20的估计结果显示中位数回归的结果较好，因此只报告中位数回归的结果。从估计结果的比较中可以看出，CODE的估计值是极高度显著的，随着覆盖距离的变大，CODE、STUDENT的系数值在变小，显然，距离衰减规律在起作用，可编码知识的外部性和人力资本的外部性都减弱了，说明溢出效应呈现递减规律。在某种意义上，这也是大学知识地方化地理溢出的表现，只在当地有更显著的效应。CITE在COV5的结果是显著的，但在10、20公里的范围内这种空间相互作用已经弱化，显著性程度减弱。覆盖距离变大之后，STUDENT的系数值变小，可见人力资本外部性的影响也由于企业间距离变大而减弱了。假设8和假设9得以验证。

上述结论和Anselin等（1997）对美国43个州层面上大学知识地方化地理溢出的分析一致，即覆盖距离由50公里变成75公里之后，削弱了空间相互作用的强度，大学知识地理溢出效应减弱。Maurseth和Verspagen（1999）[1]，Verspagen和Schoenmakers（2000）[2]的实证结果也显示专利交叉引用的数量随着地区间地理距离的增加而显著地减少。Fischer和Varga（2002）[3]应用空间计量方法研究大学专利数的溢出效应，结果显示大学知识溢出超越行政区域，并遵循一个清晰的距离衰退模式。本书的结论和王铮等（2009）[4]的研究结果也较相似，他们的研究表明知识在我国不同区域间的传播具有明显的地域差别，且知识溢出的强度在空间上是呈指数衰减的。

进一步地对COV30、COV40、COV50的实证分析10显示，所有变量的

1　Maurseth P.B. and Verspagen B., "Knowledge Spillovers in Europe: A patent citations analysis", paper presented at the *CRENOS Confenrence on Technological Externalities and Spatial Location*,University of Cagliari, 24 ~ 25 September,1999.

2　Verspagen B. and Schoenmakers W., "The Spatial Dimension of Knowledge Spillovers in Europe: Evidence from Patenting Data", paper presented at the *AEA Conference on Intellectual Property Econometrics*, Alicante, 19 ~ 20 April,2000.

3　Fischer M.,Varga A, "Spatial knowledge spillovers and university research: Evidence from Austria", *Ann Reg Sci*,2003,37,pp.303 ~ 322.

4　王铮、马翠芳、王莹、翁桂兰：《区域间知识溢出的空间认识》，《地理学报》2009年第9期，第773 ~ 780页。

估计结果均不显著，这从另一个侧面说明大学知识地理溢出在空间上的局限性。

表8-5 覆盖指数与大学知识地方化溢出的估计结果

变量	COV5		COV10		COV20	
	0.91-quantile		Median		Median	
常数项	1531.2210	1483.992	1300.6480	1486.8840	14637.5	14716.22
CODE	85.6215***		−257.7750***		−138.473***	
	（3.0473）		（−2.6142）		（−2.9747）	
CITE	225.7727*	169.7418	−347.3820	86.2256	−281.72	−177.062
	(1.7377)	(1.3357)	(−1.0338)	(0.3146)	(−0.9084)	(−1.1814)
STUDENT		0.0233***		−0.0646***		−0.0317***
		(3.6828)		(−2.9299)		(−2.5952)
CITY	10233.01***	10233.01***	16796.74***	16615.16***	16114.5**	16114.5***
	（18.2744）	(17.7883)	(22.3687)	（15.4820）	(8.3369)	(8.4410)
SUB	−1455.77***	−1455.77***	−1472.55***	−1472.55***	−14728.9***	−14728.9***
	(−2.6558)	(−2.5858)	(−3.5243)	（−3.4865）	(−7.5636)	(−7.6576)
Pseudo R^2	0.7212	0.7227	0.5509	0.5463	0.6068	0.6069
Quasi-LR 统计量	1892.3270	1886.3860	1180.2320	1090.2550	2954.2100	2976.384
Prob.	0.0000	0.0000	0.0000	0.0000	0.0000	0.0000
样本数	265	265	265	265	265	265

注：括号内为t-Statistic，***、**、*分别代表1%、5%、10%的显著性水平。

三、大学知识与信息服务企业集聚的估计结果与分析

NUM_d为信息服务企业密度，以此为因变量进行定量研究可以考察自变量对信息服务企业集聚的影响。选择中位数回归和91%的分位点回归，从实证结果中可见91%分位点的回归结果更显著，表8-6报告了估计结果。

可编码知识CODE对信息服务企业集聚呈现积极的、显著的影响，系数值较高且极高度显著。假设4得以验证。据统计，上海61所大学中，办有软件学院（系）、信息学院（系）、计算机与信息工程学院（系）、电子电气工程学院（系）、信息管理学院（系）、电子信息学院（系）等相近专业的大学共有41所，有四所高校设立软件学院[1]。这些专业院（系）所发表的科研成果与信息服务业所应用成果有较大的相关性，而信息服务企

---

1 它们是复旦大学、上海交通大学、同济大学、华东师范大学。

业也可能为科技成果的转化提供一个较好的平台。因此，可编码知识成为吸引信息服务企业集中的主要推动力。

CITE的系数为负值且高度显著，表明被引用知识在某种程度上成为导致信息服务企业在空间上扩散的一种力量。知识传输的边际成本极小，知识被引用的边界可能较大，知识的扩散对当地信息服务业的集聚发展没有起到促进作用。

人力资本STUDENT的系数为正值但不显著，表明大学培养的专业人才对信息服务企业集聚没有直接的、显著的影响。假设5无法得到验证。大学在校生流动性较大，而且在校生的专业背景不一定满足信息服务企业的用人需求，因此，对信息服务业的地理集中没有直接的影响。

表8-6　大学知识与信息服务业集聚的估计结果

变量	Median			0.91–quantile		
常数项	0.0000	0.0602	0.0000	4.7988	5.7145	4.0000
CITE	0.0000			−1.2104**		
	(0.0000)			(−2.0749)		
CODE		0.1359			3.872***	
		(0.9276)			(−16.0540)	
STUDENT			0.0000			0.0003
			(0.0000)			(−0.9262)
CITY	17.0***	17.0***	17.0***	50.0***	51.0***	65.0***
	(5.9089)	(5.8993)	(5.9009)	(−9.2079)	(−9.3480)	(−17.8841)
SUB	0.0000	0.0000	0.0000	−4.463***	−4.0***	−4.0***
	(0.0000)	(0.0000)	(0.0000)	(−3.1216)	(−4.3953)	(−3.5473)
Pseudo R²	0.2260	0.2268	0.2260	0.6019	0.5898	0.5423
Quasi–LR 统计量	1133.2840	1150.3090	1133.2840	2090.2560	2319.7060	2104.0740
Prob	0.0000	0.0000	0.0000	0.0000	0.0000	0.0000
样本数	265	265	265	265	265	265

注：括号内为t-Statistic，***、**、*分别代表1%、5%、10%的显著性水平。

第五节 结论、讨论与政策建议

通过对大学知识外部性的分析，发现了有力的知识外部性的证据。信息服务企业离大学越近，知识溢出越显著。实证结果发现，可编码成果越多，校企之间的距离就越短，更多的企业可能选择邻近大学的区位。可编码知识对信息服务企业集聚呈现积极的、显著的影响。在邮编区层面上，大学发表的可编码成果越多，培养的专业性人才越多，则大学对信息服务企业的综合吸引强度越大，地方化的地理溢出效应越明显。人力资本是知识溢出的有效载体，促进了知识流动和技术转移。有证据表明，这些外部性影响超越了邮编区的边界，覆盖了邮编区之间20公里的范围，大学知识的空间溢出有地方化的特征。距离衰减规律使知识溢出效应递减，可编码知识的外部性和人力资本的外部性都减弱了。

被引用知识CITE的结果不显著，表明知识在被引用的过程中不受时间、空间距离的限制，不存在地方化溢出的现象。由于信息科学技术的发展，知识的传输成本几乎为零，使信息服务企业在引用知识方面的投入成本降低，从而使一部分企业对大学知识的依赖性下降，可以选择离知识源较远的区位，这也可以解释部分信息服务企业的郊区化倾向。

本书的研究对于信息服务企业的区位选择及产业布局有着积极的借鉴意义。为此，提出以下几点政策建议。

一是以浦东新区、徐汇区为中心，在主要集聚区之间建立两条信息服务业集聚带，加快这个集聚带的一体化进程，引导技术、人才、信息等生产要素向这一经济带流动和转移。从上海信息服务业空间分布中可知这两个区成为信息服务企业集聚的中心区域，通过建立集聚带，增强这两个区域的综合吸引强度，促进要素的流动和集中，促进信息服务业集聚。

二是加强信息服务企业在集聚区之间的联系，特别是在覆盖距离为10

公里以内的集聚区之间的经济合作，合作内容可以包括人才培养方面的合作、加强区域之间人才流动等，使大学知识发挥更大的空间溢出效应。

三是加强信息服务企业与大学之间的联系及资源共享的力度。大学的知识外部性及地方化溢出对信息服务业集聚有着积极的促进作用，大学可以在人才培养、信息资源共享方面为信息服务业的发展服务。

第九章 要素空间配置、要素流动与信息服务业集聚——基于省际面板数据的实证分析

　　前面四章以上海为例，分析都市区内部信息服务业的集聚的影响因素。由于一个城市内部的空间尺度比较小，问卷调查和统计数据难以获得研究所必需的数据，本章将以省（直辖市）为空间单元，从要素空间配置、要素流动的视角考察信息服务业集聚。要素流动是新经济地理学、制度主义经济地理学关注的核心问题之一（Krugman，1991a）。新经济地理学的核心——边缘模型就揭示了贸易成本、要素流动和集聚三者之间的内在关系，强调要素流动和贸易自由度的提高导致产业集聚到某一个区域。

　　选择较大的空间单元研究信息服务业集聚的影响因素，还基于以下几点考虑。一是在城市内部，要素流动的区域差异不大，本章尝试着从更大的空间尺度研究要素空间配置和要素流动对信息服务业集聚的影响。二是由于衡量城市内部要素空间配置、要素流动的数据较难获取，缺乏城市内部较小的空间单元中的专利受理数、信息服务业就业人数、该行业固定资产投资、该行业分城镇单位专业技术人员数、该行业职工平均工资等数据，而省（直辖市）层面上这样的统计数据较完整，因此本章用省际面板数据验证本书提出的观点。三是宏观层面上信息服务业集聚机制问题和本研究的主题直接相关。基于以上思考，在宏观层面上研究信息服务业集聚的影响因素。

第一节　引言

传统的生产要素在现代已经演变成广义的要素。在信息社会里，除了土地、劳动力、资本之外，还有技术、管理、信息等都可作为要素，其中资本的概念已经从物质资本向人力资本拓展。从理论上说，要素在空间上配置的不均衡导致要素流动，要素流动是要素在空间上的重新整合与再配置的过程。要素流动包括要素的空间转移和要素使用权的转移，本书主要讨论要素在区域内流动带来的空间转移。要素在空间上寻求最优配置的过程中，使产业的空间分布出现不均衡的状态。克鲁格曼（Krugman，1991a）认为要素流动改变了产业的空间集聚程度。安虎森（2007）[1]认为在市场力作用下，要素的趋利性特性使得各种生产要素将向发达地区聚集，进一步加剧产业份额的不均衡。信息流、资本流、人流、技术流等要素流与空间相互作用使地理学距离衰减规律作用形式发生改变，导致各产业在空间上呈现出集聚或者扩散的态势，可以说，产业的集聚与扩散是要素在空间上非均衡运动的结果。

新古典区域均衡发展理论在完全竞争的假设前提下，认为生产要素可以自由流动，总是由边际收益低的地区流向边际收益高的地区，长期不断流动的结果致使各要素收益平均化，从而达到各地区经济平衡增长的状态。在完全自由竞争条件下，受利润最大化规则支配，要素会自发地流向对其有利的区域，这一过程的持续进行会导致区域间差异缩小，不均衡只是暂时的，最终是趋向均衡。这种观点无法对现实世界中大量的集聚现象提供解释，也不能预测经济活动的空间演化规律。新经济地理学则以报酬递增和不完全竞争理论假设为基础，研究经济活动在空间上的非均匀分布，认为报酬递增、运输费用、要素流动三种力量相互作用使经济活动

1　安虎森：《产业空间分布、收入差异和政府的有效调控——三论区域协调发展》，《广东社会科学》2007年第4期，第33~41页。

出现集聚现象。要素向某一地域的迁移会使当地的市场规模变大，从而使该地可能吸引更多相关的要素到这个市场。Venables（1996）从上下游产业间的投入产出联系考察集聚的成因，认为中间产品的前向联系和后向联系促成厂商的集中进而形成产业集聚，而生产要素流动和投入产出的联系作为经济集聚的机制，其背后首先是生产要素集聚，正是资本和劳动的集中才形成形式上的产业集聚。假定生产要素不能自由流动，如果中间性商品受到规模经济和运费的影响，生产过程中所引起的区际经济分化必然出现。Baldwin（1997）通过在模型中引入研发活动，认为通过要素的内生积累也能促成集聚。Baldwin（1999）[1]指出有两种集聚的向心力量：需求联系与成本联系，他认为是资本积累引起的需求联系效应导致了产业的集聚。在需求多种要素的情况下，某个产业聚集于某国的专业化生产格局比单要素情况下更难维持，但随着贸易成本的持续下降，聚集力最终大于分散力，聚集总会发生（安虎森，2006）[2]。新经济地理学的中心——外围模型和城市体系模型中，要素流动在集聚形成中都起着关键的作用（梁琦，2005）[3]。

在工业经济时代，受交通条件和技术条件的限制，产业集聚主要发生在制造业。在信息时代，随着高速运输工具的产生和信息技术的发展，服务业集聚成为较普遍的现象。在全球范围内，高端的生产性服务业向几个世界城市高度集中，如纽约和伦敦的金融服务业、加利福尼亚的多媒体产业等。在我国，生产性服务业也有集聚在总部所在地或是大都市的倾向。一般来说，在某一区域比另一区域有技术优势或者其他要素存量优势的情况下，劳动力会向某一区域集聚。信息服务业作为高端生产性服务业和高科技产业，其厂商的空间分布、就业人数的空间分布是否也和制造业一样，向具备要素存量优势的区域集中？我国信息服务业的空间分布出现了

1　Baldwin R .E, "Agglomeration and endogenous capital" ,*European Economic Review*, 1999, 43(2),pp. 253~280.

2　安虎森：《空间经济学教程》，经济科学出版社2006年版，第203~208页。

3　梁琦：《空间经济学：过去、现在与未来（代译者序）》，载藤田昌久、保罗·克鲁格曼、安东尼·J·维纳布尔斯：《空间经济学——城市、区域与国际贸易》，梁琦主译，中国人民大学出版社2005年版。

不均衡的状态，物质资本、人力资本、技术等要素的空间配置如何影响信息服务业的空间分布？信息服务业中技术、信息、资本等要素的流动是否促进了该产业的集聚？

　　从信息服务业法人单位分布和空间基尼系数角度考察信息服务业的空间分布状况，并测算其产业集聚程度，进一步地从要素空间配置和要素流动这个较新的视角对影响信息服务业集聚的因素进行实证分析，最后是结论和政策含义。

第二节　我国信息服务业的空间分布状况

　　由于2002年新的《国民经济行业分类》（GB/T4754-2002）才增加了信息传输、计算机服务和软件业这一新的门类，修订后的行业分类在2003年开始逐步应用于统计中，因此，所搜集的数据年限较短。一般来说，判断一个产业的集聚程度，可从各区域就业人数、企业数量、增加值、市场占有率等经济指标来测度。由于数据可得性的原因，本书主要用前两者来体现信息服务业[1]空间分布，并利用ArcGIS软件来体现各区域信息服务业的空间分布情况。如图9-1，从2008年信息服务业法人单位数量的分布可以较直观地看出该产业的空间分布状况。从绝对数来看，北京以将近2万家的数量处于绝对的优势地位，广东、上海、浙江、江苏的信息服务企业分布较为集中。

一、空间基尼系数的测算

　　本书进一步采用信息服务业职工人数的指标来测算空间基尼系数，分析信息服务业总体的集中度。Krugman（1991b）[2]运用洛伦兹曲线和基尼系数测定行业在区域间分配均衡程度时提出空间基尼系数。空间基尼系数现在成为一个衡量产业空间分布均衡性的指标。该方法的价值在于简便直观，系数越大，代表产业在地理上的集聚程度越高。

1　由于我国统计局并没有信息服务业的专项统计数据，本章采用信息传输、计算机服务和软件业的数据近似地代表信息服务业。

2　Krugman P, *Geography and trade*, Leuven University Press-MIT Press, Cambridge, MA, 1991.

用公式9.1来表示空间基尼系数:

$$G=\sum_i (x_i-s_i)^2 \tag{9.1}$$

其中,x_i是i地区就业人数占全国总就业人数比重,s_i是该地区信息服务业就业人数占全国该产业总就业人数比重。经测算,2003年,信息服务业空间基尼系数为0.0257,2008年仅为0.0425,说明这个行业近期集聚程度有较大幅度增长但还处在较分散的状态。从各省市的情况看,北京的G值一直处在全国首位,从2003年的0.019到2008年的 0.034;2008年北京、河南、广东位列前三甲,由此可见,这三个省份的信息服务业就业人员与全国其他省份相比较为集中;甘肃、江苏、湖北在2003～2008年间G值出现了大幅度的增长,增长幅度在200倍以上,说明这几个省份信息服务业就业人员增长较快并且出现了集中的趋势,浙江、山西、山东、湖南、云南的G值也出现了较大幅度增长,增长幅度在3倍以上,与2003年相比,宁夏、青海、新疆、河北、辽宁等11个省份2008年的G值是下降的,说明该行业在空间上出现了向少数省份集中的趋势。

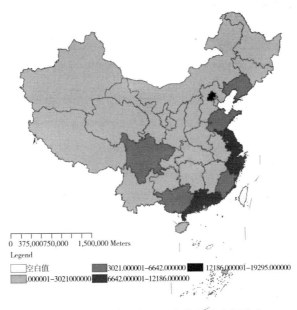

图9-1　我国信息服务业法人单位的空间分布

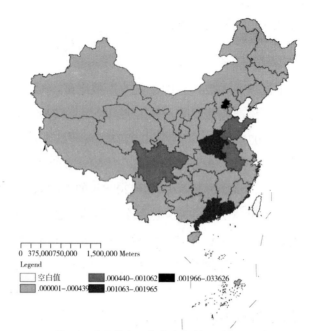

图9-2 我国信息服务业空间基尼系数的分布

数据来源:《中国基本单位统计年鉴》(2009)、《中国统计年鉴》(2009)并经测算。

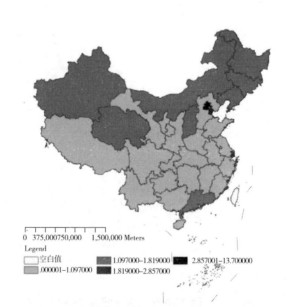

图9-3 我国信息服务业区位商的空间分布状况

数据来源:《中国统计年鉴》(2009)并经测算。

二、区位商（LQ）的测算

区位商可以反映一种产业的相对集中度和专业化水平，进而反映这种产业相对的发展水平（王铮等，2007）[1]。由于各省市信息服务业增加值数据不完整，故本书采用信息服务业就业人数的数据进行测算。马汀和森利（Martin and Sunley，2003）[2]、马恩伯格和马斯盖尔（Malnbeg and Maskell，2002）[3]根据LQ大于1.25或LQ大于3来判断产业集聚。张志元、季伟杰（2009）[4]用区位商来衡量金融产业集聚水平。

用公式9.2表示区位商：

$$LQ = \frac{p_j^k}{p_j} \Big/ \frac{N_j^k}{N_j} \qquad (9.2)$$

其中，p_j是第j个区域的就业人口，p_j^k是第j个区域信息服务业的就业人口，N_j^k是全国信息服务业的就业人数，N_j是全国的就业人数。如果区位商大于1，则表明j地区产业的集中度高于全国平均水平，具有比较优势；如果区位商小于1，表明j地区产业i的集中度低于全国平均水平，处于比较劣势；等于1则处于均势。

表9-1　信息服务业区位商大于1的省（市）分布情况

LQ	大于2	1.5～2	1.01～1.49
2003	北京（3.61）	青海（1.72）	广东、浙江、上海、西藏、内蒙古、湖南、云南、宁夏
2008	北京（13.7）、天津（2.85）、上海（2.82）	内蒙古（1.82）、吉林（1.64）、广东（1.61）、黑龙江（1.56）	山西、辽宁、福建、海南、西藏、青海、新疆

利用各区域和全国信息服务业就业数据计算出了LQ值情况，把大于1的省（市）列于表9-1，可以看出在2003年北京信息服务业发展已经处于

1　王铮等：《中国新经济产业区域专业化水平分析》，《地理学报》2007年第8期，第831～839页。

2　Martin R., and Sunley P., "Deconstructing clusters: chaotic concept or policy panacea", *Journal of Economic Geography*, 2003, Vol.3, No. 1: 5～35. Oxford University Press.

3　Malnbeg A., Maskell P., "The elusive concept of localization economies: towards a knowledge～based theory of spatial clustering", *Environment Planning*, 2001, 34, pp.429～449.

4　张志元、季伟杰：《中国省域金融产业集聚影响因素的空间计量分析》，《广东金融学院学报》2009年第1期，第107～117页。

绝对优势。从变动的情况来看，全国有安徽、江西、四川、贵州、云南、西藏等16个省（市）的区位商是下降的，这些省份多集中在中西部，说明信息服务业就业人员向少数较发达省（市）集聚的趋势明显，信息服务业在地理上出现了集中的分布特征（如图9-3）。北京和广东LQ值高，其信息服务业增加值占全国的比重也高，近年来占全国比重达到11%～15%左右，产业集中度也高；上海区位商较高，其信息服务业增加值在全国所占的比重也较高，近年来在7%～9%左右，可见上海信息服务业产业集中度也较高；江苏、浙江信息服务业增加值在全国所占比重也较高，在6%～7%左右，但其区位商较低，说明其产业集中度较低；天津区位商较高说明其产业集中度较高，但其增加值比重较低，仅占2%左右。青海、西藏、内蒙古、宁夏、黑龙江等西部省份行业增加值或就业人员占全国的比重较低，由于这些省份产业结构较为单一，故信息服务业区位商较高。

第三节　理论假设与研究设计

一、理论假设、指标设计

要素和要素流动造成产业空间配置的差异，因此我们推断某区域对信息服务业发展有利的生产要素在空间上较为集中能够促进该行业发展，进而使信息服务业出现了集聚。信息服务业集聚程度就用前面测算出的区位商值来表示，LQ作为因变量，代表信息服务业集聚水平。采用区位商计算产业集中度的优点在于，统计数据较容易获得，能够充分比较区域生产水平与全国平均生产水平，确定该地区的产业集中状况在全国所处的位置。由于这种方法的简单性，在欧美产业集群的产业集中度的实践中得到广泛应用。

物质资本投入的增加将降低要素流动成本，提高要素配置效率，促进产业集中度的提升。H·巴凯斯和路紫（2000）[1]认为信息通信技术是

1　H·巴凯斯、路紫：《从地理空间到地理网络空间的变化趋势——兼论西方学者关于电信对地区影响的研究》，《地理学报》2000年第11期，第4～111页。

一个超级基础设施，可以被看成有加强组织秩序的战略性作用，驱动着所有的物质性流动。用两个指标来代表信息服务业基础设施的投入：信息服务业中的固定资产投资量作为物质资本投入的指标，用FIX表示；每平方公里长途光缆长度即长途光缆密度代表各地通信方面基础设施的投入水平，用CAB表示。此外，把人力资本与物质资本区分开来，打破了资本同质性的假设。人力资本与所有者不可分离，因此资本的空间转移必然伴随着所有者的空间转移，导致市场规模变化。在新经济地理学的线性自由资本模型中资本是指人力资本，资本的空间流动伴随着人口流动，资本流动受资本实际收益率区际差异的驱动，因此存在前后向联系，促使产业的集聚。把各地大专以上人口的数量和在校大学生数作为人力资本总体水平的代理变量，用HUM表示；信息服务业研发机构人员则作为高素质的人力资本投入指标，用RES表示。于是，引入下列假设：

假设1：信息服务业基础设施条件的改善促进产业集聚。

假设2：高素质人才储备较高的区域其人力资本积累水平较高，有利于信息服务业集聚。

企业家以管理才能和创新精神为特征，而高科技产业的企业家是一种特殊的、专业的人力资本。企业家这种稀缺的人力资本能对劳动、资本和土地进行组织，以形成具体的生产经营过程。企业数量越多，该产业的企业家人力资本丰度也越高，专业人力资本是报酬递增的重要来源。Feldman和Francis（2002）[1]研究了华盛顿网络产业和生物产业的集中及创新集聚的形成，认为企业家是知识外溢当地化的关键核心个体，产业或创新集聚不仅仅是因为一些共享资源在初始状态就聚集在一个特定地区，而且还因为企业家在该特定地区工作，企业家也是一个当地化的经济现象。用信息服务业法人单位的数量代表企业家这种特殊的能动的要素投入，用UNIT表示。

假设3：企业家活动和企业家精神是高科技产业创新的主要动力，也

1　Feldman M. P., " Francis, J.L..The entrepreneurial spark, individual agents and the formation of innovative clusters", In:Quadrio Curzio,A. Fortis,M.(Eds), *Institutions and systems in the geography of innovation*. Kluwer Academic, Boston, 2002,pp.55～78.

是信息服务业集聚的驱动力。

如果考虑要素流动的因素，有以下假设4至假设7。

克鲁格曼以规模报酬递增、不完全竞争的市场结构为假设前提，在迪克斯特与斯蒂格利茨垄断竞争模型的基础上，认为产业集聚是由企业的规模报酬递增、运输成本和生产要素流动通过市场传导的相互作用而产生的（张华，梁进社）[1]。规模报酬递增促使单个生产者集中他们的生产活动；运费因素使其愿意布局在较大的市场周围；要素流动意味着生产者迁往一个地方后会使相关的市场规模增大，从而使得该地更具吸引力（Krugman，1991a；1993a[2]；1993b[3]）。

与技术有关的知识可以直接提高生产效率；而与信息有关的知识，则可以通过降低经济活动的信息成本提高人们经济活动的效率。人们从互联网获取、传递、利用信息，促进了信息流动的同时，能够有效地利用信息资源为信息服务业发展服务。每一个上网的人都是一个信息节点，通过互联网将吸收的信息为自己所用并向别人传播信息。Jaffe等（1993）通过研究认为，技术密集产业比其他产业更趋于集中化，当地的信息流动比远距离的信息流动更容易，个人联系，无论是会议、贸易事务、学习或销售会议，都有明显的传导机制。用互联网上网人数代表信息流动，用NET表示。借鉴贺灿飞（2006）[4]的做法，将信息服务业技术人员数量来表示信息溢出强度，用STAFF表示，预期这两个变量对该区域知识溢出有正面影响。此外，选用专利申请量而非专利授权量作为技术存量的代理变量，是由于国内外学者更倾向于用专利申请量而不是专利授权量来衡量创新（Crosby，2000）to[5]。专利授权量受政府专利

1 张华、梁进社：《产业空间集聚及其效应的研究进展》，《地理科学进展》2007年第26卷第3期，第14～24页。

2 Krugman P., "First nature, second nature, and metropolitan location", *Journal of Regional Science*, 1993, (34),pp.129～144.

3 Krugman P., "Scale economies, product differentiation, and the pattern of trade", *American Economic Review*, 1980, (70),pp.950～959.

4 贺灿飞、谢秀珍：《中国制造业地理集中与省区专业化》，《地理学报》2006年第2期，第212～222页。

5 Crosby. M. Patents, "Innovation and Growth", *Economic Record*,2007,76,(234),pp.255～262.

机构等人为因素的影响较大，可能出现异常变动。Baldwin和 and Forslid（2000）[1]研究显示无论资本是否流动，经济活动由于地理集聚和技术溢出都会促进经济增长。用各地专利受理数来代表各区预技术要素空间配置状况，其中专利包括发明专利、实用新型和外观设计三种类型，用PAT表示。技术市场成交额作为技术在区域内流动的代理变量，用MAR表示。于是，引入下列假设：

假设4：信息溢出和信息流动有助于推动信息服务业的地理集中。

假设5： 技术存量和技术流动促进信息服务业集聚。

由于缺少资本在区域内流动和省际之间流动的数据，用各地外商投资企业投资总额作为资本流动的代理变量。外商企业投资总额作为一种流量指标，其对经济的影响具有滞后性。因此，对数据进行变换，将外商投资总额的增长率作为研究目标，预期其影响效应为正，用FDI表示。工资是影响劳动力流动的主要因素。一般来说在产业发展的初期，要素会从工资水平低的地区向高的地区流动，但是到一定阶段由于企业成本上升会导致要素从平均工资高的地区向外转移。

表9-2 变量的代码、定义及预期效应

变量类型		代码	定义	预期效应
生产要素	物质资本	FIX	每万人拥有的信息服务业固定资产投资量	正
		CAB	每平方公里铺设长途光缆的线路密度	正
	人力资本	HUM	大专以上人口占6岁及6岁以上人口比例	正
		RES	每万人口中研究与开发机构从业人员数量	正
		UNIT	每十万人口信息服务业企业家的数量	正
	技术要素	PAT	每万人口专利受理数	正
要素流动	信息流动	STAFF	每万人口信息服务业技术人员数	正
		NET	互联网上网人数占各区域人口的比重	正
	技术流动	MAR	各区域技术市场成交额	正
	资本流动	FDI	各区域外商直接投资总额的增长率	正
	劳动力流动	WAGE	信息服务业职工平均工资	负

1 Baldwin R.E., Forslid R, "The core-periphery model and endogenous growth: stabilizing and destabilizing intergration", *Economica*,2000,(67),pp.307~324.

克鲁格曼（Krugman，1991b）、温（Wen，2004）[1]认为产业集聚会提高集聚地区的工资率，从而提高厂商的生产成本，当运输成本下降、生产成本提高到足以抵消邻近市场和大规模生产的好处时，厂商也可能将生产定位在生产成本低廉的地区，从而降低产业集聚的程度。李（C.M. Lee，2000）[2]把硅谷的成功归结为一些特殊的优势要素，如有利的游戏规则、很高的知识密集度、员工的高素质和高流动性等。钱颖一[3]也曾把硅谷的成功总结为开放的生产结构、频繁的人才流动等七个主要因素，伴随着人才流动的是信息流动和知识传播。用信息服务业职工工资代表影响劳动力流动的代理变量，用WAGE表示。于是，引入下列假设：

假设6：资本流动并在某一区域集中有助于信息服务业集聚。

假设7：工资水平的上升可能降低信息服务业集聚程度。

变量的代码和定义如表9-2所述。从空间配置状况看，要素存量较高的省（市）是北京、上海、天津、江苏、广东这些省份。

二、数据来源

由于信息传输、计算机服务和软件业的专项统计是从交通运输、仓储及邮电通信业的统计中分离出来，开始专项统计的时间较短，故所搜集的数据年限跨度较小。各地区按主要行业分全社会固定资产投资统计数据、各地区技术市场成交额数据、各地区按行业分城镇单位专业技术人员数、各地区大专以上人口数据、按地区分国内三种专利受理数和各地区外商投资企业年底投资总额来自2003～2009年的《中国统计年鉴》；各地区按行业分职工平均工资来自《中国工会统计年鉴》；按地区分组的法人单位数来自各年的《中国基本单位统计年鉴》；各区域长途光缆线路长度数据来自各年的《中国通信年鉴》；互联网上网人数来自各年《中国区域经济统计年鉴》中对各地区邮电业务量的统计；各地区研究与开发机构从业人员数据来自各年的《中国科技统计年鉴》。由于西藏的各项数据有的缺失，有的不完整，因

1　Wen Mei, "Relocation and Agglomeration of Chinese Industry", *Journal of Development Economics*,2004(73),pp.329～347.

2　Lee C.M, *The Silicon Valley edge: A habitat for innovation and entrepreneurship*, Stanford University Press , Stanford, California, 2000.

3　钱颖一：《硅谷的故事》，《经济社会体制比较》2000年第1期，第28～35页。

此剔除西藏对30个样本进行分析；也由于港澳台的统计口径不尽一致，因此也不列入样本。变量的具体定义见表9-2，不再赘述。

第四节　实证结果与分析

一、面板数据的单位根检验、模型的F检验和豪斯曼（Hausman）检验

为避免出现伪回归，确保估计结果的有效性，必须对各面板序列的平稳性进行检验。对各个变量进行面板单位根检验，若出现非平稳序列，将在回归中通过差分进行适当的处理或者剔除该数据序列。面板数据单位根的检验主要有LLC检验、IPS、ADF-Fisher和PP-Fisher检验等。其中，LLC检验说明的是在截面上是否存在相同的单位根，IPS、ADF-Fisher和PP-Fisher则检验个体不同单位根。为了方便，只采用三种面板数据单位根检验方法，即LLC、IPS和ADF检验，如果在检验中拒绝存在单位根的原假设则此序列是平稳的，反之则不平稳。为了减少经济数据的非平稳性，一般对变量指标采取自然对数形式进行检验。外商企业投资总额的增长率不取对数。代表人力资本的一个变量RES没有通过单位根检验，一阶差分之后数据序列还是非平稳的，所以剔除该变量。其他变量的单位根检验表明，变量是平稳的[1]。

由于面板数据具有两维性，如果模型设定不正确以及由此造成的参数估计方法不当，将对估计结果造成较大的偏差，因此在采用面板数据构建模型时必须首先对模型进行检验。在运用面板数据分析时，通常包括两种模型：固定效应模型和随机效应模型。前者是指被忽略的变量在各个时段对被解释变量的影响都是固定的，而后者是指被忽略的变量在各个时段对被解释变量的影响都是随机的。面板数据建模的一项重要任务就是判别模型中是否存在个体固定效应。F检验主要用以检验建立混合模型还是个体

1　具体检验结果可参见附录。

固定效应模型。在个体固定回归之后，进行F检验，从检验结果可知，F统计量的值为4.7030，p值是极高度显著的，所以否定原假设，选择个体固定效应模型。豪斯曼检验由Hausman[1]于1978年提出，是对同一参数的两个估计量差异的显著性检验。从豪斯曼检验的结果来看，Chi-Sq统计量的值为17.6993，p值也是极高度显著的，所以否定个体随机效应模型的原假设，选择个体固定效应模型。

二、估计结果与分析

在回归时，采用了逐步剔除不显著变量的方法。经过初步回归，代表劳动力成本的平均工资变量和代表技术要素的专利受理数变量在回归结果中是不显著的，先剔除。为了减少经济数据的非平稳性，模型取对数形式。模型一仅考虑要素配置对信息服务业集聚的影响，在模型二中进一步考察要素流动对信息服务业集聚的影响，将另外4个变量引入模型。在回归的时候，考虑到各个省份之间经济规模的差异比较大，同时横截面个数大于时序个数，可能存在截面异方差，因此在权数选择时按截面加权（cross-section weights）的方式，表示允许不同的截面存在异方差现象。截面加权后的R^2值、F统计量、DW值显著提高，说明模型的拟合优度提高了。

从表9-3计量软件所显示的分析结果来看，模型二的解释能力明显提高，这说明要素在空间上配置的不均衡使信息服务业出现集中的趋势，而要素流动进一步促进了产业在空间上集聚。据此，可以做出以下几点分析。

第一，物质资本的投入中，信息服务业固定资产投资投入FIX对产业的发展有积极拉动作用。从使用角度看，信息服务业固定资产投资对其他产业构成需求。由于投资增加使社会有效需求相应增加，通过对相关产业的影响，拉动消费需求的增长，从而对产业发展甚至国民经济发展起着拉动作用。固定投资的拉动将为信息服务业良好的增量发展创造条件。固定资产投资量增加一个百分点，信息服务业的集聚程度就提高了0.21个百分点。另一个代理变量长途光缆密度CAB对信息服务业集聚的影响效果是负的，和预期结果相反。可能由于光纤光缆产业在我国仍然是朝阳产业，对信息服务业的影响不显著。另一种可能的解释是长途光缆的投资数量大、建设周期

1　Hausman J.A, "Specification Tests in Econometrics", *Econometrica*, 1978 (146),pp.1251~1271.

较长,其积极效应的发挥有一定滞后性。因此,假设1得到部分验证。

表9-3　要素空间配置和要素流动对信息服务业集聚影响的LS估计结果

变量	模型1		模型2	
	系数	t值	系数	t值
C	8.9303***	5.7797	9.4988***	5.6614
lnCAB	−0.3503***	−2.9166	−0.4791***	−4.0854
lnFIX	0.2101***	3.8257	0.2196***	4.4388
lnHUM	0.4257***	5.0749	0.2642***	3.2016
lnEDU	−1.0404***	−4.6957	−1.0887***	−5.3771
lnUNIT	0.6731***	4.4250	0.4382***	3.0958
lnSTAFF			0.2164**w	2.1847
lnNET			0.2038***	2.9932
lnMAR			0.0721*	1.9701
FDI			0.0553**	2.5336
截面加权 F值	19.5673		33.9339	
截面加权 的R²	0.8867		0.9409	
截面加权 的DW值	2.3690		2.4283	
未加权的 R²	0.8217		0.8406	
未加权的 DW值	2.0097		2.0535	

注:***、**、*分别代表在1%、5%和10%的水平上显著。

第二,区域人口总体素质的提高对信息服务业集聚的影响显著。大专以上人口比例HUM每增加1个百分点,该行业的集聚程度就提高0.26个百分点,这个比例越高则越有利于信息服务业的集聚,说明人口总体素质的提高对信息服务业这一高科技产业的发展有着重要的影响。每十万人口高校平均在校生数和信息服务业专业技术人员对该行业的地理集中是负面的影响,和预期效应相反。高校在校生人数仅是体现各个区域短期的教育水平,对产业发展的影响不大。假设2得到部分验证。

第三,企业家活动对信息服务业集聚的影响非常显著。企业家要素UNIT对信息服务业集聚有相当显著的影响,该行业的企业家每增加一个百分点,其集聚程度将提高0.44个百分点。这说明高科技产业的企业家这种稀缺资源数量的多寡对行业的集聚与分散的影响是正相关的。高科技企业家除了要具备一般管理知识和企业家才能以外，还必须具有技术专长，因此，他们体现了企业家才能和技术才能的结合，凸显人力资本的价值。企业家集中的地区，产业集聚的现象也较为突出。企业家也是一种稀缺的人力资本，能对劳动、资本和土地进行组织，以形成具体的生产经营过程。优秀的高科技企业家正是凭借其对专业知识的深刻把握，在先进技术与市场需求上进行有效沟通，同时凭借自己优秀的学术背景和超凡的人格魅力吸引一流的科技人才，并注重员工培训、项目研发等方面的投资，更注重自身知识的不断积累，为持续创新创造条件。正如Feldman（1999）[1]所说的，为了共同的利益，这些企业家聚集在一起，并为了共同利益而采取共同行动，当更多资源如金钱、网络、专家和一些共享基础设施集中在一定地区，就会有更多的企业家向这一地区集中。这个结论符合假设3的推断。

第四，信息流动、技术流动确实改变了产业的空间集聚程度，这和新经济地理学派的观点一致。互联网上网人数占各区域人口的比重NET的估计结果是极高度显著的，每万人口信息服务业技术人员数STAFF的实证结果是高度显著的，可见，信息、技术的非正式扩散这种更分散的、难于模型化的力量在形成和维系真实世界的产业集聚中起了重要的作用。知识与信息在区域内的流动比区域外远距离的流动要容易得多，获得相关企业或机构的知识溢出成为高技术企业集聚成群的主要动因Acs，Audretsch 和Feldman（1994）。从要素流动的角度看，信息、技术流动程度较高的地区，信息服务业的发展也较快。北京、上海、广东要素流动的活跃程度较高，其信息服务业的集中程度也较高。假设4也得到证实。假设5中由于专利受理数对信息服务业集聚的影响不显著，只是得到部分证实。

第五，资本流动对信息服务业的地理集中有一定的积极影响。资本流动FDI对信息服务业集聚的影响较显著，系数值为0.06。新经济地理的区域发散理论认为，劳动力流动会受到各方面的障碍，而资本流动会受到产业聚集和外部性所形成的递增收益效应影响，通过产业集聚获得要素配置的递增收益。假设6得到证实。

第六，行业的工资水平WAGE对信息服务业集聚的影响不显著。假设7

1　Feldman M.P.,Audretsch,D, "Innovation in cities: science-based diversity, specialization and localized competition", *European Economic Review*,1999 (43),pp.409~429.

无法得到验证。信息服务业的平均工资水平对该行业集聚的影响不大，这个结果不符合我们的预期，也和新经济地理学观点不一致。

第五节 结论与政策含义

从以上分析可以看出，要素的空间配置对信息服务业集聚有着显著影响，要素空间配置状况较好的区域，信息服务业的集聚程度也较高。固定资本和人力资本均对信息服务业集聚产生影响，特别是人力资本中企业家活动和人口素质的整体提升对信息服务业集聚程度有非常显著的影响。技术、信息、资本在空间上的流动和转移使要素在特定区域的集中、扩散，促进要素累积进而推动信息服务业集聚。可见，要素的趋利性使要素向某一区域流动的同时，促进知识溢出、技术扩散从而有利于信息服务业的集聚。

根据以上结论可以推知本书的政策含义。一是加大信息服务业固定资产投资投入。信息服务业固定资产投资投入的增加有利于降低交易成本，使各要素在区域内的流动成本大大降低。二是引入风险投资，建立风险资本流动的有效机制。我国科技进步对经济增长的贡献率有所提高，但高新技术产业化程度还较低，具有自主知识产权的高新技术企业仍然较少。信息服务业作为新兴的高新技术产业，有巨大增长潜力。积极引入风险投资，让信息服务行业中的产业风险资本充分流动，能够有效地整合生产要素。同时，大力发展创业板市场，完善其退出机制。三是注重信息服务业企业家的培育。企业家以管理才能和创新精神为特征，企业家是一种特殊的"人力资本"。企业家精神是知识外溢当地化转换成产业集中的重要机制[1]。企业家人力资本的特性，决定企业家只有具备一定的条件才能充分发挥其人力资本的价值，这就要求必须有一定的制度、政策和环境作为保障。四是提高技术、信息等要素流动性。要素流动对信息服务业集聚的影响是正相关的，我们认为可以从以下几种途径来提高要素的流动性：通过改善交通、通讯等基础设施条件降低要素流动成本，增强要素区域流动性；打破户籍制的限制，加强劳动力的区域间流动；放宽资本流动的管制，促进资本流动。

---

1 张正义：《知识外溢当地化、企业家精神与产业集中》，《江汉论坛》2007年第11期，第59~62页。

第十章 促进信息服务业集聚发展的政策建议

第一节 完善信息服务业技术创新体系

一、技术创新模式的选择

美国是信息产业大国，逐步确立了从基础研究、应用研究、技术开发一直到产品和市场开发的自然成长模式，其研发水平居世界领先地位。日本、韩国和我国台湾则采取了引进、消化、吸收、再创新的模式，跨越耗资大、风险高的基础研究阶段，直接进入到应用技术开发和产业化阶段。我国改革开放以来实施的是"以市场换技术"的技术引进发展模式，节约了大量的研发成本，使我们在短时期内以较快的速度追赶发达国家，信息技术发展水平显著提升。但是，这种模式带有较明显的短期行为，不利于我国技术创新水平的提高，自主创新能力不足，成本优势不再明显。牟锐（2010）提出"双向并进"的技术创新模式，注重技术引进与自主创新的有机结合；以核心基础产业及技术标准为技术进步的突破口；以国际市场为导向，施行标准战略和知识产权战略；发挥集群式合作创新及技术联盟的作用。我国现阶段已积累了一定的技术基础和实力，可致力于自主创新，大力鼓励核心技术领域的集成创新，例如3G、三网融合、嵌入式软件、云计算、物联网等，推动整个产业的跨越式升级和发展。

二、走产学研合作的道路

我国的科技人员分布不太合理，主要集中在科研院所，部分研发人员在企业，企业缺乏创新能力，产学研合作不紧密，甚至有脱节的现象。因此，有必要增加信息服务业的研发投入，促进信息服务企业与高校、科研机构的合作。以企业为自主创新主体，同时提高企业与政府、高校、科研院所在政策、资金、技术创新、研发等各方面合作，并加强各方的良性互动作用，发挥各自优势，共同增强信息服务产业的自主创新动力，打造具有自主知识产权的核心产品与品牌。范爱军（2008）[1]倡导企业与大学、科研机构的产学研联合。政府可以推动产学研的合作，建立产学研自主创新联合体，支持企业与高等学校、科研院所共同建设企业技术中心和国家工程技术中心，支持条件具备的科研院所并入产业龙头大企业；对大学和科研机构，建立能够激励科技人员创新的产权制度、人事制度和分配制度；鼓励民间资本与政府共同组建新型科研机构，从事高新技术的研究与开发；充分发挥中央和省以及高校所属科研院所的作用，鼓励中央、省属科研院所、高等院校和地方科技企业以产权为纽带，以研究开发项目为核心，采取共建和联合的形式，实现资产和人才跨部门、跨地区、跨所有制的联合互补。借助高校及国内外科研机构先进的技术，企业提高了研发起点。通过共建自主创新联合体对行业内关键技术和共性问题攻关、接受企业产品研发的委托、向行业内厂商进行成果推广和转让等多种形式，在合作中求发展，实现了合作共赢，使新成果迅速产业化、技术服务更加深化。

三、建立健全风险投资体系

信息服务业具有高投入、高风险和高收益的特点，产业的发展需要大量的资金投入。我国信息服务业基础相对薄弱，企业经营规模普遍较小，缺乏有效的融资手段，一般只能靠经营利润的自我积累求发展所需资金。资金短缺成为产业发展过程中的一个重要问题。切实解决信息服务企业在创新研发资金筹集上存在的困难，对有自主研发能力的企业，从政策、资金等方面给予扶助，发挥风险投资在提高软件企业自主创新能力过程中的

---

1 范爱军：《各国信息产业发展战略比较研究》，经济科学出版社2008年版，第202~203页。

作用。

传统的融资方式无法满足信息服务业发展的资金需求。风险投资作为现代的融资方式，正好可以弥补传统投融资的缺口、承担孵化高科技产业的重任。它不仅有培育新兴产业、筛选项目、分散风险和激励创新等功能，而且能有效促成科学家、企业家和投资者以及政府等各类参与主体之间的互动。从国外的经验看，我们可有效地拓宽风险投资的来源渠道，吸收个人资本、机构投资者投资、大公司资本、政府扶持资金、金融机构资本等，使风险资本来源广泛，有充足的资本供应。此外，完善风险投资的运行机制和退出机制。充分利用中小板和创业板市场，鼓励部分信息服务企业直接上市；引导企业实施资产重组战略，或者通过并购、股本回收、偿付协议、技术产权交易市场、破产清算等途径为风险资本提供畅通的退出通道。

四、完善技术成果转化机制

由于技术创新成果转化率过低，因此有必要完善信息服务业的技术创新成果转化机制，提高该产业的技术创新效率。从企业层面看，首先，以需求为导向，进行有针对性的产品开发，增加有效供给，一方面可提升企业总体实力，另一方面提高了后续技术创新成果转化的可能性与成功率，为产业升级提供技术支撑。其次，推进技术标准的体系的建设。将能够形成标准的技术成果及时地转化成技术标准，积极推进技术标准体系建设，使信息服务企业向高层次发展；将技术成果有效地应用到产品的生产中，稳步提升产品的技术含量和市场竞争力，有效提高企业的技术水平，切实提高企业的创新能力和核心竞争力。再次，对技术成果进行二次开发，提高成果的可转化度。对已经开发出来的创新产品，要注重成果的推广转化工作。最后，加强对知识产权保护的力度。由于知识产权是信息服务企业参与国际竞争的重要武器，也是其生存和发展的命脉。增强知识产权保护意识，遵守知识产权方面的国际通行规则，通过与其他国家的合作，保护企业知识产权。

第二节 发挥政府的导向与扶持作用

政府可以根据信息服务业的产业特性，借鉴发达国家的发展经验，按照产业发展规律和要求，在加强产业引导、制定信息服务业产业政策、加快信息基础设施的建设、加大信息技术研发的投入、培育信息服务业人才等方面积极作为，发挥政府的积极作用。

一、加强产业引导，培育信息服务业的发展重点

中国电子信息产业发展研究院（赛迪顾问）预测，从2009年至2015年，中国信息服务产业将保持27.5%年均复合增长率，到"十二五"期末，产业规模将突破1.67万亿元。今后我国信息服务业重点发展的方向如下：一是软件与服务外包产业。"十二五"期间，国家将会继续加大在软件与服务外包领域的资源投放，而各地方政府亦会借政策东风，抓住一切机遇抢滩登陆、抢夺资源，发展自身的服务外包产业。二是IaaS、DaaS、PaaS、SaaS等云计算应用及服务。软件网络化、服务化已经成为不可逆转的产业大势，2007年云计算的产生为此大势的发展又加注了新一轮的动力。单纯从技术上说，云计算并不完全属于信息技术服务的范畴，但从云计算的具体业态如IaaS（基础设施即服务）、DaaS（数据存储即服务）、PaaS（平台即服务）、SaaS（软件即服务）来看，云计算的所有理念，在其落地实施，具体推送传达至用户端时，皆以信息技术服务的方式交付给最终客户。赛迪顾问预测，未来5年，云计算将会是整个IT领域的热点领域，也无疑是"十二五"期间国家在信息服务领域重点建设的方向之一[1]。

软件业的发展方面，可重点发展体现工业化和信息化融合的软件，如工业软件、智能电网软件、智能交通软件、通信软件、信息安全软件等；

---

[1] 中国电子信息产业发展研究院（CCID），2011年1月5日，见http://www.ccidgroup.com/srwgh/604_2.htm。

加快发展信息技术服务、互联网信息服务、数字内容服务、集成电路设计服务和系统集成服务，积极提升产业层次，努力提高软件信息服务水平。

数字内容产业是信息服务业中的朝阳产业。近几年来，在国家政策的扶持下，以动漫、游戏为代表的数字内容产业呈现良好的发展势头，市场需求广阔，增长潜力巨大，带动了软件、硬件、出版业、多媒体等诸多产业快速发展，其拉动经济增长的效应日益显现，有望成为新的增长点。"十二五"期间，国家将会进一步加强支持数字内容处理与服务产业发展的支持力度，成立专门的基地，以推动中国动漫游戏、数字影音、数字媒体、多媒体课件等数字内容产业的发展，培育新的经济增长点。

新兴信息技术服务是信息技术服务中增长势头旺盛、业务模式多样、创新能力强的细分行业。随着信息技术的不断发展、商业模式的不断创新，新兴信息技术服务逐渐成为软件和信息技术服务业甚至整个信息产业中新的增长点。今后可重点培育基于移动互联网、云计算、物联网等环境下的新兴服务业态，为生产性服务业的发展提供信息技术支撑。

二、加快信息基础设施的建设

宽带基础设施建设相对滞后，截至2010年底我国宽带接入普及率为9.6%，低于OECD国家平均水平约15个百分点，平均下行速率不足全球平均水平1/3[1]。信息基础设施主要包括网络基础设施、电话业务网、数据传输业务网和广播电视业务网等四大网络，其中，通信网络基础设施的建设是通信信息网的基础，也是国家信息基础结构的物质基础，广播电视网是信息基础设施的重要组成部分。伴随着信息技术的发展，信息基础设施是互联网联结的基本条件，也是信息服务业发展的基本载体。信息基础设施的建设能带动信息服务咨询业、通信业、信息资源、软件开发、数据库开发利用等智力型产业的发展。

加快信息服务业基础设施的建设，要从硬件方面推动信息服务业的发展。3G、下一代互联网、数字电视蕴藏着无限的商机和潜力巨大的网络通信及数字媒体产品市场。我国应加快建设先进的网络基础设施，改造和完

---

1 中国工业和信息化部：《通信业发展势头良好》，2011年12月26日。

善骨干网，特别是加强宽带网的建设，同时加快建设区域网，加快从传统模拟技术为主向数字化、网络化、智能化转换，促进新一代通信技术和装备的研制生产（牟锐，2010）[1]。加强信息化基础设施建设对缩小信息差距极其重要。当前最重要的领域是加强国家信息基础设施的建设。作为一项基础建设，国家信息基础设施要集中资源，加快进行高速、宽带、大容量的基础网络建设，并在此基础上促进电信网、电视网、互联网的三网合一。加快包括移动通信、数据网在内的国家通信网络的建设，高质量的提供语音、数据、图像、多媒体等传输业务。

"十二五"规划中指出，"统筹布局新一代移动通信网、下一代互联网、数字广播电视网、卫星通信等设施建设，形成超高速、大容量、高智能国家干线传输网络。"其中，宽带化、移动化以及IPv6的发展等成为构建下一代信息基础设施的关键问题（周宏仁，2011）[2]。

三、加大信息技术研发和人才培养投入

目前全国信息服务业发展的关键是核心技术缺乏，国内相关企业基本处于国际产业链的末端，核心竞争力较弱，软件出口外包服务能力以及国际化水平相对比较弱，国际市场竞争能力较差，由此突显出的是信息服务业人才匮乏的缺陷。主要表现为人才结构性矛盾突出，高端人才、复合型领军人才、国际化人才、传统行业应用人才严重缺乏，难以适应信息技术运用于信息化及信息服务业发展的需要。

我国加大了高等教育中信息技术的投入，推行留学归国人员创办软件企业的专项资助政策，建立了国家级软件测试中心以及软件产业基地和软件出口基地，对于高新技术开发和人才培养取得了一定的成效，但对于核心技术的研究与运用，与世界强国相比还有很大的一段差距。因此，政府有必要加大对信息技术开发和人才培养的投入，培养高素质、专业化的服务人才，进一步推进高校相关学科设置、人才培养的改革，扩大与国外著名高校甚至同类企业的交流，共同开发从事现代信息服务业的高级专业人才，同时，进一步发挥政策优势，吸引具有国际先进水平的人才、企业的

---

1 牟锐：《中国信息产业发展模式研究》，中国经济出版社2010年版，第149～150页。

2 周宏仁：《中国信息化形势分析与预测》，社会科学文献出版社，第5页。

进驻、加盟，推动信息服务产业发展的全面升级。

国际经验表明，最理想的软件人才结构应该是金字塔型的。在底层是大量从事日常开发、编码工作的软件"蓝领"，他们的工作是高度标准化的，技术含量较低，不需要有很高的创造性，从而也不需要太理论化的教育；中间层是从事系统分析、测试设计的高级程序员；而在金字塔的顶端，则应该据有开阔的视野和把握国际先进发展趋势的能力，担任项目经理，是行业领军人物。针对人才金字塔中的三个层次，政府应该出台相应政策。对于低端人才，因其是标准化的，故可以通过强化和鼓励软件"公共培训"机构来解决。相比高校的软件学院，职业教育快速、高效，更加贴近市场和企业的实际需求。对于中级人才，应改革高校的软件教育，加强产、学、研互动。软件学院本身应该是面向应用，与产业发展紧密结合。软件学院要能真正服务于软件产业。对于高端人才，培养和引进要相结合，高校中示范性软件学院着力培养素质较高的软件人才，同时可从国外的软件公司引进人才。

以计算机软件、计算机网络、计算机应用、信息系统和信息服务等信息技术领域为重点，建设科学的信息技术教育培训课程体系；通过政府引导、网络共建、资源共享，优化组合行业教育培训资源和社会教育培训资源，形成规范的全国信息技术人才教育培训体系；建设信息技术人才培养工程的专家和骨干教师资源库，充分发挥专家和教师在信息技术人才培养中的作用。

四、税收政策方面的扶持

按照有关政策规定，我国已对信息服务业采取了一系列的税收优惠政策，这些税收优惠政策对我国信息服务产业的发展起到较大促进作用。然而，这些政策没有从产业链角度设计税收政策，以至于上游或下游企业无法享受税收优惠政策。例如，只给予软件产品生产企业以减免税政策，而没有从软件服务、整机系统以及软件产业链角度来设计政策，导致软件服务业、软件企业的分支机构以及开发软件的硬件企业（系统集成商）还无法完全享受到软件产业的优惠政策。因此，有必要对对现行的软件税收优惠政策进行补充、修订与完善,从软件产业链角度来设计更为全面、具体和更加优惠的税收政策。

由于信息服务业中小企业众多,改善中小企业生存发展环境成为推动技术创新的重要一环。因此,必须改变过分偏重大企业的政策,加强对中小企业的税收宣传和纳税辅导,及时为中小企业办理税务登记、发票购买等涉税事宜;实施有利于鼓励中小企业技术创新的税收优惠政策,在保留原有直接形式的税收优惠政策的基础上,逐步推行对中小企业科技投资的税收抵免、科技开发费用扣除、加速折旧等间接形式的优惠措施;为鼓励中小企业将所获利润用于扩大再投资,可将中小企业税后利润再投资部分缴纳的所得税,按一定的比例给予退还;尽快清理各种不合理收费,从根本上解决中小企业负担过重的问题(范爱军,2008)。

五、制定产业扶植政策和法规

信息服务作为一个行业,从一般的经济服务中分离出来,而成为独立的经济部门在我国是近 20 年来的事情。近年来,我国政府非常注重信息服务业的发展,产业的政策环境不断改善,2000 年国务院出台了《关于鼓励软件和集成电路产业发展的若干政策》(国发[2000]18号文件),制定了针对这两个产业的、以税收优惠为重点的全面扶持政策,后来又陆续出台了其他的配套政策。"18号文"最重要的是税收优惠,规定在我国境内自行开发生产的软件产品和自产的集成电路产品的增值税率从法定的17%分别降为3%和6%。而且这一政策对于外商投资企业和中资企业在中国开发生产的软件和集成电路产品一视同仁、同等对待,符合WTO原则。

2002年又以国办发[2002]47 号文件颁布了《振兴软件产业行动纲要(2002~2005)》。"47号文"除了规定具体落实"18号文"的许多措施外,还强调了优先采用国产软件产品和服务。"47号文"要求:制定政府采购软件产品和服务的目录及标准,政府采购应当采购本国的软件产品和服务;利用财政性资金建设的信息化工程,用于购买软件产品和服务的资金原则上不得低于总投资的30%;国家重大信息化工程实行招标制、工程监理制,承担单位实行资质认证;鼓励企事业单位在信息化建设中与软件企业合作开发或积极采购国产软件产品和服务。"47号文"的这些规定对于扭转我国普遍存在的"重硬轻软更轻服务"的倾向，对于强调政府采购对软件业的支持有着重要的意义。

国务院在《关于加快发展服务业的若干意见》（国发[2007]7号）中明确提出：积极发展信息服务业，加快发展软件业，坚持以信息化带动工业化，完善信息基础设施，积极推进"三网"融合，发展增值和互联网业务，推进电子商务和电子政务。2009年10月财政部、国家发改委、工信部、科技部等九部位发布了《鼓励政府和企业促进我国服务外包企业发展的指导意见》。这个文件指出：服务外包是智力人才密集型的现代服务业，具有信息技术承载度高、附加值大、资源消耗低、环境污染少、吸纳大学生就业能力强、国际化水平高等特点；应当贯彻落实科学发展观，按照保增长、扩内需、调结构的工作要求，支持和鼓励服务外包产业的发展。强调各级政府要抓住服务外包产业发展的难得机遇，把促进政府和企业发包作为推动我国服务外包产业的重点，加大服务外包的宣传力度，改变国内对外包模式的传统观念，让服务外包得到各级政府和大中型企业的认可。不过，我国在发展服务外包要避免只做离岸外包忽略在岸外包的局面，避免国内大量服务外包项目被外国跨国公司取得之后再将低附加值的部分分包给中国公司。应该在重视离岸外包的同时重视在岸外包，并注意提高外包业务的附加值（倪光南，2011）[1]。

2010年发布了《国务院关于加快培育和发展战略性新兴产业的决定》，其中引人注目的关键词是"新兴IT技术的发展和加强国际间的合作"。2011年初，国务院发布了《进一步鼓励软件产业和集成电路产业发展的若干政策》（号称"新18号文"），文件提出了对软件产业和集成电路产业在财税、投融资、研发等八方面的政策，进一步优化产业发展环境。"新18号文"既保持了"18号文"的政策延续性，又细化了政策支持方式，将进一步促进我国软件与集成电路行业长期的可持续发展。另外，"新18号文"加大了对企业研究开发的扶持力度，还填补了软件企业的营

1　倪光南：《中国软件与信息服务业的发展》，转引自周宏仁：《中国信息化形势分析与预测》，社会科学文献出版社。

业税（免征）和研发政策方面的空白。为了鼓励软件企业的研发以及重要技术标准的制定，"新18号文"在资金渠道、国家科技重大专项和国家重点实验室等重大项目、创新联盟等方面给予支持，强调了加快完善期权、技术入股、股权、分红权等多种形式的激励机制等等。2011年12月，《软件和信息技术服务业"十二五"发展规划》发布。工业和信息化部发布《软件和信息技术服务业"十二五"发展规划》，提出要加快工业软件应用和产业化进程，提高产品技术水平、安全可靠程度和综合集成应用能力，推动工业软件在航空、航天、船舶、机械、汽车、石化、钢铁、有色、建材、电子、轻工和纺织等工业领域的广泛应用。2011年12月，国务院办公厅还发布了《关于加快发展高技术服务业的指导意见》，意见提出要打造一批具有国际竞争力的研发设计企业和知名品牌等。

加强政策和法规建设，将有利于规范管理信息服务业，使信息服务业在法律的框架下健康发展。应根据信息服务业行业活动各个环节的特点，在重点领域分别制定相关的法律法规。

第三节 优化信息服务业内部产业结构

信息服务业主要由电信和其他信息传输服务业、计算机服务业和软件业三大产业组成。在行业的发展过程中，存在着产业基础薄弱、产业链不完善、产业规模效益不显著、市场多为国外产品垄断等问题。其中软件行业在发展过程中应用软件的开发已初具规模和实力，但在操作系统以及大型数据库的建设方面明显落后。因此，应优化信息服务产业结构，加大基础研究与开发的投入，全面提升信息服务业的产业技术水平，开发附加值较高的产品和服务,努力提升国际竞争力。

一、提高软件服务产业的比重

发达国家软件服务业在信息产业中的比重达到50%的比重，我国软件服务业的比重还偏低，其发展水平远远落后于硬件，因此要大力发展软件服务业，而嵌入式软件是信息服务业中的重中之重。

首先，重点发展体现两化融合的嵌入式软件和行业应用软件。嵌入式软件是指被植入到工业产品之中，固化在嵌入式系统之中的软件。这种软件可以自动化、智能化的控制、监测、管理各种装备、机器和系统运行。在列入国家振兴计划的十大行业中，嵌入式系统对电子信息制造业、汽车业、物流业、装备制造业等行业的贡献在加大，应用的范围逐步扩大。我国电子信息产品制造业已有较好的发展基础，可以考虑以这些优势产业链为核心，大力发展相关的嵌入式软件。行业应用软件发展的重点领域是工业软件。我国制造业的充分发展为工业软件提供了较大的发展空间，也奠定了良好的基础。这类软件从产品研发、产品设计、产品生产和流通、生产管理等方面，实现生产和管理过程的智能化、网络化管理和控制，重点扶持计算机辅助设计和辅助制造（CAD/CAM）、制造执行管理系统（MES）、计算机集成制造系统（CIMS）、过程控制系统（PCS）、产品生命周期管理（PLM）、企业管理、绿色制造等软件研发。此外，还可重点扶持特色行业的应用软件，加大推广力度，例如物流软件、智能交通系统及其他优势行业的软件。

其次，重视基础软件的发展。虽然基础软件的产值不大，但它是其他软件的平台，具有特殊地位。没有基础软件，其他软件和信息服务的发展就会受到制约，也不可能建起一个自主的软件产业体系。加强基础软件核心技术研发，重点支持高可信服务器操作系统、安全桌面操作系统、高可靠高性能的大型通用数据库管理系统等基础软件的开发应用，加快突破网络资源调度管理系统和移动互联环境下跨终端操作系统研发和产业化，着力打造新型计算模式和网络应用环境下的安全可靠基础软件平台[1]。通过引进知名企业建立研发基地等措施，力争在基础软件领域有所突破，占据产业链的高端。加大自主基础软件应用推广力度，争取在服务器操作系统、大型数据库、中间件等产品领域，取得产业化突破，进入国内主要供货商行列。

再次，加快软件服务外包产业的发展。服务外包是当前最容易发挥我

---

1 工业和信息化部：《软件和信息技术服务业"十二五"发展规划》。

国比较优势的方式。软件服务外包在软件业中占有重要地位，而且其比重有越来越大的趋势。根据跨国公司服务转移的关注点，我们可优先发展后台支持、呼叫红心、数据处理、人力资源服务等业务。预计到2020年，全球潜在的服务外包市场需求将达到1.65万亿～1.8万亿美元，大力发展软件业及信息服务业将成为各国抓住新机遇，全面深度参与全球化，提升软件产业技术力量的重要途径。相关部门可实行为外包企业提供低息信贷、减免企业开展离岸外包的所得税和营业税、降低对应用于提供外包服务所需的进口设备关税及进口环节增值税的措施（王子先，2007）[1]。政府应该给予足够的重视，大力宣传，招商引资，积极为企业开展服务外包，创建与外方企业交流的机会，搭建沟通平台。"十二五"期间，对软件与服务外包的政策扶植将会持续下去，包括对从事软件与服务外包企业的财政补贴和出口退税优惠政策，并加快信息技术服务业政策的法制化进程。

二、培育电信传输服务业的增长点

宽带业务、移动通信、电信增值业务等是电信传输服务业发展的主要增长点。根据中国互联网信息中心（CNNIC）发布的数据，截至2011年12月底，中国网民规模突破5亿，中国手机网民规模达到3.56亿，同比增长17.5%，与前几年相比，中国的整体网民规模增长进入平台期；中国网站规模达到229.6万，较2010年底增长20%；CN域名注册量达到353万个较2011年中增长26000余个；2011年，我国团购用户数达到6465万，年增长高达244.8%，团购用户热情不减，但团购网站数量却在下半年开始下滑；在大部分网络娱乐类应用的使用率继续下滑的同时，网络视频的使用率呈逆势上扬的态势，网络视频行业的发展势头相对良好。2011年，网络音乐、网络游戏和网络文学等娱乐应用的用户规模有小幅增长，但使用率均有下滑。相比之下，网络视频的用户规模则较上一年增加14.6%，达到3.25亿人，使用率提升至63.4%[2]。

第一，宽带是可视化的物质基础。虽然中国已经建成了广泛采用SDH

---

1 王子先：《服务业跨国转移的趋势影响及我国对策》，《国际贸易》2007年第1期。

2 中国互联网络信息中心：《第29次中国互联网络发展状况调查统计报告》，2012年1月16日。

和DWDM等先进技术的、覆盖全国的高速传输网络，但是，就满足宽带化的需求而言，中国还有很长的路要走。"十二五"期间，在全国范围内以下行20Mbps为宽带化的发展目标，适时发布国家宽带发展的顶层设计，提升宽带应用的支持服务水平，提升自主创新能力。

第二，无线化、移动化是信息技术发展的一个重要方向，没有无线化就没有泛在化（周宏仁，2011）。一是移动宽带的发展。未来的发展方向包括：增加固定通道宽度，可选至40MHz；异构网络间实现平滑转接；多网络间实现无缝互联和全球漫游；为下一代多媒体业务如实时音频、高速数据、HDTV视频、移动电视等提供高质量的互联网服务；与现有网络标准及IP网络实现互操作性；家庭节点与固定互联网宽带基础设施互联等。二是移动互联网的发展。2010年，全球手机的数据通信量首次超过了语言的通信量，表明移动互联网在人们工作、学习和生活中占据越来越重要的地位。在移动互联网的发展过程中，移动万维网受到特别的关注，即采用移动设备，通过浏览器或Web应用介入互联网的技术网络。实现"无处不在的Web"成为移动互联网发展的目标之一。三是互联网协议6（IPv6）。按照目前的发展势头，"十二五"末期，中国的网民数可能增加到6亿~7亿，包括物联网在内的各种网络应用的快速发展，将大大增加对互联网地址的需求。我国虽然已经建成了目前世界上最大的基于IPv6地址的下一代骨干网络，但是从全球的发展情况看，我国对IPv6的使用并没有走在世界前列，我国目前分配到的IPv6地址数渊源落后于美国、德国、日本、巴西等国家。因此，要加快推进基于IPv6地址的下一代骨干网络的商用部署和未来网络的研究。

第三，大力发展互联网信息服务业。以电子商务和网络服务为重点，充分开发利用信息资源，加快基于互联网的信息咨询服务、系统建设，如电子商务、数字集群通信、网上银行、网上证券交易、现代物流技术管理等领域的开发，提高信息收集、产品营销、市场开拓等电子商务服务水平。与此同时，积极拓展信息服务的新领域，开展远程教育、远程医疗、视频会议、网络广告、家庭娱乐和视频点播等方面的服务。

三、扶持物联网、云计算等新兴业态的发展

随着以服务业跨国转移和要素重组为主的新一轮的国际产业转移正加速推进，以物联网、下一代互联网、新一代移动通信、云计算等为代表的新兴信息网络技术，在世界范围内蓬勃兴起。近年来信息技术的不断深入和发展，带来了越来越细致的分工，智慧地球、云服务等新理念的不断提出使得新商业模式不断更替，软件和信息服务业与传统经济融合日益紧密，创造和催生了物联网、云计算等有发展潜力的新兴业态。在我国的战略性新兴产业中，包括物联网、云计算在内的新一代信息技术产业具有资源消耗少、环境影响小、知识密集、市场需求巨大、拉动作用突出、应用广泛等特点。物联网的智能服务特性越来越受到关注。

国际电信联盟（ITU）2005年正式提出了"物联网"的概念。他们认为无所不在的物联网通信时代即将来临，将来世界上所有的物体从轮胎到牙刷、从房屋到纸巾都可以通过因特网主动进行交换。射频识别技术（RFID）、传感器技术、纳米技术、智能嵌入技术等将到更加广泛的应用。根据ITU的描述，在物联网时代，通过在各种各样的日常用品上嵌入一种短距离的移动收发器，人类在信息与通信世界里将获得一个新的沟通维度，从任何时间任何地点的人与人之间的沟通连接扩展到人与物和物与物之间的沟通连接。欧盟认为物联网是未来互联网的一部分，是基于标准和交互通信协议、具有自配置能力的动态网络设施，在这个网内各种虚拟的"物件"具有身份、物理属性，是拟人化的，使用智能接口并且无缝综合到信息网络中[1]。我国中科院认为基于传感网的物联网是随机分布的集成有传感器、数据处理单元和通信单元的微小节点，通过一定的组织和通信方式构成的网络，是传感网，又叫物联网。

物联网是互联网应用拓展的热点，今后可大力推进物联网关键技术的攻关，例如识别技术、体系技术、发现技术、通信技术和网管技术等，强化技术对产业的支撑和引领作用；在传感器、短距离无线通信、通信和网络设备以及物联网服务等重点领域形成一定的产业规模；培育一批

1　European Research Projects on the Internet of Things (CERP ~ IoT) Strategic Research Agenda (SRA), Internet of Things–Strategic Research Roadmap, 15 September, 2009.

在国内具有影响力的系统集成企业与解决方案的企业，扶持一批商业模式领先的物联网运营与服务企业，聚集一批创新能力强、占领技术高端的企业；形成较为完善的物联网产业体系与空间布局。美国权威咨询机构FORRESTER预测，到2020年，世界上物物互联的业务，跟人与人通信的业务相比，将达到30比1，因此，物联网将是下一个万亿级的通信业务，对于推动信息服务业产业结构的高级化、服务化有着重要的作用。

大规模的物联网必然要依托云计算平台，接受物联网众多的设备传来的信息，通过处理后，再控制和管理这些物联网设备，实现特定的服务。另一方面，随着不断的发展，云计算的服务领域不断扩大，其发展的高级阶段将具有物联网服务能力。

通过物联网和云计算等的发展，可以有效促进多个产业领域的发展，例如，智能电网等物联网技术的应用，会对新能源领域的风电、太阳能光伏发电发展发挥重要作用。有专家预言物联网的规模将远超过互联网。与物联网相连的各种传感器和设备将达到万亿数量级，其中包括了大量工业领域的传感器、监控装置和各种智能化、自动化、网络化生产设备，使覆盖全国、全球范围的智能制造成为可能。

动漫游戏、数字影音、数字媒体、多媒体课件等数字内容产业集信息技术与文化艺术创作为一体，是信息服务业中的朝阳产业。近年来，在国家政策的大力支持下，以动漫、游戏为代表的数字内容产业呈现良好发展势头，市场需求广阔，增长潜力巨大，带动了软件、硬件、出版、媒体等上下游产业的快速发展，其拉动经济增长的效应明显，有望成为新的增长点。"十二五"期间，国家将会成立专门的基地，进一步加强支持数字内容处理与服务产业发展的支持力度。

第四节 本章小结

本章从完善技术创新体系、发挥政府的导向和扶持作用、优化信息服务业内部结构三个方面阐述促进信息服务业发展的政策建议。首先从完善信息服务业技术创新体系角度探索提高企业自主创新能力的途径。注重技术引进与自主创新的有机结合，鼓励核心技术领域的集成创新；推动产学研三方在资金、技术创新、研发等各方面合作，并加强各方的良性互动作用；健全风险投资体系，解决创新研发资金筹集上存在的困难；完善信息服务业的技术创新成果转化机制，提高产业的技术创新效率。其次是发挥政府的导向与扶持作用。在尊重产业发展规律的前提下，加强产业引导，加快信息基础设施的建设、加大信息技术研发的投入、培育信息服务业人才等方面积极作为，制定更完善的政策扶持体系。最后，从提高软件服务产业的比重、培育电信传输服务业的增长点、扶持物联网和云计算等新兴业态的发展这三个方面入手，进一步优化信息服务业内部的产业结构。

第十一章 结论与展望

第一节 结论

本书在总结前人研究成果的基础上，从微观、中观、宏观三个层面对信息服务业区位选择与集聚问题展开研究。其中，从城市层面研究信息服务业的区位选择与集聚的微观机理是本书研究的重心。本书研究的主要观点归纳如下：

第一，影响信息服务业微观个体区位决策的重要因素是通达性状况、市场潜力、接近目标客户、当地政府政策的支持、邻近同行业企业、重视与政府、行业协会和大学的联系等。在微观层面上，利用信息服务企业区位指向调查问卷数据的统计和分析，对这类企业办公选址的区位指向性有了更感性、更深入的认识。在区位指向的调查问卷中，主要从通达性、区位环境、融资条件、商务成本、资源支持、社会网络、与决策者个人相关因素这七个部分来考察信息服务企业区位选择的影响因素。调查问卷数据的分析显示，信息服务企业对于交通便捷、通讯设施这两个要素均较为看重，对所处区域通讯设施的重视程度更高一些；对市场潜力较大及接近目标客户的区位有较强的区位指向性，并把市场规模较大、能及时准确地获取市场信息也列入重要的影响因素；当地政府的政策支持在重要性评价中所占的比重最高，其次是专业化产业配套服务。商务成本、融资方式、社会网络、与决策者个人相关因素没有成为影响信息服务企业区位选择的决定性因素。

第二，上海信息服务业呈现较明显"双核"分布格局。利用上海信息服务企业样本中8955个数据，用ArcGIS做出上海信息服务业以及三个子行业的空间分布图。从行业总体的空间分布来看，企业数量较多的五个城区依次是徐汇区、浦东新区、普陀区、闵行区和长宁区。各个子行业企业数最多的是徐汇区和浦东新区，企业数分布较多城区还有普陀区、闵行区，主要位于中心城外围和近郊城区。总之，主要集聚点呈现以徐汇区和浦东新区为中心的"双核"分布格局。计算机服务业企业数量最多，集聚点较多，也较分散。从中心城区的分布来看，软件服务业在城9区的比重最大，达到62.9%，其次是互联网信息服务业。

第三，研究了都市区内部信息服务业集聚的影响因素。以上海这一大都市为例，以街道（乡镇）为空间单元，在分析都市内部信息服务业的空间分布状况的基础上，以265个邮编区为空间单元，从区位通达性、地理邻近性和知识外部性三个方面研究上海信息服务企业集聚的机理，并通过实证研究来验证本书的观点。从区位通达性角度间接地验证新经济地理学提出"市场接近效应"假设，从地理邻近性角度关注企业之间的竞争与合作对产业空间集聚的影响，从知识外部性角度探讨知识溢出与信息服务业集聚的关系。

（1）通达性状况良好的区位信息服务业集聚程度较高。在都市内部，信息服务业企业倾向于选择通达性较好的区位，尤其是倾向于选择城市轨道交通沿线的区位，同时也充分考虑靠近虹桥机场、浦东机场、火车站这些交通便利的区域。

（2）信息服务企业有偏离一般大学、选择邻近名牌大学的区位倾向。同时，它们选择邻近自然科学和自然科学技术研究机构、邻近企业集中度较高的开发区、邻近同行业代表性企业、邻近地价较高的城市中心区和近郊区，实证分析的结论和根据上海企业样本所作的空间分布状况是较一致的。由此可见，上海信息服务业空间分布并未出现明显的郊区化的现象。从分行业实证结果中发现各个行业的企业对于自然科学和自然科学技术研究机构有较强的区位指向性。其中，软件服务企业对地价最不敏感，偏好邻近城市中心区域。

（3）大学可编码知识与人力资本的空间溢出效应随着距离的增加而衰减，而且存在着明显的地方化溢出效应，大学可编码知识对信息服务业集聚有积极、显著的影响。通过实证研究我们发现，在邮编区层面上，大学发表的成果越多，培养的专业性人才越多，则大学对信息服务企业的综合吸引强度越大，地方化地理溢出效应越明显。有证据表明，这些外部性影响超越了邮编区的边界，覆盖了邮编区之间20公里的范围。覆盖距离变大之后，可编码知识的外部性和人力资本的外部性都减弱了。

第四，要素空间配置与信息服务业集聚程度成正向变动关系，要素流动进一步推动了信息服务业集聚。宏观层面的研究是基于2003～2009年我国信息服务业的省际面板数据展开的。研究发现，要素的空间配置对信息服务业集聚有着显著影响，要素配置水平较高的区域，信息服务业的集聚程度也较高。固定资本和人力资本均对信息服务业集聚产生影响，特别是人力资本中企业家活动和人口素质的整体提升对信息服务业集聚程度有非常显著的影响。技术、信息、资本等要素在空间上的流动和转移使知识在特定区域的集中，促进要素累积进而推动信息服务业的集聚发展。

第二节 研究的不足与展望

产业集聚实际上是企业微观区位选择的宏观表现。本书由微观个体区位选择到宏观层面上行业的空间分布入手，在都市层面、省际层面上对信息服务业集聚机制展开研究，取得了初步的阶段性的研究成果。但是，无论从方法上还是内容上，还存在许多尚待改进的地方，需要做进一步的深入研究。

第一，尚未涉及集聚的离心力问题。产业集聚的向心力和离心力是空间经济学研究的主要内容，它们各自有三个来源。向心力来自于关联效应、厚实的市场、知识溢出和其他外部经济。离心力有不可流动的生产要素、土地租金或运输成本、拥塞和其他外部不经济（梁琦，2005）。赫尔曼（Helpman,1999）和塔布池（Tabuchi，1998）将城市土地租金纳入新经济地理模型，研究制造业的运输成本足够低时，产业会向外围迁徙，以避开城市土地的高租金。实际上，将离心力中某些因素纳入模型，可以从另一侧面验证集聚力的影响。今后可借鉴新经济地理学和城市经济学中相关模型，研究信息服务业集聚和分散化的空间过程及影响机制。

第二，未能对知识外部性动态变化过程进行研究。关于知识溢出和其他外部经济对集聚的作用，得到了无论是经济地理学家、区域经济学家、城市经济学家、管理学家的广泛讨论，但是至今为止还没有成熟的关于知识溢出的微观经济模型来解释知识外部性对产业集聚的影响机制。知识溢出在本质上是一个动态过程，因此，需要有一个动态的理论框架来阐释空间集聚的动态化过程，这个环节需要众多学者今后的共同努力。

第三，由于篇幅所限，作者也没有涉及信息服务业集聚与经济增长互动关系方面的研究。集聚与经济增长之间是相互作用、相互促进的，这两者的整合研究将是一个重要的发展方向。目前Martin和Ottaviano（1996）[1]，Martin和Ottaviano（1999）[2]，Ottaviano和Thisse（1998）[3]，Baldwin（2001）[4]，Fujita和Thisse（2002）[5]等在新经济地理学模型和增长理论之间的整合研究方面做了很多开创性工作，但总体上而言集聚与增长的整合研究仍处于探索阶段，发展的空间较大（陈良文、杨开忠，2006）。

此外，在问卷的设计中，也可适当考虑比较地理因素与非地理因素对企业办公选址的影响。这些都将成为未来研究的方向。

1　Martin P. and Ottaviano G, "Growth and Agglomeration", *International Economic Review*, 2001, vOI.42,pp.947~968.

2　Martin P.,Ottaviano G. I. P, "Growing locations in a model of endogenous growth", *European Economic Review* ,1999 ,43,pp.281~302.

3　Ottaviano G., and Thisse J. F, "Agglomeration and Economic Geography", In Henderson J. V. and Thisse J. F..(eds.) *Handbook of Regional and Urban Economics*,2004,4,Amster--dam: North Holland.

4　Baldwin R. E, "Core-periphery model with forward-looking expectation", *Regional Science and Urban Economics*,2001,31,pp.21~49.

5　Fujita Ma.,Thisse J. F, *Economics of agglomeration: cities, industrial location, and regional growth*, Cambridge: Cambridge University Press,2002.

附　录

附录1：信息服务企业区位指向研究调查问卷

尊敬的先生/女士：

您好！非常感谢您能参与我们的问卷调查。本次调查旨在研究信息服务企业的区位状况，不存在任何商业用途，更不会泄露您所在公司的任何隐私。感谢您在百忙之中抽出时间填写本问卷表，为我们提供真实有效的信息。

填写说明：第一至第三部分每个接受调查企业填写，园区、高新区或者开发区内企业填写第一至四部分。

同济大学信息服务业集聚研究课题组

第一部分　企业基本情况

1.1 贵公司所在地邮政编码：（　　　）

1.2 贵公司所在区域：___省（直辖市）___市（区）___区（县、镇）

1.3 贵公司名称（选答）：_____

1.4 我们将发给贵公司调查的结果，贵公司的E-mail是？（选答）

E-mail：_____

1.5 贵公司主页地址（选答）：_____

1.6 贵公司的主要业务范围是属于（可多选）：（　　　）

　　（1）计算机服务及软件业　　　　（2）电信服务业

（3）互联网服务业　　　（4）广电服务业

（5）其他信息服务业（请说明：_____）

1.7 填写人所处的公司属于：（　　）

（1）总公司　　　（2）子公司　　　（3）分公司

注：分公司是与总公司或本公司相对应的一个概念，是总公司下属的直接从事业务经营活动的分支机构或附属机构，没有独立的法律地位。子公司是与母公司相对应的法律概念，是指一定比例以上的股份被另一公司所拥有或通过协议方式受到另一公司实际控制的公司；子公司具有法人资格，可以独立承担民事责任。

1.8 贵公司创立年份：_____年。贵公司总部所在地（城市）：_____；子公司数量：_____；分公司总数：_____，其中海外分公司数量：_____。

1.9 分公司所处的位置是：

（1）海外　　　　　　　（2）国内省（市）外

（3）省（市）内不同城市（区）

（4）省（市）内相同城市（区）

1.10 贵公司全职员工数量是_____人。

1.11 贵公司员工的学历分布：博士_____人；硕士/MBA_____人；本科_____人；专科_____人；中专及其他___人；研发部门全职员工人数：___人。

1.12 贵公司有无设立研发机构：（　　）

（1）有　　　　　　　（2）无

1.13 贵公司研发机构所在地是属于（可多选）：（　　）

（1）城市中心城区　　（2）城市近郊区　　（3）城市远郊区

（4）开发区或园区　　（5）海外　　　（6）乡镇或农村

1.14 研发经费占全部销售额的比重：（　　）

（1）在1%以下　（2）1%～3%　（3）3.1%～6%　（4）6%以上

第二部分　市场环境

2.1 贵公司2008年的员工年平均工资_____元/人。

（1）2万及以下　（2）2.1万～5万　　（3）5.1万～10万

（4）11万～18万　（5）19万～30万　　（6）30万以上

2.2 贵公司现有的办公用房是（　　）：（1）自建（2）租赁；若是租赁，2008年租赁办公用房的成本_____元／平米/天，或者_____元/月或者_____元/年。

2.3 贵公司近三年来营业总额的年增长率在（　　）区间。

（1）负增长　　　　（2）0～1%　　　　（3）2%～5%

（4）6%～10%　　　（5）11%～20%　　　（6）20%以上

2.4 贵公司近5年的市场定位（　　）：

（1）以本省（市）市场为主

（2）以本省（市）以外的国内市场为主

（3）以国际市场为主

（4）国内市场和国际市场并重

2.5 贵公司未来5年的市场定位（　　）：

（1）以本省（市）市场为主

（2）以本省（市）以外的国内市场为主

（3）以国际市场为主

（4）国内市场和国际市场并重

2.6 贵公司与客户交流的主要方式（可多选）：（　　）

（1）与客户面对面交流

（2）与客户在工作场所或工作时间之外通过电话进行沟通交流

（3）建立相关制度，征求代表性客户的意见

（4）客户主动向企业提供创新的意见或建议

（5）通过互联网向客户征求意见或进行相互交流

（6）其他_____

2.7 贵公司与下列单位的联系程度如何？（在相应位置打√）

联系程度　　　机构	1 从不	2 很少	3 较密切
大学			
科研机构			
行业协会			
政府机关			
相关的信息服务企业			

第三部分　区位因素

3.1　贵公司到达机场的距离：（　　）

　　（1）30公里以内　　　　（2）31公里～50公里

　　（3）51公里～100公里　　　（4）100公里以上

3.2　贵公司选择这个区域（注：指省或直辖市下属的城市或区）办公是因为：（可打√）

区位通达性	1不重要	2一般	3重要
交通便捷			
通讯设施完善			.
区位环境	1不重要	2一般	3重要
当前市场规模较大			
市场潜力较大			
接近目标客户			
能及时准确地获取市场信息			
能招聘到较好的专业技术人才			
该区域良好的创新氛围			
该区域形象有助于提升公司地位			
有休闲娱乐场所			
有大型的商业中心			
气候条件较好			
融资条件	1不重要	2一般	3重要
能够获得风险投资			
能获得借贷资本			
商务成本	1不重要	2一般	3重要
销售成本较低			
办公楼的租赁成本较低			
工业或商业用地价格不高			
劳动力工资水平不高			
交通运输成本较低			
水电价格适中			
资源支持	1不重要	2一般	3重要
当地政府的政策支持			

区位通达性	1不重要	2一般	3重要
专业化产业配套服务			
能获得大学或研究机构的资源			
能获得充沛的水电及土地资源			
社会网络	1不重要	2一般	3重要
有益于向同行学习			
其他企业或朋友介绍			
与决策者个人相关因素	1不重要	2一般	3重要
决策层的偏好			
决策者的家乡所在地			
追求较高的生活质量			

或者是其他原因 _____

_____

　3.3　贵公司是否从外地迁入该区域？如果是，属于哪一种情况（可多选）：（　　）

　　　（1）省（市）内不同城市或区之间的迁移

　　　（2）省（市）内相同城市或区之间的迁移

　　　（3）从园区外迁入园区内

　　　（4）从外省迁入本省

　　　（5）从国外迁入国内

　　　（6）其他_____

　3.4　如果贵公司变更了办公地址，在市场条件变化方面的原因是：

　　（在相应位置打√）

市场条件变化	1不重要	2一般	3重要
收购或兼并其他企业			
主要客户迁移			
接近主要供应商			
原区域的同类企业竞争过于激烈			
开拓新兴市场的需要			

　　或者是其他原因 _____

_____

3.5 贵公司现在所处的办公区域可能给企业发展带来不利的影响因素是（在相应位置打√）

商务成本	1不重要	2一般	3重要
销售成本上升			
劳动力成本上升			
员工的流动性较大			
地价或者是租金昂贵			
融资成本上升			
交通成本上升			
区位环境	1不重要	2一般	3重要
市场规模较小			
不能及时准确地获取市场信息			
市场竞争过于激烈			
不利于和同行交流			
通讯设施不完善			
该区域创新氛围不浓厚			
劳动力素质较低专业人才缺乏			
人口密度逐渐增大			
生活环境恶化			
没有大型商业中心			
没有休闲娱乐场所			
资源支持	1不重要	2一般	3重要
政府提供的政策不够优惠			
无法获得大学或研究机构的资源			
水电供应不足			

或者是其他因素 _____

_____

3.6 与本地企业存在那些合同关系？（可多选）（   ）

　　（1）原料购买　　　　（2）设备购买维修

　　（3）产品代销　　　　（4）信息咨询

3.7 贵公司与本地其他企业存在哪些协作关系？（可多选）（   ）

　　（1）共用设备　　　　（2）合作营销　　　　（3）培训员工

　　（4）合作购买原料　　（5）合作生产　　　　（6）其他

第四部分　园区、高新区或开发区内企业填写

4-1　企业选择在园区落户的原因：（在相应位置打√）

信息共享平台	1不重要	2一般	3重要
数据灾备中心			
卫星广播电视接收系统			
提供1000M的宽带网络和20M以上的高速国际出口			
无线网络覆盖			
视频会议系统			
一卡通系统			
监控系统以及通信系统等			
优惠政策	1不重要	2一般	3重要
税收优惠			
土地政策优惠			
引进人才的政策支持			
厂房租赁优惠			
专项资金扶持			
投融资政策优惠			
特定区域优惠			
企业资质申请的政府补贴			
人才培训补贴			
自营出口权			
各类服务	1不重要	2一般	3重要
创业投资服务			
人才培训中心			
出口服务			
法律、税务服务等			
产权经纪与注册代理			
工程服务物业服务等			
外部环境	1不重要	2一般	3重要
良好的创新氛围			
交通便捷			
园区所处区域的市场潜力较大			
同类企业间有良好的协同合作环境			
能够获得大学或研究机构的资源			

或者是其他原因＿＿＿＿＿＿＿＿＿＿＿＿＿＿＿＿＿

4.2 贵公司选择与其他同行企业较为接近的位置，下列理由的重要性如何？（在相应位置打√）

程度 原因	1 不重要	2 一般	3 重要
有利于技术上的合作			
营造共同的人才市场			
营造有利的创新氛围			
增加与同行面对面交流的机会			
政府扶持政策优惠			
容易建立信任和合作关系			

或者是其他理由＿＿＿＿＿＿＿＿＿＿＿＿＿＿＿＿＿＿＿＿＿＿＿＿

＿＿＿＿＿＿＿＿＿＿＿＿＿＿＿＿＿＿＿＿＿＿＿＿＿＿＿＿＿＿＿

附录2：信息服务企业调研访谈提纲

1、请问贵公司是从哪一年创办的？当时是不是就是在这里办公？

2、为什么选择在这里创业/创办公司？

3、公司是否从外地搬迁到这里？为什么要搬到这里？

4、您现在办公的这个地方/软件园对公司发展比较有利的因素是什么？为什么选择在园区落户？园区有哪些服务项目吸引了企业入驻？贵公司在园区内发展享受了哪些优惠政策？

5、贵公司现在所处的区域（指所处的城市）对公司发展带来哪些不利的影响？

6、在园区里面有很多同行业企业，您觉得同行之间的交流、合作对企业发展带来哪些有利的影响？园区内象贵公司这样的企业多吗？

7、平时和同类企业之间的联系是不是紧密？一般在哪些方面的联系比较多？业务上的联系多吗？同行企业是否存在竞争？

8、是否依托大学/研究机构的科研优势？和哪些大学有科研上的合作？

9、贵公司的主打产品是什么？提供哪方面的服务？获得哪些认证？获得这些认证对贵公司发展有哪些有利因素？是否是通过CMM/CMM113级以上国际认证的企业？

10、是否在外地有分公司？为什么选择在省内其他地方开设分公司？

11、和其他地方的同行业公司相比，您觉得贵公司选择在此地生产经营有哪些优势？

12、信息服务企业主要集中在浦东、徐汇两地，您认为这主要的原因是什么？这两地有哪些优势——专业人才集聚、政策吸引、经济实力、市场规模等，哪一种因素更为重要？

13、是否承接外包的业务？来自于国外还是国内的公司？省内还是省外？

14、是否开设分公司？分公司的地点选择是考虑到了哪些因素？

15、公司未来五年的市场拓展范围是向省（市）外还是国外市场拓展？拓展的区域是选择中心城市还是二线城市还是农村？是否和台湾企业合作？

16、是否有迁出所在地的计划？

附录3：上海各区（县）信息服务业法人单位和从业人员情况

上海各区（县）信息服务业法人单位和从业人员情况

区（县）	法人单位	从业人员
嘉定区	1375	7522
徐汇区	1244	25019
浦东新区	1180	29692
青浦区	988	5661
长宁区	697	14036
松江区	666	5232
黄浦区	445	13200
普陀区	431	10130

续表

区（县）	法人单位	从业人员
杨浦区	389	5190
虹口区	332	19116
闸北区	319	4538
闵行区	276	2604
金山区	275	2457
卢湾区	272	7264
南汇区	218	1338
宝山区	160	1722
奉贤区	136	1192
崇明县	54	398
市外地区	8	91
小计	9892	175669

数据来源：《上海经济普查年鉴（2004）》.

附 录4

上海市开发区情况一览表

	开发区名称	区块名称	邮编
国家级工业区	外高桥保税区		200137
	金桥出口加工区		201206
	张江高科技园区		201203
	漕河泾新兴技术开发区		200233
	闵行经济技术开发区		200030
市级工业区	上海市北工业园区		200436
	上海未来岛高新技术产业园区		200331
	上海新杨工业园区		200331
	上海宝山工业园区	宝山城市工业园区	200444
		宝山工业园区	200949
		罗店工业园区	201908
		徐行工业园区	201808
	上海月杨工业园区	月浦工业园区	200941
		宝山杨行工业园区	201901
		宝山顾村工业园区	201906

续表

开发区名称		区块名称	邮编
市级工业区	上海崇明工业园区		202150
	上海富盛经济开发区		202156
	上海浦东合庆工业园区		201201
	上海浦东空港工业园区	浦东新区机场经济园区	201207
		浦东新区川沙经济园区	201200
		祝桥空港工业区	201323
		老港化工工业区	201302
	上海嘉定工业园区	嘉定工业区	201821
		嘉定工业区马陆园区	201801
		外冈工业园区	201806
	上海嘉定汽车产业园区	南翔工业园区	201802
		黄渡工业园区	201804
		国际汽车城零部件配套园区	201805
	上海莘庄工业园区	莘庄工业区	201108
		向阳工业区	201109
市级工业区	上海紫竹高新技术产业园区		200241
	上海青浦工业园区		201700
	上海西郊经济开发区	华新镇工业开发区	201708
		徐泾镇工业开发区	201702
		闵北工业区	201107
	上海松江工业园区	松江工业区	201614
		松江工业区石湖荡分区	201617
		练塘镇工业开发区	201715
	上海松江经济开发区	泗泾高科技开发区	201601
		九亭高科技工业园区	201615
		松江工业区洞泾分区	201619
	上海浦东康桥工业园区		201315
	上海南汇工业园区		201300
	上海星火工业园区		201419
	上海奉贤经济开发区	工业综合开发区	201401
		奉贤现代农业园地	201400
	上海奉城工业园区		201411
	上海金山工业园区	金山工业区	201506
		金山第二工业区	201512
		张堰工业区	201514
	上海枫泾工业园区		201501
	上海朱泾工业园区		201503
	上海化学工业园区		201507

续表

开发区名称		区块名称	邮编
其他工业集中区	青港经济园区		201414
	化学工业区奉贤分区		201417
	化学工业区金山分区		201507
	新场工业园区		201314
	大麦湾工业区		201316
	长征工业园区		200333
	白鹤镇工业开发区		201709
	朱家角工业开发区		201713
	松江工业区佘山分区		201602
	闵东工业区		201112

附 录5

大学知识与空间溢出的中位数回归、91%分位点回归

变量	Median					0.91– quantile
常数项	11.1462	11.0941	11.1879	25.7077	25.6292	25.7332
U	−0.0007**			−0.0007***		
	（−2.173）			（−2.5127）		
CITE	−0.1775			−0.1534		
				（−0.4716）		
	（−0.5370）					
CODE		−0.1843*			−0.2349***	
		（−1.9162）			（−2.5863）	
STUDENT			−0.0001			−0.0001**
			（−1.5600）			（−2.2827）
CITY	−6.533***	−6.779***	−6.791***	−19.516***	−19.516***	−18.634***
	（−7.0009）	（−7.3764）	（−7.4118）	（−11.7733）	（−12.0166）	（−11.3637）
SUB	20.63***	20.63***	20.62***	23.64***	23.64***	23.64***

续表

变量	Median					0.91-quantile
	（13.6395）	（13.6188）	（13.5256）	（6.7362）	（6.7358）	（6.7483）
Pseudo R-squared	0.4829	0.4822	0.4821	0.4594	0.4593	0.4590
Quasi-LR statistic	425.5435	429.2015	429.6674	240.0325	239.5063	229.6355
Prob	0.0000	0.0000	0.0000	0.0000	0.0000	0.0000
样本数	265	265	265	265	265	265

注：括号内为t-Statistic，***、**、*分别代表1%、5%、10%的显著性水平。

附　录6

信息服务业集聚影响因素相关指标面板数据的单位根检验结果

单位根检验结果						
检验形式	水平值					
检验方法	LLC检验		IPS检验		ADF检验	
变量	统计量	P值	统计量	P值	统计量	P值
lnLQ	−20.74	0.0000	−1E+159	0.0000	52.9143	0.7300
lnCAB	−9.58	0.0000	−2.00E+159	0.0000	103.31	0.0004
HUM	−12.56	0.0000	−1.00E+159	0.0000	63.4665	0.3553
lnEDU	−20.82	0.0000	−2.00E+159	0.0000	92.025	0.0049
STAFF	−138.13	0.0000	−1.00E+160	0.0000	118.527	0.0009
lnNET	−28.67	0.0000			251.973	0.0000
lnFIX	−23.86	0.0000	−6.00E+159	0.0000	131.905	0.0000
lnMAR	−4.66	0.0000	−3.00E+159	0.0000	108.137	0.0001
lnWAGE	−8.39	0.0000	−2.00E+159	0.0000	72.3231	0.1322
lnUNIT	−7.38	0.0000	−2.00E+159	0.0000	124.684	0.0000
lnPAT	−7.05	0.0000	−5.00E+159	0.0000	142.183	0.0000
lnRES	17.1082	1.0000	3E+159	1.0000	43.2293	0.95

附 录7

2011年1～12月软件产业主要经济指标完成情况（一）　　　　单位:万元

单位名称	企业个数	软件业务收入		软件产品收入		信息系统集成服务收入	
		本期累计	同比增减%	本期累计	同比增减%	本期累计	同比增减%
合计	22788	184679252	32.4	61577834	28.5	39213653	28.4
北京市	2880	29461282	21.5	11075529	18.2	7645382	17.2
天津市	387	3701152	34.1	835126	32.5	365821	66
河北省	242	1191496	~4.1	291943	17.2	845097	~12.2
山西省	112	193392	43	87181	51.6	73588	33.4
内蒙古区	64	253648	25.8	62054	1.6	167641	42.4
辽宁省	2092	14628473	42.8	5406430	51.4	2512374	53.7
吉林省	770	2220000	29.1	500000	28.2	630000	28.6
黑龙江省	400	923669	18	334575	43.8	226481	4.9
上海市	1600	14381600	31.1	4584000	24.1	3214600	20.4
江苏省	2551	31063412	35.6	7841040	38.1	5334322	25.8
浙江省	1401	9015899	33.6	2688751	27.7	1689367	8.9
安徽省	139	569838	23.2	258121	21.8	225106	23.3
福建省	1206	8070930	40.1	2488300	41.6	2549600	40.8
江西省	87	408932	16.9	104699	23.4	185646	12.4
山东省	1758	13291139	45.7	3827113	45.2	2708357	41.1
河南省	245	1301734	19.3	506424	18.5	561042	18.1
湖北省	545	2054931	21.9	909380	21.1	729573	24
湖南省	511	2103350	30.7	1477645	29.3	252402	49.4
广东省	3136	31224869	28.1	12030277	23	4713530	41.8
广西省	100	451976	25.9	266845	27.7	99553	22.5
海南省	36	75557	62.1	17718	79.2	32341	59
重庆市	372	2533865	44.6	650074	48.7	624358	46.3
四川省	733	10287908	45.8	3867365	11.3	1855622	58.5
贵州省	172	508600	41.1	230700	43.9	201054	14
云南省	108	432032	11.5	61932	19.1	343754	12.2
陕西省	900	3827000	42.7	1048000	58.3	1129000	42
甘肃省	77	199281	17.2	68965	25.3	105312	13
宁夏区	54	52607	18.6	20464	19.5	20161	10.5
新疆区	110	250681	32.7	37183	63.1	172568	21.5

附　录8

2011年1~12月软件产业主要经济指标完成情况（二）　　　　单位:万元

单位名称	信息技术咨询服务收入		数据处理和运营服务收入		嵌入式系统软件收入		IC设计收入	
	本期累计	同比增减%	本期累计	同比增减%	本期累计	同比增减%	本期累计	同比增减%
合计	18641658	42.7	30282539	42.2	28051795	30.9	6911773	33
北京市	2639950	17	7153732	36.8	741452	8.7	205237	12.3
天津市	446177	44	187356	27.3	1183421	19	683251	49.4
河北省	21139	47.3	4521	71.1	26140	86.5	2656	
山西省	16961	38.6	3719	47.5	11733	59	210	-53
内蒙古	17559	7.5	6395	~1.4				
辽宁省	2081237	41.2	1863869	40.8	2186626	24.5	577937	18.7
吉林省	410000	32.3	120000	20	560000	30.2		
黑龙江省	135489	74.6	103725	~24.3	122416	31.8	983	-96.4
上海市	1368000	29.9	2735000	38.2	1000000	100	1480000	38.3
江苏省	2658229	109.1	3901600	14.1	9297206	34.4	2031015	46.5
浙江省	565393	50.4	2524964	77	1360832	23.7	186592	-1.8
安徽省	57953	19.2	5289	19.2	23369	55		
福建省	807230	38.4	1014900	50.7	910800	33	300100	20
江西省	67980	1.3	13752	582.5	6110	7	30745	23.6
山东省	2904524	36.5	1380481	88.8	2370285	44.7	100378	46.7
河南省	113522	21.4	50438	26.7	45102	24.4	25206	30.8
湖北省	90988	17.2	81506	20.6	236812	21.5	6671	17.7
湖南省	94651	8.9	110384	29.4	168268	34.1		
广东省	1401163	35.6	5838454	35.7	6638912	21.6	602533	29.2
广西省	39691	24.2	45887	24.3				
海南省	3970	~53.8	7196	69	11492	4838.6	2839	-13.5
重庆市	324176	56.3	312130	61.6	611039	27.9	12088	27.9
四川省	1301145	44	2634161	135.8	144003	107.8	485612	50.3
贵州省	73646	209.8	1661		1406		133	
云南省	19019	~10.4	5816	~16.8	8		1503	61.5
陕西省	928000	73.1	157000	~34.9	391000	74.6	174000	122.3
甘肃省	12236	13.1	10706	12.8	289	2527.3	1773	16.4
宁夏区	4596	~27.2	4750	76.9	2637			
新疆区	37035	62.9	3147	205.2	437	624	311	106

参考文献

安虎森：《空间经济学教程》，经济科学出版社2006年版。

奥兹·谢伊：《网络产业经济学》，张磊译，上海财经大学出版社2002年版。

北京市信息化工作办公室：《北京市信息服务业发展报告（2004）》，中国发展出版社2005年版。

北京市信息化工作办公室：《北京市信息服务业发展报告》（2007），中国发展出版社2008年版。

黄征学、刘光成：《对低地价吸引企业定位政策的反思》，《中国土地科学》2004年第2期。

金相郁：《20世纪区位理论的五个发展阶段及其评述》，《经济地理》2004年第3期。

刘鲁川：《信息经济学与新的区域理论》，《科学学研究》1987年第4期。

罗志清、郝力、李琦：《城市空间框架数据研究》，《地理与地理信息科学》2004年第4期。

H·巴凯斯、路紫：《从地理空间到地理网络空间的变化趋势——兼论西方学者关于电信对地区影响的研究》，《地理学报》2000年第11期。

P.尼杰克普：《空间发展中的信息中心政策》，徐斌译，《国外社会科学》1993年第5期。

艾少伟、苗长虹：《学习的区域差异:学习场视角——以北京中关村与上海张江为例》，《科学学与科学技术管理》2009年第5期。

安虎森：《产业空间分布、收入差异和政府的有效调控——三论区域协调发展》，《广东社会科学》2007年第4期。

安娜李·赛克尼安：《剑桥工业园区的繁荣和沉寂——析英国的创新和科技园区发展》，《技术评论》1988年第6期。

北京市经济和信息化委员会，北京市发展和改革委员会：《北京市软件和信息服务业"十二五"发展规划》，2011年。

曹顺良等：《上海市信息服务业产业集群分析》，《软科学》2008年第11期。

陈建宝、丁军军：《分位数回归技术综述》，《统计与信息论坛》2008年第3期。

陈良文、杨开忠等：《经济集聚密度与劳动生产率差异——基于北京市微观数据的实证研究》，《经济学》（季刊）2008年第10期。

陈秀山、邵晖：《大都市生产者服务业区位选择及发展趋势——以北京市为案例的研究》，《学习与实践》2007年第10期。

陈禹、谢康：《信息经济学及其应用》，《改革》1998年第2期。

代文：《现代服务业集群的形成和发展研究》，《武汉理工大学》2007年版。

戴德胜、姚迪：《总部办公区位分布与选址规律研究》，《现代城市研究》2006年第6期。

丁晓明：《日本信息产业和信息服务业》，《中外科技信息》2001年第9期。

樊义顺：《信息资源利用的区位性探析》，《图书与情报》2003年第4期。

范爱军：《各国信息产业发展战略比较研究》，经济科学出版社2008年版。

方远平、阎小培：《1990年代以来我国沿海中心城市服务业特征与趋势比较研究——以北京、上海与广州为例》，《经济地理》2004年第5期。

付信明等：《中美典型高技术创新集群的比较分析——以硅谷和中关村为例》，《工业技术经济》2009年第2期。

盖文启、张辉、吕文栋：《国际典型高技术产业集群的比较分析与经验启示》，《中国软科学》2004年第2期。

高铁梅：《计量经济分析方法与建模》，清华大学出版社2009年版。

韩剑：《知识溢出的空间有限性与企业R&D集聚——中国企业R&D数据的空间计量研究》，《研究与发展管理》2009年第6期。

何骏：《现代服务业发展的模块论及对我国的启示》，《经济经纬》2008年第4期。

贺灿飞、谢秀珍：《中国制造业地理集中与省区专业化》，《地理学报》2006年第2期。

卡布尔：《产业经济学前沿问题》，中国税务出版社2000年版。

卡尔·萨皮诺：《信息规则：网络经济的策略指导》，中国人民大学出版社2000年版。

匡佩远：《信息服务业：定义和统计框架》，《统计教育》2009年第5期。

李健：《城市空间结构——理论、方法与实证》，方志出版社2007年版。

李琳，韩宝龙：《组织合作中的多维邻近性：西方文献评述与思考》，《社会科学家》2009年第7期。

李青：《知识溢出:对研究脉络的基本回顾》，《数量经济技术经济研究》2007年第6期。

李小建：《经济地理学》，高等教育出版社1999年版。

梁琦：《知识溢出的空间局限性与集聚》，《科学学研究》2004年第1期。

梁琦：《空间经济学：过去、现在与未来（代译者序）》，引自藤田昌久，保罗·克鲁格曼，安东尼·J·维纳布尔斯：《空间经济学——城市、区域与国际贸易》，梁琦主译，人民大学出版社2005年版。

刘涛、曹广忠：《北京市制造业分布的圈层结构演变——基于第一、二次基本单位普查资料的分析》，《地理研究》2010年第4期。

刘涛：《政府在产业集群中的四大作用》，《当代经济》2005年第7期。

刘欣伟：《生产性服务业产业集群研究——以长江三角洲为例》，上海社会科学院博士论文，2009年。

刘瑶、徐瑞华：《基于综合交通枢纽的现代服务业集聚区建设的系统分析》，《城市轨道交通研究》2007年第1期。

路江涌、陶志刚：《中国制造业区域聚集及国际比较》，《经济研究》2006年第3期。

吕卫国、陈雯：《制造业企业区位选择与南京城市空间重构》，《地理学报》2009年第2期。

马荣华、蒲英霞、马晓冬：《GIS空间关联模式发现》，科学出版社2007年版。

曼纽尔·卡斯特，王志弘译：《流动空间》，《国外城市规划》2006年第5期。

牟锐：《中国信息产业发展模式研究》，中国经济出版社2010年版。

倪光南：《中国软件与信息服务业的发展》，引自周宏仁：《中国信息化形势分析与预测》，社会科学文献出版社2010年版。

聂鸣、梅丽霞、鲁莹：《班加罗尔软件产业集群的社会资本研究》，《研究与发展管理》2004年第2期。

宁越敏、刘涛：《上海CBD的发展及趋势展望》，《现代城市研究》2006年第2期。

宁越敏：《上海市区生产服务业及办公楼区位研究》，《城市规划》2000年第8期。

诺曼·布拉德伯恩、希摩萨德曼、布莱恩万辛克：《问卷设计手册》，赵锋译，沈崇麟校，重庆大学出版社2011年版。

钱颖一：《硅谷的故事》，《经济社会体制比较》2000年第1期。

邱报、孙娟、王铮、吴建平：《上海高新技术产业内部空间分布及区位分析》，《城市规划》2001年第1期。

邱询旻、程楠：《美国、日本、印度提升信息产业竞争力的有效机制》，《贵州财经学院学报》2009年第5期。

邵晖：《北京市生产者服务业聚集特征》，《地理学报》2008年第12期。

宋秀坤、王铮：《上海的高新技术企业》，《科学学研究》2002年第1期。

孙平：《美国软件产业结构优化的经验与借鉴》，《中国科技论坛》2005年第10期。

王缉慈、王敬甯、姜冀轩：《深圳数字电视产业的地理集聚——研究高新技术创新集群的一个尝试》，《地理科学进展》2009年第9期。

王缉慈等：《创新的空间——企业集群与区域发展》，北京大学出版社2001年版。

王立平：《我国高校R&D知识溢出的实证研究——以高技术产业为例》，《中国软科学》2005年第12期。

王铮、马翠芳、王莹、翁桂兰：《区域间知识溢出的空间认识》，《地理学报》2009年第9期。

王铮、毛可晶、刘筱等：《高技术产业聚集区形成的区位因子分析》，《地理学报》2005年第4期。

王铮等：《中国新经济产业区域专业化水平分析》，《地理学报》2007年第8期。

王子先：《服务业跨国转移的趋势影响及我国对策》，《国际贸易》2007年第1期。

威廉·H·格林：《计量经济分析》，费剑平译，中国人民大学出版社2007年版。

韦伯：《工业区位论》，李刚剑等译，商务印书馆1997年版。

魏后凯：《现代区域经济学》，经济管理出版社2006年版。

吴结兵、徐梦周：《网络密度与集群竞争优势：集聚经济与集体学习的中介作用》，《管理世界》2008年第8期。

吴升等：《GIS分析中的地理模式》，《测绘信息与工程》2004年第2期。

吴新年：《日本信息服务业及其发展动向分析》，《情报理论与实践》1994年第2期。

信息产业部：《信息产业发展及人才需求分析》，2006年10月，见电子人才交流中心网站www.nice.gov，cn。

薛领、杨开忠：《基于空间相互作用模型的商业布局——以北京市海淀区为例》，《地理研究》2005年第3期。

闫小培：《广州信息产业空间分布的区际差异分析》，《经济地理》1998年第4期。

闫小培：《广州信息服务业增长的地域类型分析》，《热带地理》1999年第3期。

闫小培：《广州信息密集服务业的空间发展及其对城市地域结构的影响》，《地理科学》1999年第10期。

阎小培：《信息网络对企业空间组织的影响》，《经济地理》1996年第3期。

杨含斐、刘昆雄：《日本信息服务业发展现状及建设经验评价》，《情报杂志》2008年第10期。

杨家文、周一星：《通达性：概念，度量及应用》，《地理学与国土研究》1999年第5期。

杨振山、蔡建明、高晓路：《利用探索式空间数据解析北京城市空间经济发展模式》，《地理学报》2009年第8期。

曾琰：《印度IT产业集群的特点及其社会资本效用探析》，《现代财经》2009年第10期。

张华、贺灿飞：《区位通达性与在京外资企业的区位选择》，《地理研究》2007年第5期。

张华、梁进社：《产业空间集聚及其效应的研究进展》，《地理科学进展》2007年第3期。

张铭洪：《网络经济学教程》，科学出版社2002年版。

张文忠：《大城市服务业区位理论及其实证研究》，《地理研究》1999年第3期。

张文忠：《经济区位论》，科学出版社2000年第1版。

张正义：《知识外溢当地化、企业家精神与产业集中》，《江汉论坛》2007年第11期。

张志元、季伟杰：《中国省域金融产业集聚影响因素的空间计量分析》，《广东金融学院学报》2009年第1期。

赵群毅、谢从朴、王茂军等：《北京都市区生产者服务业地域结构》，《地理研究》2009年第5期。

赵勇、白永秀：《知识溢出：一个文献综述》，《经济研究》2009年第1期。

甄峰、刘慧、郑俊：《城市生产性服务业空间分布研究：以南京为例》，《世界地理研究》2008年第1期。

甄峰：《信息时代的区域空间结构》，商务印书馆2004年版。

郑英隆：《信息技术创新、产业扩散细分与结构整合》，《经济管理》2007年第16期。

钟韵、闫小培：《建国以来广州生产性服务业成长特征研究》，《热带地理》2007年第4期。

钟韵、阎小培：《我国生产性服务业与经济发展关系研究》，《人文地理》2003年第5期。

周宏仁：《中国信息化形势分析与预测》，社会科学文献出版社2010年版。

朱根：《日本服务经济论争与东京服务功能转型》，《日本学刊》2009年第1期。

Acs Zoltan J., Audretsch David B., and Maryann, Feldman P., R&D ,"spillovers and recipient firm size", *Review of Economics and Statistics* ,1994(76),pp.336 ~ 340.

Amin A. and Cohendet P. *Architectures of knowledge: firms, capabilities and commun- -ties*, Oxford University Press, Oxford , 2004.

Amin A., &Wilkinson,"Learning, proximity and industrial performance: an introduction", *Cambridge Journal of Economics*, 1999(23),pp.121 ~ 125.

André Torre,"On the role played by temporary geographical proximity in knowledge transmission", *Regional Studies*, 2008(42)6,pp.869 ~ 889.

Andy C. Pratt ,"New Media, the new economy and new spaces", *Geoforum,* 2000,31(4),pp.425 ~ 436.

Anna Lee Saxenian,"Inside-out: regional networks and industrial adaptation in Silicon Valley and Route 128", *A Journal of Policy Development and Research* ,1996(2), 5,pp.41 ~ 60.

Anselin L,"Local indicators of spatial assocaiation—LISA", *Geographical Analysis,* 1995 (27),pp.93 ~ 115.

Anselin L., Varga A., Acs Z,"Local geographic spillovers between university research and high technology innovations",*Journal of Urban Economics,*1997(42),pp.422 ~ 448.

Anselin L., varga, A. and Acs Z. J.,"Geographic spillovers and university research: a spatial econometric perspective",*Growth and Change,* 2000(31),pp.501 ~ 516.

Arzaghi, M., and J. Henderson. *Networking off Madison Avenue,* Working Paper, Brown University, 2006.

Audretsch D. B,"Lehmann E. E, Warning S. University spillovers and new firm location", *Research Policy,*2005 (34),pp.1113 ~ 1122.

Audretsch D. B., Feldman M. P. R&D ,"spillovers and the geography of innovation and production", *The American economic review,*1999(6),pp.630 ~ 640.

Audretsch, D.B., Thurik, R,"What's new about the new economy? Sources of growth in the managed and entrepreneurial economies", *Industrial and Corporate Change* 2001,10,pp.267 ~ 315.

Baldwin R .E,"Agglomeration and endogenous capital", *European Economic Review,* 1999, 43(2),pp.253 ~ 280.

Baldwin R.E,"Core-periphery model with forward-looking expectation", *Regional Science and Urban Economics,*2001,31,pp.21 ~ 49.

Baldwin R.E., Forslid R,"The core-periphery model and endogenous growth: stabilizing and destabilizing intergration", Economica,2000,(67),pp.307 ~ 324.

Baptista R., Swann G. M. P, *Clustering dynamics in the UK computer industries: a comparison with the USA.*, Oxford University Press, 1998,pp.106 ~ 128,.

Baptista R.,Swann G.M.P,"Do firms in clusters innovate more? ", *Research Policy*, 1998(27),pp.525 ~ 540.

Bar,A,"Social capital and technical information flows in the Ghanaian manufacturing sector", *Oxford Economic Paper*, 2000, 52(3),pp.539 ~ 559.

Baxter R S,Leniz G,"The measurement of relative accessibility", *Regional Studies*,1975,9,pp.15 ~ 26.

Beeson P. and Montgomery E,"The effects of colleges and universities on local labor markets", *The Review of Economics and Statistics*, 1993(75),pp.753 ~ 761.

Beyers W. B,"Producer Services", *Progress in Human Geography*, 1993,22(2),pp.12 ~ 18.

Beyers W.B., Lindahl. D.P,"Lone eagles and high fliers in rural producer services", *Rural Development Perspectives*, 1996,11(3),pp.2 ~ 10.

Breschi S. and Lissoni F,"Knowledge spillovers and local innovation systems: a critical survey", *Industrial and Corporate Change*,2001,vol.10 (4),pp.975 ~ 1005.

Bruinsma F," The accessibility of European cities", *Environment and Planning A*, 1998, 30(3),pp. 499 ~ 521.

Cairncross F," The death of distance: how the communications revolution will change our lives", *Harvard Business School, New York*, NY,2001.

Carlo Pietrobelli," Tatiana Olarte Barrera. Industrial clusters and districts in Colombia? Evidence from the Textile and Garments industry", *Cuad. Adm. Bogotá*,2002,15 (24),pp.73 ~ 103.

Coffey W. J, Mcraej J," *Service industries in regional development*", *Montreal: Institute for Research on Public Policy*,1990.44 ~ 47.

Coffey W.J., Polèse M,"Intrafirm trade in business services: implications for the location of office-based activities", *Papers in Regional Science*,

1987(62),pp.71 ~ 80.

Coffey, W.J., R. Drolet and M. Polèse ,"The intrametropolitan location of high ~ order services: Patterns, factors and mobility in Montreal", *Papers in Regional Science*, 1996. 75(3),pp.293 ~ 323.

Cook G. A. S. and Pandit N. R,"Service industry clustering: a comparison of broadcasting in three city-regions", *Service Industries Journal*.2007,27(4),pp.453 ~ 469.

Crosby. M,"Patents, innovation and growth", *Economic Record*,2007,76,(234),pp.255 ~ 262.

Cuadrado-Roura,J.R.,Gomez,C.D.R,"Services and metropolitan centers: the expansion and location of business services ", *The Services Industries Journal*, 1992,12(1),pp.97 ~ 115.

Dahl M. S, and Pedersen, C,"Knowledge flows through informal contacts in industrial clusters: myth of reality", *Research Policy*, 2004(33),pp.1673 ~ 1686.

Daniels P. W, *Service industries: a geographical appraisal*, London: Methuen,1985.

Daniels P.W,"Service industries in the world economy", *Blackwell Publishers*,1993,pp.113 ~ 166.

Daniels, P. W, "The locational geography of advanced producer services firms in the United Kingdom", *Progress in Planning*,1995 ,43(2 ~ 3),pp.123 ~ 138.

Eide , Eric R. and Mark H,"Showalter , Factors affecting the transmission of earnings across generations : a quantile Regression approach", *Journal of Human Resources* , Spring 1999 , (34) 2,pp.253

European research projects on the internet of things (CERP-IoT) strategic research agenda (SRA), Internet of Things ~ Strategic Research Roadmap, 15 September, 2009.

Fallick B., Fleischman A. C., Rebitzer B. J,"Job hopping in Silicon Valley: some evidence concerning the micro-foundations of a high technology cluster", *The Review of Economics and Statistics*, 2006,88(3),pp.472 ~ 481.

Feldman M. P., Francis, J.L.;"The entrepreneurial spark, individual agents and the formation of innovative clusters", In: Quadrio Curzio,A. Fortis,M.(Eds), *Institutions and systems in the geography of innovation*. Kluwer Academic, Boston, 2002,pp.55 ~ 78.

Feldman M.P., Audretsch,D,"Innovation in cities: science ~ based diversity, specialization and localized competition", *European Economic Review*,1999 (43),pp.409 ~ 429.

Feldman M.P,"The new economics of innovation, spillovers and agglomeration: a review of empirical studies",Economics of Innovation and New Technology, 1999(8),pp.5 ~ 25.

Feldman, M.P,"Location and innovation: the new economic geography of innovation. In: Clark, G., Feldman, M.P., Gertler,M. (Eds.), *Oxford handbook of economic geography*", Oxford University Press, Oxford, 2000.

Feldman, M.P,"The Internet revolution and the geography of innovation ", *International Social Science Journal*,2002(54),pp.47 ~ 56.

Figueiredo O., Guimaraes P., Woodward D "Modeling industrial location decisions in U.S. counties," *ERSA conference papers*, European Regional Science Association, 2002.

Fischer M.,Varga A, "Spatial knowledge spillovers and university research: Evidence from Austria", Ann Reg Sci,2003,37,pp.303 ~ 322.

Florax R, *The university: a regional booster? Economic impacts of academic knowledge infrastructure* , Avebury, Aldershot,1992.

Fotheringham A. S, Brunsdon C, "Local forms of spatial analysis", *Geographical Analysis*, 1999, 31(4),pp.340 ~ 358.

Fotheringham A. S, "Trends in quantitative methods I: stressing the local", *Progress in Human Geography*,1997,21(1),pp.51 ~ 65.

Frank Mouleart and Camal Gallouj, "Agglomeration of services in American metropolitan areas ", *Growth & Change*, 1989,20(3),pp.34.

Fuiji T., Hartshorn T. A, "The changing metropolitan structure of Atlanta, Georgia: locations of functions and regional structure in a multinucleated urban area", *Urban Geography*, 1995, 16(8),pp.680 ~ 707.

Fujita Ma.,Thisse J. F. *Economics of agglomeration: cities, industrial location, and regional growth*, Cambridge: Cambridge University Press,2002.

Gaspar J., Glaeser E.L, "Information technology and the future of cities", *Journal of Urban Economics*, 1998 (43),pp.136 ~ 156

Gertler M. S. and Levitte Y. M, "Local nodes in global networks: the geography of knowledge flows in biotechnology innovation", *Industry and Innovation*,2005,12,pp. 487 ~ 507.

Gillespie A. E., Green A E, "The changing geography of producer services employment in Britain", *Regional Studies*,1987,21(5),pp.397 ~ 411.

Glen Searle, Gerard de Valence, "The urban emergence of a new information industry. Sydney's multimedia firms", *Geographical Research*, 2005, 43(2),pp.238 ~ 253.

Grabher G, "Cool projects, boring institutions: temporary collaboration in social context ", *Regional Studies* ,2002,36, 205 ~ 214.

Graham J.R., Harvey C.R, "The theory and practice of corporate finance: Evidence from the Field", *Journal of Financial Economics*. 2001,(3),pp.187 ~ 243.

Hall, B.A., Link, N., Scott, J.T, "Universities as research partners", *Review of Economics and Statistics* ,2003(85),pp.485 ~ 491.

Hansen W. G, "How accessibility shapes land-use", *Journal of the American Institute of Planners,* 1959, 25,pp.73 ~ 76.

Hausman J.A, "Specification tests in econometrics", *Econometrica*, 1978 (l46),pp.1251 ~ 1271.

Illeris Dam T. S., Jacobsen K.," Why and where do firms use management consultants: a survey in Denmark," In: *Les Apports Marketing, Production, Economie, Strategie et Resources Humaines au Management des Services. Aixen Provence*. iae actes 1998,pp.313 ~ 326.

Illeris S, "Producer services: the key sector for future economic development", *Entrepre- -neurship & Regional Development*, 1989(1),pp.8 ~ 17.

Illeris, S. and P. Sjoholt, *The Nordic countries: High quality service in a low density environment*. 1995. 43(2 ~ 3),pp. 205 ~ 221.

Ingram D .R, "The concept of accessibility: a search for an operational form", *Regional studies*,1971,5,pp.1012 ~ 1076.

Isaksen, Arne, "Knowledge-based clusters and urban location: the clustering of software consultancy in Oslo", *Urban Studies*, 2004(41) 5,pp.1157 ~ 1174.

Isard W., Schooler E.W. and Vietprisz T. *Industrial complex analysis and regional development: a case study of refinery petrochemical synthetic fiber complexes and Puerto Rico*, MIT Press, Cambridge, MA,1959.

Jacobs J. *The economies of cities*,New York: Vintage,1969.

Jaffe A. B., Trajtenberg M. and Henderson R, "Geographic localization of knowledge spillovers as evidenced by patent citations", *Quarterly Journal of Economics*,1993, 108(3),pp.577 ~ 598.

Jaffe A. B, "Real affects of academic research", *American Economics Review*, 1989(79),pp. 957 ~ 970.

Jaffe A, "Technological opportunity and spillovers of R&D: evidence from firms' patents, profits, and market value", *American Economic Review*, 1986, 76(5).

Jaffe A., Trajtenberg M., Henderson R, "Geographic location of knowledge spillovers as evidenced by patent citations", *Quarterly Journal of Economic,* 1993,108(3),pp.577 ~ 598.

Jay Kandam pully, "The dynamics of service clusters: A phenomenon for further study", *Managing Service Quality*，2001.11.

Joel Garreau. *Edge City: Life on the new frontier*,New York:Doubleday,1991.

Karlrlvist A., Lundqvist L., Snickars F.,"Some theoretical aspects of accessibility–based models,"In *Dynamic Allocation of Urban Traffic Models, DC Health, Lexington, Mass*,1971,p.71.

Keeble D., Nachum L, "Why do business service firms cluster? Small consultancies, clustering and decentralization in London and southern England", *Royal Geographical Society*, 2002(27),pp.67 ~ 90.

Kirby H R, "Accessibility indices for abstract road networks", *Regional Studies*,1976,10: 479 ~ 482.

Koenker R.,Bassett G. J, "Regression Quantiles", *Econometrica*,1978 (46) ,pp.33 ~ 50.

Kogut B.,Zander U, "Knowledge in the firm, combinative capabilities and the replication of the technology", *Organization Science*,1992,3(3),pp.383 ~ 397.

Krugman P, "First nature, second nature, and metropolitan location", *Journal of Regional Science*, 1993, (34),pp.129 ~ 144.

Krugman P. *Geography and trade*,Leuven University Press–MIT Press, Cambridge, MA, 1991.

Krugman P, "Increasing returns and economic geography", *Journal of Political Economy*, 1991, 99(3),pp.483 ~ 499.

Krugman P, "Scale economies, product differentiation, and the pattern of trade", *American Economic Review*, 1980, (70),pp.950 ~ 959.

Lawson, C, "Towards a competence theory of a region", *Cambridge Journal of Economics*, 1999, 23 (2),pp.151 ~ 166.

Lee C.M..*The Silicon Valley edge: A habitat for innovation and entrepreneurship*, Stanford University Press , Stanford, California, 2000.

Liebowitz S.j，Margolis S. E, "Network externality: an uncommon tragedy", *The Journal of Economic Perspectives*.1994,8(2),pp.133 ~ 150.

Liebowitz S.j，Margolis S. E, "Path dependence，lock–in，and history ", *Journal of Law, Economics, &Organization*，1995，11(l),pp.205 ~ 226.

Link A., Rees J, "Firm size, university based research and returns to R&D", *Small Business Economics*, 1990(2),pp.25 ~ 32.

Link, A.N., Scott, J.T., in press. U.S, "science parks: the diffusion of an innovation and its effects on the academic mission of universities", *International Journal of Industrial Organization*, 2003,vol. 21,(9),pp.1323 ~ 1356 .

Lissoni F. *Knowledge Codification and the Geography of Innovation: the Case of Brescia Mechanical Cluster*,TIPIK paper, Targeted Socio–Economic Research (TSER),European Commission DGXII,2000.

Lucas R. E, "On the mechanics of economic development", *Monetary Econ*, 1998, 22 (3),p.42.

Lundvall B. A. and Archibugi D.*The globalizing learning economy*, New York: Oxford University Press, 2001.

Malecki E., Bradbury S. L, "R& D facilities and professional labour: labour force dynamics in high technology", *Regional Studies*, 1992(26),pp.123 ~ 136.

Malecki E..*Technology and Economic development*,Longman Scientific and Techncal, Essex,1991.

Malnbeg A., Maskell P, "The elusive concept of localization economies: towards a knowledge–based theory of spatial clustering", *Environment Planning*, 2001,34,pp. 429 ~ 449.

Mansfield E, "Academic research underlying industrial innovations:

sources, characteristics, and financing", *Review of Economics and Statistics*,1995,77,pp.55 ~ 65.

Markusen James R., Anthony J. Venables, "Multinational firms and the new trade theory ", *Journal of International Economics* ,1998,(46),pp.183 ~ 203.

Marshall A. *Principles of economies*, Vol. 1,Macmillan, London,1890.

Martin P. and Ottaviano G, "Growth and agglomeration", *.International Economic Review*，2001，vOI.42,pp. 947 ~ 968.

Martin P.,Ottaviano G. I. P, "Growing locations in a model of endogenous growth", *European Economic Review* ,1999 ,43,pp.281 ~ 302.

Martin R., and Sunley P, "Deconstructing clusters: chaotic concept or policy panacea", *Journal of Economic Geography*, 2003,Vol.3, No. 1,pp.5 ~ 35. *Oxford University Press.*

Maurseth P.B. and Verspagen B. Knowledge Spillovers in Europe: *A Patent Citations Analysis*, paper presented at the CRENOS Confenrence on Technological Externalities and Spatial Location, University of Cagliari, 24 ~ 25 September,1999.

Michael Katz, Carl Shapiro. 1985, "Network externalities competition and compatibility", *American Economic Review*(3),pp.424 ~ 440.

Miller, P. et a.l, "Business clusters in the UK. first assessment. vol. 1,Main Report", *Dept. of trade and Industry*, 2001

Moulaert F.,Gallouj C, "The locational geography of advanced producer service firms: the limits of economies of agglomeration", *Service Industries Journal*, 1993(13)2,pp.91 ~ 106.

Nachum L., Keeble D, "TNC Linkages in localised clusters: foreign and indigenous firms in the media cluster of central London", *Academy of Management Proceedings* 2001 IM: G.

Nachum，Marshallian Nodes, "Global networks and firm competitivenes", *University of Cambridge Working*,1999,p.154.

Naresh & Gary, "The dynamics of industrial clustering in British financial services", *The service industries Journal*，2001,10.

Neil M. Coe & Alan R.Townsend, "Debunking the myth of localized agglomerations: the development of a regionalized service economy in south-east England", *Transactions of the Institute of British Geographers*,1998,23,pp.385 ~ 404.

Nelson R. R, "The co-evolution of technology, industrial structure, and supporting institutions."in Dos,i G., Teece,D. J. & Chytry, J. (eds.), *Technology, Organization, and Competitiveness: Perspectives on Industrial and Corporate Change*, Oxford University Press, 1999,pp.319~335.

Ohuallacháin B.,Reid N, "The location and growth of business and professional services American metropolitan area,1976~1986", *Annals of the Association of American Ceographers*, 1991,81(2),pp.254~270.

Ottaviano G., and Thisse J. F., "Agglomeration and Economic Geography," In Henderson J. V. and Thisse J. F..(eds.) *Handbook of regional and urban economics*,2004,4,Amsterdam: North Holland.

Pandit, N. R., G. A. S. Cook, et al, "An empirical study of service sector clustering and multinational enterprises", *Journal of Services Research*,2008,8(1),pp. 23~39.

Park Sam Ock & Nahm, Kee-Bom, "Spatial structure and inter-firm networks of technical and information producer services in Seoul, Korea Asia", *Pacific Viewpoint*,1998(39),pp.209~219.

Perroux F, "The pole of development's new place in a general theory of economic activity," in Higgins B. and Savoi D. J.(Eds) *Regional Economic Development. Essays in Honour of Francois Perroux*. Unwin Hyman, Boston, MA,1988.

Pinch,S .,Henry, A, "SPaul Krugman's geographical economics, industrial clustering and the British motor sport industry", *Regional Studies*, 1999(33),pp.815~827.

Putnam, R., Leonardi, R., and Nanetti, R..*Making democracy work: civic traditions in modern italy*, Princeton: Princeton University Press,1993.

Rees. J, "State technology programs and industry experience in the United States", *Review of Urban and Regional Development Studies*, 1991(3),pp. 39~59.

Robbyn Jadney, "A closer look at the rebuilding process: WTC attacks of September 11, 2001", *Civil and Environmental Engineering*. 2005(4).

Rogerson PA, "Statistical methods for the detection of spatial clustering in case-control data", *Stat Med2006*, 25,pp.811~823.

Rosenthal S. S., Strange W. C, "The determinants of agglomeration", *Journal of Urban Economics*,2001,50(2),pp.191~229.

Rosenthal, S., and W. Strange, "Evidence on the nature and sources of agglomeration economies", in Henderson, J., and J. Thisse (eds.), *Handbook of Regional and Urban Economics*, volume 4. Amsterdam: North–Holland, 2004.

Sassen, S, "Locating Cities on Global Circuits", *Environment and urbanization*, 2002，14,pp.13 ~ 30.

Sassen, "The global city: place, production and the new centrality", *Assoc of College & Resrch Libraries*,1991.

Savatore.*Firm Specialization and Growth: A Study of European Software Industry*, Liuc Papers,November,1996,p.35.

Saxenian A., *Regional Advantage: Culture and Competition in Silicon Valley and Route 128*. Harvard University Press: Cambridge,MA,1994.

Scherer, F.M, "Changing perspectives on the firm size problem," In: Acs, Z.J., Audretsch, D.B. (Eds.), *Innovation and technological change: an international comparison*, University of Michigan Press, Ann Arbor, 1991,pp. 24–38.

Schriner J. A, "Prepare for location decisions", *Industry Week*, 1999, 248.

Scott, A. J. , "French cinema: economy, policy and place in the making of a cultural products industry", *Theory, Culture and Society*, 2000, 17,pp.1 ~ 37.

Scott, A. J, *From Silicon Valley to Hollywood: Growth and Development of the Multimedia Industrial in California in Braczyk H.J., et a.l eds. Regional Innovation Systems*", London: UCL Press, 1998.

Segal Quince and Partners. *The Cambridge phenomenon: the growth of the high technology industry in a university town*, Cambridge: Brand Brothers and Co.,1985.

Shearmur R., Alvergne C, "Intrametropolitan patterns of high–order business service location: a comparative study of seventeen Sectors in Ile–de–France", *Urban Studies*,2002(39)7,pp.1143 ~ 1163.

Stanback T. M.. *The new suburbanization*, Boulder Co.: Westview, 1991.

Stephanie Monjon, "Patrick Waelbroeck. Assessing spillovers from universities to firms: evidence from French firm–level data", *International Journal of Industrial Organization*,2003, (21),pp.1255 ~ 1270.

Teece D.J, "Technology transfer by multinational firms: the resource cost of transferring technological know–how", *The Economic Journal*,1977(6).

Torrisi S.,Esbjorn Segelod, Gary Jorda, The Use and Importance of External

Sources of Knowledge in the Software Development Process FE Report, 2002,p.391.

Varga A, "Local academic knowledge transfers and the concentration of economic activity", *Journal of Regional Science*, 2000,Vol.40(2),pp.289 ~ 309.

Venables A. J, "Equilibrium locations of vertically linked Industries", *International Economic Review*, 1996(37),pp.341 ~ 359.

Verspagen B. and Schoenmakers W., *The Spatial Dimension of Knowledge Spillovers in Europe: Evidence from Patenting Data*, paper presented at the AEA Conference on Intellectual Property Econometrics, Alicante, 19 ~ 20 April,2000.

Von Hipple."Sticky information" and the locus of problem solving: implications for innovation," *Management Science* 1994(40),pp.429 ~ 439.

Wallsten S, "An empirical test of geographic knowledge spillovers using geographic information systems and firm−level data," *Regional Science and Urban Economics*, 2001, 31(5),pp.571 ~ 599.

Wen Mei, "Relocation and agglomeration of Chinese industry", *Journal of Development Economics*,2004(73),pp.329 ~ 347.

William J. Coffey, Richard G. Shearmur, "Agglomeration and dispersion of high−order service employment in the Montreal metropolitan region, 1981–96", *Urban Studies*, 2002 (39) 3,pp.359 ~ 378.

Windrum P., Tomlinson M, "Knowledge−intensive services and international competitiveness: a four country comparison", *Technology Analysis & Strategic Management*, 1999,(11),pp.391 ~ 408.

Wu F, "Intrametropolitan FDI firm location in Guangzhou, China: a poisson and negative binomial analysis", *Annals of Regional Science*, 1999, 33(4),pp.535 ~ 555.

Zucker L. G., Darby M. R, "Armstrong J. Geographically localized knowledge: spillovers or markets?", *Economic Inquiry*, 1998, 36, (1),pp.65–86.

后 记

本书是在我的博士学位论文的基础上修改完善而成。当漫长的求学生涯和写作历程终于告一段落，没有想象中雀跃不已的兴奋，只有在忙碌中等待的平静。

本书的选题源于导师对生产性服务业的关注和对空间结构问题的深刻解读。在他的引导下，我在生产性服务业中最终选择了信息服务业作为研究的切入点。感谢导师林善浪教授，他对自己近乎苛刻的学术追求指引着我走过了多年的求学之路，他的真知灼见也将成为我学术生涯中镌刻的座右铭，不时地提醒着我，激励着我。感谢师母林玉妹老师，她的温言劝导犹在耳畔，让我在低谷时仍有信心面对自己并努力向上。

感谢同济大学经管学院的老师们对知识的倾情相授，特别感谢简泽老师在计量模型处理上耐心、细致的讲解，使我克服了主要的技术障碍，成功地将模型应用于实证分析。

感谢华东师范大学资源与环境科学学院的袁宇杰博士、邓中伟博士在ArcGIS软件的学习与应用上的无私帮助。

感谢我的同窗好友蒋玉梅、王平、陈萍、王健、王凤等，他（她）们陪伴着我在嘉园的风中走过了在煎熬中享受的旅程。感谢同学黄阳滨、吴映国一家对我的关心和照顾，使我身在上海却犹如在故里南靖。

感谢家人对我的鼎力支持。感谢父亲对小孩的呵护，使我放心地前行。感谢小叔张伟强、妯娌郑翠琴一家对小孩的关爱和照顾。感谢我的弟弟张铭智先生，他的计算机专业知识在数据分析与挖掘方面给了我莫大的帮助，在数据整理、矩阵求解等环节帮我获取了关键数据。感谢爱人张伟明先生对我的大力支持，而可爱女儿张蓓园的期待成为我早日完成本书的动力。

本书付梓之际不能不提到人民出版社的刘永红老师和郭倩老师，感谢他们对本书出版所付出的辛勤劳动。感谢郭倩老师不厌其烦地、精益求精地对书中的缺漏进行修订，正是她这种追求卓越的品质才使本书得以顺利出版。

人生总是由一段又一段的旅程拼接而成，怀着感恩的心，踏上新的征途。

张惠萍

2012年6月